教育部人文社会科学重点研究基地重大项目
华东师范大学俄罗斯研究中心

地缘政治视角下的
俄罗斯对外关系研究

【第一辑】

曹 亮·主 编

时 事 出 版 社
北京

图书在版编目（CIP）数据

地缘政治视角下的俄罗斯对外关系研究．第一辑/曹亮主编．
—北京：时事出版社，2022.8
ISBN 978-7-5195-0495-3

Ⅰ.①地…　Ⅱ.①曹…　Ⅲ.①对外关系—俄罗斯—文集
Ⅳ.①D851.22-53

中国版本图书馆 CIP 数据核字（2022）第 095436 号

出 版 发 行：时事出版社
地　　　址：北京市海淀区彰化路 138 号西荣阁 B 座 G2 层
邮　　　编：100097
发 行 热 线：（010）88869831　88869832
传　　　真：（010）88869875
电 子 邮 箱：shishichubanshe@sina.com
网　　　址：www.shishishe.com
印　　　刷：北京良义印刷科技有限公司

开本：787×1092　1/16　印张：15.25　字数：250 千字
2022 年 8 月第 1 版　2022 年 8 月第 1 次印刷
定价：118.00 元
（如有印装质量问题，请与本社发行部联系调换）

编 委 会

主　编： 曹　亮

副主编： 崔怡雯

编　者： 张艳璐　沈　陈　赵　靖　马　萍
韩豪杰　金　新　杨胜兰　朱　燕
王树春　徐广森　王凤珍　曹　亮
尹如玉　江洪飞　王陈生

本书系“十字路口的世界与国际新秩序——亚欧视角”华东师范大学国际问题研究博士生论坛优秀论文选编。

前　　言

当今世界正处于习近平总书记所提到的“百年未有之大变局”的动荡变革期，过去以美国为首的单极体系正加速向以美国、印度、欧盟、俄罗斯、伊朗等地区强国为核心的多极体系转变。在此背景下，作为传统霸权守成国，美国自然不会放任该趋势进一步发展。正如我们在近些年所见，美国正无所不用其极地以牺牲盟友和广大发展中国家的利益来维护自身霸权，而美国维护霸权的手段正是建立在过去分割、挑起欧亚大陆内部矛盾之上的。按照传统地缘学说的观点，谁控制了中亚地区谁就控制了欧亚大陆，谁控制了欧亚大陆谁就控制了世界。在这一逻辑链下，拥有广袤国土、丰富资源、强大军事且毗邻中亚的俄罗斯自然成为了美国维持自身霸权的巨大障碍。自冷战结束后，经过短暂的蜜月期，美国便长时间对俄罗斯实施经济制裁与军事包围，该趋势在 2014 年克里米亚危机和 2022 年俄罗斯对乌克兰特别军事行动之后更加明显。

但我们也需要意识到，作为欧亚大陆百年强国的俄罗斯并不会坐以待毙，尤其是在 2000 年普京执政之后，俄罗斯在世界范围内的一系列布局不仅在一定程度上对冲了以美国为首的西方战略压力，而且深刻地影响到了当今国际关系的结构。这些布局涉及中亚、中东、北极、太平洋等地缘角逐场，涵盖军事、外交、经济、能源和人文等诸多领域。在当今中俄关系不断提升，且上不封顶局面下，让广大读者能更好地以俄罗斯的视角来看待当前国际关系将有助于从底层构建中俄关系未来发展的基础。这也是我们编著该系列书籍的主要初衷。

本系列图书论文均选自第一届到第三届由华东师范大学俄罗斯研究中心所承办的“全国俄罗斯东欧中亚青年教师与博士生论坛”的获奖文章，充分体现了当前俄罗斯东欧中亚青年学者的视角与观点。同时，主编也十分感谢中国俄罗斯东欧中亚学会、中国社会科学院俄罗斯东欧中亚研究所、上海市俄罗斯东欧中亚学会对“全国俄罗斯东欧中亚青年教师与博士生论坛”和本系列书籍出版给予的帮助和支持。

曹　亮

2022 年 6 月 13 日华东师范大学中北校区丽娃河畔

目　录

俄罗斯东欧中亚问题

"一带一盟"对接框架下的欧亚地区危机应对协调机制构建分析
——以新冠肺炎疫情为例 ………………………………… 张艳璐（3）
对冲策略抑或功能合作？
——俄罗斯的金砖外交论析 ……………………………… 沈　陈（24）
欧盟视角下俄欧天然气合作新进程：挑战、
对策与前景 ……………………………………………………… 赵　靖（37）
后疫情时代乌兹别克斯坦产业升级的前景与挑战：
解读轻工业发展困境 ……………………………………… 马　萍（56）
费尔干纳盆地微区域安全：风险评估与
应对策略…………………………………………… 韩豪杰　金　新（81）
"东向行动"背景下印度参与俄罗斯远东发展
分析……………………………………………………………… 杨胜兰（96）

俄罗斯北极开发与地区秩序

俄罗斯开发北方海航道的主要目标和优先
方向 ………………………………………………… 朱　燕　王树春（121）

区域人力资本视角下俄罗斯北极发展困局…………… 曹 亮（141）
变动世界中的北极秩序：生成机制与变迁逻辑 …… 徐广淼（161）
建构视角下的北极命运共同体
——以“冰上丝绸之路”为例 ……… 王凤珍 曹 亮（182）

大国竞合与地区博弈

特朗普时期美俄“锐实力”战略互动………………… 尹如玉（195）
俄罗斯应对委内瑞拉危机的政策研究 …… 江洪飞 王陈生（212）

俄罗斯东欧中亚问题

“一带一盟”对接框架下的欧亚地区危机应对协调机制构建分析

——以新冠肺炎疫情为例

张艳璐*

自20世纪50年代出现地区组织，至20世纪80年代，地区一体化已成为国际关系领域中最为显著的发展趋势之一，深刻影响和改变着国际交往的实践。① 进入21世纪，伴随技术的进步和全球化进程的推进，世界秩序由传统的威斯特伐利亚秩序转向地区及区域组织在全球治理中发挥中心作用的秩序。② 在此背景下，在应对新冠肺炎疫情这类全球性的危机时刻，地区层面的协调合作显得尤为重要，而地区层面的危机应对机制建设也正在成为全球治理的焦点议题之一。

2015年正式成立的欧亚经济联盟是欧亚地区最重要的制度安排之一，在欧亚地区合作中发挥着沟通协调作用。此次新冠肺炎疫情中，欧亚经济联盟尽管在协调成员共同应对疫情方面发挥了重要的作用，但也暴露出其制度安排的局限性，让联盟及其成员国认识到非经济领域统合的重要性。目前，欧亚经济联盟已表达出在加强经济一体化的基础上向政治、社会层

---

* 张艳璐，中国社会科学院俄罗斯东欧中亚研究所副研究员。

① 徐秀军：《地区主义与地区秩序：以南太平洋地区为例》，社会科学文献出版社2013年版，第10页。

② 参见：Luk Van Laugenhove，“Towards a Regional World Order”，http：//www.un.org/Pubs/chronicle/2004/issue3/0304p12.asp.（上网时间：2020年11月3日）

面推进一体化进程的意愿，并将卫生安全议题纳入联盟一体化优先事项。[①] 与此同时，“一带一路”倡议与欧亚经济联盟（以下简称“一带一盟”）的对接合作自2015年5月签署《关于丝绸之路经济带建设和欧亚经济联盟建设对接合作的联合声明》起，至2019年10月双方第一项经贸合作制度安排实施，已由项目合作阶段进入到制度引领阶段，但在危机应对方面尚未启动相关合作协议的谈判，缺乏联合应对突发事件的协调机制。在新冠肺炎疫情的大背景下，地区危机应对正在成为“一带一盟”对接合作在制度建设领域的新重点。

鉴于此，本文试图通过总结欧亚经济联盟在应对新冠肺炎疫情过程中所表现出来的地区危机治理的特点与不足，进而分析在“一带一路”倡议与欧亚经济联盟对接框架下构建地区危机应对协调机制的可能性与潜在困难，为“一带一路”倡议的推进以及世界秩序体系的转型与重构提供参考。

一、“一带一盟”对接框架的欧亚地区危机应对机制构建的基础

虽然“一带一盟”对接框架下的欧亚地区还缺少危机应对机制，但是在地区内共同认知、政府间协调和地区组织间互动等三个向度上具备一定的构建基础。

首先，“一带一盟”对接合作框架下各国在抗击新冠肺炎疫情的过程中所表现出来的对疫情及合作抗疫的一致认识，表明地区内具有较好的共识基础。

2020年3月，中华人民共和国主席习近平在二十国集团领导人特别峰会上指出，新冠肺炎疫情正在全球蔓延，给人民生命安全和身体健康带来巨大威胁，给全球公共卫生安全带来巨大挑战，形势令人担忧。习主席同时强调，国际社会最需要的是坚定信心、齐心协力、团结应对，全面加强国际合作，凝聚起战胜疫情强大合力，携手赢得这场人类同重大传染性疾病的斗争。同时还呼吁二十国集团成员采取共同举措，减免关税、取消壁垒、畅通贸易，

---

① 参见：Высший евразийский экономический совет, Решение №6 об основных ориентирах макроэкономической политики государств – членов Евразийского экономического союза на 2020—2021годы, 2020. 05. 19.

发出有力信号，提振世界经济复苏士气。①

与此同时，4 月 14 日，欧亚经济联盟成员国元首悉数出席最高欧亚经济委员会元首视频会议。会上，各成员国元首对合作应对疫情的重要性表达出了相近的看法。俄罗斯总统普京指出，只有结合国际社会的努力，才能有效抵御疾病的大流行，欧亚经济联盟国家之间需要密切合作。哈萨克斯坦总统托卡耶夫则指出，此次危机极大地改变了价值链的形势，国有化和地区化将在很大程度上确定全球生产、贸易和物流的结构。白俄罗斯总统卢卡申科则强调，不能因只想首先保护自身安全而破坏欧亚经济联盟的基础。他讲到，“如果我们不能联合起来，那么明天将要花费更多的时间、金钱和精力来恢复遭到破坏的经济联系。”而吉尔吉斯斯坦总统热恩别科夫则强调要团结、携手应对疫情，提出确定国家间无障碍流转商品的名录、采取共同的税收和预算综合经济刺激措施、联盟各国医疗服务部门开展联合工作以应对疫情、非常时期对所有欧亚经济联盟公民实行统一的社会和医疗支持机制等建议。会后发表了《最高欧亚经济委员会成员国有关新冠肺炎疫情的联合声明》，强调将联合力量共同应对此次危机。②

此外，在应对新冠肺炎疫情的过程中，欧亚经济联盟内部在较短时间内即对新冠肺炎疫情及其影响的严重性形成了较为清晰、统一的认识。世界卫生组织在 3 月 16 日宣布定义新冠肺炎疫情为大流行。欧亚经济委员会随即于 3 月 31 日发布第一个危机预测分析报告：《世界危机 2020：世界及欧亚经济联盟的挑战——走出 2014—2015 年危机的经验》③。4 月 13 日又发布《世界经济在新冠肺炎疫情条件下的趋势预测与欧亚经济联盟框架下可能的稳定措施》，明确指出，世界正在经历自大萧条以来最深的一次危机。虽然当前的危机与世界级疫情风险有关，是由新冠肺炎突然出现和快速传播所引发的。但实际上，这是技术和世界治理变革条件下世界经济结构深刻变化的结果。而在技术和工具发生革命性变化的时期，总是伴随发生金融和原料市场的崩

① 习近平：《携手抗疫 共克时艰——在二十国集团领导人峰会上的发言》，《人民日报》2020 年 3 月 27 日，第 2 版。

② 参见：Совместное заявление членов Высшего Евразийского экономического совета в связи с пандемией COVID－19，2020. 04. 14.

③ Евразийская экономическая комиссия，Мировой кризис 2020：вызовы для мира м ЕАЭС. Опыт выхода из кризиса 2014/15 года，Аналитическая записка по состоянию на 31. 03. 20.

溃以及军事政治冲突的升级，以便完成世界领导的更替及迈入新的世界秩序。①

可见，“一带一盟”对接合作框架下各国间具有相近的价值观、世界观和利益观，能够在较短的时间内就某一问题形成广泛的共识。这为下一步的联合行动和政策协调奠定良好的观念基础。

其次，欧亚经济联盟在危机应对中的协调度和行动灵活度，则为地区机制构建中奠定了一定的制度基础。

一方面，2015 年至今，经过五年的发展，欧亚经济联盟的机构设置日益完善，能够在地区共同行动中发挥组织、沟通和协调的作用。在世界卫生组织对新冠肺炎疫情做出相关定义之前，欧亚经济联盟各成员国的相关部门已开始在联盟框架下针对共同防控疫情在地区传播的问题展开磋商。在疫情恶化后，欧亚经济委员会、欧亚政府间委员会等常设机构就疫病防控行动协调、人道主义援助交换、搭建关键物资快速物流绿色通道、限制出口等一系列问题确定基本政策方针，制定并推动执行一系列联合应对措施方案。

虽然没有专设危机应对机制，但欧亚经济联盟能够根据实际需要在现有机制下设立临时部门，协调相关行动。在抗击疫情过程中，欧亚经济委员会执委会（部长会议）于 3 月 19 日成立包括抗疫相关事务负责人在内的临时抗疫协调委员会，负责实时监控联盟与新冠肺炎疫情有关的情况，协助各成员国政府抗击新冠肺炎疫情，制定联盟统一的措施与建议，负责评估成员国对关键产品的需求和供应能力，确保欧亚经济联盟国家中的信息交流，并在必要情况下引入欧亚稳定和发展基金以及欧亚开发银行的资源。

在注重管控疫情的同时，欧亚经济联盟也协调成员国应对经济危机风险，着手制定联盟统一的疫后经济恢复措施建议。欧亚经济委员会在 3 月中下旬疫情发展初期推出了一系列商业支持措施，帮助各成员国抵消新冠肺炎疫情对经济造成的负面影响。同时，为恢复和确保进一步的经济发展和加强联盟内物流、海关和税收等领域的数字化进程创造条件，欧亚经济委员会正在制定系统性的措施。欧亚政府间委员会于 4 月 10 日批准了第 6 号令《关于欧亚经济联盟框架下在新冠肺炎大流行条件下确保经济稳定所采取的措施》，目

---

① Евразийская экономическая комиссия, О прогнозах динамики мировой экономики в условиях пандемии COVID – 19 и возможных стабилизационных мерах в рамках ЕАЭС, С. 1.

的就是确保欧亚经济联盟有效运行，维护宏观经济稳定，为经济进一步增长创造条件，协助各成员国制止病毒传播，保护人民健康，使商业损失降到最低，保护工作职位，确保金融系统稳定。最高欧亚经济委员会则于5月19日通过第6号决议《关于欧亚经济联盟成员国2020—2021年宏观经济政策基本定位》，将维护成员国经济稳定、人民生活既有水平以及形成联盟经济跨越式发展基础为首要目的，并推出了一系列针对性的措施建议。① 此外，各成员国的中央银行也在联盟机制的框架下就放松实体经济中的企业贷款参数以维持宏观经济稳定、减轻实体经济中企业的贷款参数、扩大非现金和“快速”支付以及需要远程接收方面的互动银行服务等展开磋商。

另一方面，尽管欧亚经济联盟国家在危机认知和基本政策方向上已达到较高水平的一致性和协调性，但俄罗斯、白俄罗斯、哈萨克斯坦、吉尔吉斯斯坦、亚美尼亚五个成员国在疫情进程、国情、实力以及所能获取和使用的危机应对资源等方面依然存在较大的差异，使各国危机应对的具体行动和措施难以实现整齐划一，特别是在经济恢复上的侧重点存在较大不同，各国主要依据自身国情和承受力出台相关抗灾及经济恢复和社会救助措施。其中：作为欧亚地区疫情最为严重的国家，俄罗斯启动了高度戒备模式，并采取严格的隔离措施。在疫情条件下，俄罗斯除了对受冲击最大的航空运输、旅游、建筑、休闲娱乐等部门予以支持外，还加大了对农业、食品工业、遗传学技术等在维护国家粮食和生物安全中发挥重要作用部门的投入和扶持力度。同时，俄罗斯还对非营利性社会组织予以特别关注，为其提供专项资金支持。

白俄罗斯与其他欧亚经济联盟国家不同，没有采取严格的隔离措施，而是采取有限隔离的方针。在经济恢复问题上，由于白俄罗斯的自有资金匮乏，所以吸引外资成为工作重点。白俄罗斯政府积极向各国际融资机构发出融资申请，与各国际组织、世界银行、国际货币基金组织、中国国家开发银行、欧洲投资银行以及一些国家政府进行接触，以获得资金支持用于疫后恢复。

哈萨克斯坦则采取税收激励、优惠贷款、国产商品销售保障机制等措施促进经济恢复，确保稳定的就业率，重点放在以提高自给率、非原料部门竞争力、优质投资和地区及全球价值链构建为基础形成新的经济结构。为此，

① Высший Евразийский Экономический Совет, Решение №6 Об основных ориентирах макроэкономической политики государств – членов Евразийского экономического союза на 2020—2021 годы, 2020.05.19.

哈萨克斯坦政府制定并通过了《经济增长恢复综合计划》《一般商品经济规划》《商业路线图》《就业路线图》等一系列措施规划，以促进经济恢复增长，创造新的工作岗位，维护社会稳定。

吉尔吉斯斯坦在抗疫过程中获得了较多的国际援助，并利用加入欧盟特惠全面系统专门激励机制、欧亚经济联盟等机制的优势来抵消疫情造成的不利影响，恢复经济增长。此外，吉尔吉斯斯坦成立反危机基金来实施各项支持与刺激措施，并关注自身在休闲医疗旅游、防护用品生产等领域的竞争优势，向生态绿色产品生产提供支持，将数字经济建设作为未来经济增长的重点。

亚美尼亚则侧重于对高新技术企业的支持，出台《信息技术国家支持法》，推出高新技术产业激励机制，支持高新技术企业发展。此外，亚美尼亚政府还增加了针对农业的贷款资源，支持农业的长期发展。

综上可见，欧亚经济联盟机构设计较为合理，符合联盟各成员国的行为逻辑习惯，各项信息沟通和政策协调机制在危机状态下运行良好、有效，为联盟成员国共同应对危机挑战提供了较好的制度保障基础。

最后，“一带一盟”对接合作在制度安排领域已取得初步成果，为更进一步的双边互动创造了示范条件。

地区组织的互动包括双边地区间主义和跨地区主义等两种形式，其中前者是通过定期举办会议，交换信息和加强特定领域合作，以实现不同地区组织间的对话。“一带一路”倡议与欧亚经济联盟对接始于 2015 年 5 月 8 日中俄在莫斯科签署的《关于丝绸之路经济带建设和欧亚经济联盟建设对接合作的联合声明》。① 双方表示将通过对接“确保地区经济持续稳定增长，加强区域经济一体化，维护地区和平与发展”。②

2018 年 5 月，中国商务部国际贸易谈判代表兼副部长傅自应与欧亚经济委员会执委会主席萨尔基相及欧亚经济联盟各成员国代表共同签署了《中华人民共和国与欧亚经济联盟经贸合作协定》。该协定涵盖总则、透明度、贸易救济、技术性贸易壁垒、卫生与植物卫生措施、海关合作与贸易便利化、

---

① 中国官方和学界一般称“一带一路”与欧亚经济联盟对接，俄方仍按照《联合声明》中的说法，称丝绸之路经济带与欧亚经济联盟对接或“一带一盟”对接。

② 《关于丝绸之路经济带建设和欧亚经济联盟建设对接合作的联合声明》，新华网，2015 年 5 月 8 日，https：//www. xinhuanet. com/world/2015 - 05/09/ c_ 127780866。（上网时间：2020 年 11 月 3 日）

知识产权、竞争、政府采购、部门合作、电子商务、机制条款和最终条款等13个方面，并在附件中对联合委员会议事规则和联络点的指定做出规定，但不涉及关税和投资合作。

新功能主义认为，地区一体化具有外溢效应。其外溢一方面表现为一体化不可能局限于特定的功能性部门，一个领域的合作会外溢到相关的领域，从而使更多的行为体卷入其中。另一方面则表现为在功能性合作的基础上，随着经济一体化的深入发展，一体化会外溢到政治领域，它意味着政治精英会将注意力转向超国家层次的安排与决策，以促进一体化的进一步发展以及更多共同利益的实现。①"一带一盟"对接在经济领域所取得的成就势必将带动二者在其他领域的合作。

综上所述，抗击新冠肺炎疫情的实践表明，"一带一盟"对接框架下的地区各国对危机、国际局势等问题的认知能够达成较高的共识，能够保持整体政策方向协调一致，初步形成了一个结构较为完整且运行良好的地区架构。但同时地区各国也依然保有较大的行动自由，呈现出地区与国家治理双轨并行的危机应对模式特点。

二、"一带一盟"对接框架的欧亚地区危机应对机制构建的困难

在此次抗击新冠肺炎疫情的过程中，虽然地区内各国能够在一定程度上破除壁垒，共同应对危机，但同时也暴露出自身的一些短板。

1. 偏重于经济领域的合作，技术、社会、安全等领域的协调机制发展较滞后。

无论是"一带一盟"对接合作，还是欧亚经济联盟的一体化，现阶段都侧重于经济领域，特别是关税、贸易等方面，在政治、社会活动等方面的互动合作水平整体较低。从欧亚经联盟的新冠肺炎疫情应对来看，地区层面的应对措施协调主要集中在抗疫物资的运输保障和维护盟内商品自由流通及成员国间贸易稳定等方面。例如，欧亚政府间委员会批准颁布的第6号令《关于欧亚经济联盟框架下在新冠肺炎大流行条件下确保经济稳定所采取的措

---

① 徐秀军：《地区主义与地区秩序：以南太平洋地区为例》，社会科学文献出版社2013年版，第45页。

施》主要关注的即是欧亚经济联盟的有效运行、宏观经济和金融系统的稳定、工作岗位保护等问题。① 而有关非经济领域的协调合作的行动和相关表述较少。但在高度全球化的背景下，以新冠肺炎疫情为代表的突发事件已不再是单领域风险危机，而是混合政治、经济、社会风险的多领域危机。单纯的低政治领域的经济合作已无法满足需求，需引入高政治议题，设置相关互动协调机制来统合各国的行动。但目前，欧亚经济联盟在经济领域一体化水平相对较高，然而在政治、安全、社会等领域出于对国家主权等安全考虑则尚无较大进展，各成员国仍是各自为政。这种情况下，在面对新冠肺炎疫情这类的超大规模危机时很难形成高水平的地区协调统一整体，共同应对措施的效果将受到较大程度的限制。

2. 缺乏共同的应急资源储备库和资源调配机制设计，各成员国危机应对资源获取力差异较大，以单方人道主义援助为主要协作方式。

虽然部分地区内国家设有用于紧急情况的储备基金，如：俄罗斯的总统储备基金、吉尔吉斯斯坦的国家物资储备基金等，但是无论是“一带一路”倡议还是欧亚经济联盟框架下，并没有类似于应急物资储备基金的设置，也没有统一的物资调配机制。同时，各国在危机发生时外部资源获取也存在差距。例如，吉尔吉斯斯坦在抗击新冠肺炎疫情中获得了较多的外部资金援助。白俄罗斯、哈萨克斯坦等国则在获取外部资源时面临较多壁垒。

此外，在发生危机时地区内仍以单方援助的形式实现物资的再分配。其中主要是资源相对充足的俄罗斯等国对资源较为短缺的吉尔吉斯斯坦、白俄罗斯、亚美尼亚等国提供人道主义援助物资。例如，俄罗斯在此次抗击新冠肺炎疫情过程中向吉尔吉斯斯坦提供了36集装箱的小麦、抗疫医疗物资和检测试剂盒，向白俄罗斯提供了医疗物资援助并允许其在自己的金融市场发行100亿卢布的5年期国债等。但这种形式在危机短时集中爆发的情况下易出现物资供应短缺和分配不均衡的问题，增加了地区内部的潜在竞争张力，不稳定的风险较高。

---

① 参见：Евразийский межправительственный совет，Распоряжение №6 о предпринимаемых в рамках Евразийского экономического союза мерах，направленных на обеспечение экономической стабильности в условиях развития пандемии коронавирусной инфекции COVID－19，2020. 04. 10.

3. 缺乏地区融资工具和渠道，地区各国对外资依赖度过高。

疫后经济恢复需要大量资金。但欧亚经济联盟的主导国——俄罗斯的经济实力相对薄弱，同时联盟框架内仅有欧亚稳定发展基金、欧亚开发银行和双边层面的俄吉发展基金等数个融资工具，难以满足巨大的资金需求。在此次新冠疫情中，仅白俄罗斯一国就预计需要对外融资 20 亿—25 亿美元用于疫后经济恢复。目前，欧亚经济联盟国家的主要融资资源基本受控于西方国家控制的区域外国际金融机构，如世界银行、国际货币基金组织、欧洲投资银行、欧洲复兴开发银行等。但受疫情在全球蔓延的影响，大量资本撤离发展中国家，导致欧亚经济联盟国家依赖的外部融资渠道大幅收窄，面临融资困境。在这种情况下，为获得有限的资金支持，欧亚经济联盟国家将受到更大的外部制约，被迫对自身政策做出某些调整，从而增加了各国的政治不确定性。

三、从抗击新冠肺炎疫情看“一带一盟”对接框架下的危机应对合作

尽管“一带一盟”对接合作在现阶段取得了阶段性的成果，但“一带一盟”框架下的务实合作仍较难推动。在这种情况下，共同抗击新冠肺炎疫情有潜力成为消除欧亚联盟国家疑虑、深化参与地区事务的契机。为此，可以采取以下方法推进“一带一盟”的务实有效对接：

1. 善用“+”概念，搭建多层次沟通交流平台，加强与欧亚经济联盟现有机制和合作的对接。

借鉴东盟“10+3”合作机制的经验，搭建“一带一路”与欧亚经济联盟对接“5+1”模式，积极参与欧亚经济联盟现有机制的活动和合作项目，共同建立物资储备网络和分配协调机制，联合搭建危机预测和评估平台以及线上支持中心，设置定期会晤机制和不定期特别会议，制定共同的地区危机分类、分级和认定标准规则，制定共同行动规划，对已签署并生效的《中华人民共和国与欧亚经济联盟经贸合作协定》等规则文件协商补充危机条件下的相关条款，加强信息沟通和彼此开放，谋求利益攸关方地位，以抵消排他性的不利影响，推进双方相关领域战略对接的深化，推动欧亚地区利益共同体和命运共同体的构建。

2. 提升丝路基金、亚洲基础设施投资银行等融资工具在欧亚地区的认知度，拓展其业务范围，设立针对欧亚经济联盟国家的专门投资项目。

伴随着世界经济的衰退，资本从发展中国家撤出并回流，欧亚经济联盟国家传统的融资渠道日益收窄，在西方面临较大的融资困难，资金压力加大。但欧亚经济联盟国家对中国方面的融资渠道认知和了解程度较低。在此次疫情中，欧亚经济联盟国家中仅白俄罗斯向亚洲基础设施投资银行和中国国家开发银行寻求资金支持。为此，应加大中国主导的国际性金融机构在欧亚地区的宣传，提升其在当地的认知度。

同时，根据地区特点和实际需求拓展和调整业务范围，加大对5G网络、大数据、人工智能、生物安全技术等软基建项目的资金支持额度，以及对欧亚地区优质中小企业的支持力度。并综合借鉴国际货币基金组织、世界银行、欧洲复兴开发银行、亚洲开发银行等机构的经验，为地区各国提供有针对性的投融资项目，提升丝路基金、亚洲基础设施投资银行等融资工具在当地的接受度，以及服务于“一带一盟”对接合作及“一带一路”倡议的能力。

3. 关注欧亚经济联盟国家间的差异，在定位坚持问题导向的务实合作，并采取多边协调与双边合作相结合的方针。

尽管欧亚经济联盟的一体化进程在稳步推进，但是各国的行动自由度依然维持较高的水准，且国家间政策和战略方向差异仍较明显。对此，一方面可在“一带一盟”对接合作的框架下建构区域多边协调机制，在数字经济、农业发展、中小企业扶持等共同战略方向展开地区层面的协定谈判，搭建协调渠道，形成相关的合作制度安排，推动共同行动，协调应对混合危机，降低不确定性风险。另一方面，关注到欧亚经济联盟各成员国的不同关切以及优势，有针对性地构建双边或小多边的专项合作机制。例如：在生物学领域，可以加深与俄罗斯生物技术研发方面的合作，建立联合研究实验室，抑或邀请哈萨克斯坦加入，建立中俄哈三边的生物技术交流合作机制；在IT领域，可与哈萨克斯坦开展合作，参与哈萨克斯坦“数字国家”的项目规划；农业方面，与吉尔吉斯斯坦合作开发绿色生态产品；加强与亚美尼亚合作开发其高新技术产业等。力图通过建立稳定的单个合作机制，由点带面逐步构建完整的欧亚地区产业链集群。

4. 创新危机应对合作安排，引入非政府组织，创建多元复合机制，提升应对效果。

考虑到当下危机的混合性特征，可突破政府间传统合作机制的限制，支持和促进由政府、国际组织、非营利性社会组织、基金会、企业、研发机构等作为成员参与的公私伙伴关系组织。例如，在欧亚地区协调建立类似于国际疫苗与免疫联盟这样的新型合作组织，以在危机应对领域构建新的地区合作安排，提升危机应对的效率。

总而言之，欧亚地区在抗击此次新冠肺炎疫情的过程中表现出了较强的内聚力和地区化倾向，呈现出地区与国家治理双轨并行的危机应对模式特点，为地区危机应对机制构建奠定了一定基础，但同时也在抗疫过程中暴露出偏重于经济领域的合作、缺少专门的危机应急制度安排、协作形式较传统、缺乏地区融资工具和渠道、对外依赖度高等问题。因此，在推动"一带一路"倡议与欧亚经济联盟对接框架下宜采取深化现有机制融入、坚持问题导向差异化合作等策略，推动双方相关领域的合作进程。

表 1—1 欧亚经济联盟应对疫情措施统计表

日期	决议名称	措施目标	备注
2020.03.26	第21号《关于欧亚经济联盟成员国为执行防治新冠肺炎疫情传播措施而运入欧亚经联盟保税区的商品名录变更决议》	对抗疫物资实施免税，期限为2020年3月16日至9月30日，范围包括个人防护用品、消毒剂、诊断试剂、医疗设备和物资等	在欧亚经济委员会理事会2020年3月16日会议上获批
2020.03.26	第41号《非税费调控措施变更决议》	临时禁止个人防护用品、消毒防护剂、医用产品和物资出口，自4月5日起生效，有效期至2020年9月30日	在欧亚经济委员会执委会2020年3月24日会议上获批

续表

日期	决议名称	措施目标	备注
2020. 03. 30	第 11 号令《关于防止新冠肺炎疫情传播措施的执行》	（1）欧亚经济联盟各成员国共同措施执行的协调。其中，各方就信息交换、抗疫行动协调和规章文件等进行磋商、协调国家卫生检疫领域授权机构行动、确保人民健康和福利等问题达成一致 （2）授权联盟成员国政府进行包括人道主义援助、短缺情况下有针对性的相互供应在内的相互援助，确定有权做出相关决定的官员负责基本商品供应的解决等问题	在欧亚经济委员会理事会 2020 年 3 月 25 日临时会议上获批 在此次临时会议上讨论了与抗疫行动有关的各项决议（包括关税和非关税管控、运输、检验检疫管控、技术管控和劳动移民等方面），并在欧亚经济委员会官网上公布后十日内生效
2020. 04. 02	第 42 号《关于欧亚经济联盟内部市场最短缺、特殊时期临时禁止出口的限制商品名录变更决议》 第 43 号《关于欧亚经济委员会执委会 2015 年 4 月 2 日做出的〈非税费管控措施〉变更决议》	确定临时禁止部分食品从欧亚经济联盟国家输出，以保障国内居民的需求和供应充足	在欧亚经济委员会执委会 2020 年 3 月 31 日会议上做出

续表

日期	决议名称	措施目标	备注
2020.04.08	第33号《关于关税同盟委员会有关急需进口商品名录的变更决议》 第34号《关于发展中和最不发达国家商品产地确定规则变更及新冠肺炎条件下商品产地证书提交特殊程序的决议》	(1) 确定急需进口商品的名单 (2) 扩大药品生产用商品和医疗用途商品名单，并在3月16日至9月30日对其实行免税 (3) 简化发展中和最不发达国家A类产地证书办理程序	欧亚经济委员会2020年4月3日做出
2020.04.16	第6号令《关于欧亚经济联盟框架下在新冠肺炎大流行条件下确保经济稳定所采取的措施》	(1) 确保欧亚经济联盟有效运行，维护宏观经济稳定，为经济进一步增长创造条件 (2) 协助各成员国制止病毒传播，保护人民健康，使商业损失降到最低，保护工作岗位，确保金融系统稳定	欧亚政府间委员会2020年4月10日做出

资料来源：根据欧亚经济委员会官网公布数据自行编制。

表1—2　2020年欧亚经济联盟国家新冠肺炎疫情应对措施情况表

国家	方向	措　　施
俄罗斯	抗击疫情	(1) 1月29日成立由副总理戈利科娃负责的预防新冠肺炎输入及在俄罗斯联邦境内传播行动指挥部，并成立隶属于政府的抗击新冠肺炎疫情协调委员会和抗击新冠肺炎疫情在俄罗斯联邦境内传播协调委员会 (2) 自1月30日起逐步关闭边界，限制、停止国际交通联系，并取消所有群众性活动和大中小学课程 (3) 3月19日启动高度戒备模式，并自3月30日起实行一般级别自我隔离机制

续表

国家	方向	措施
俄罗斯	抗击疫情	(4) 拨付不少于 GDP1.2% 的资金用于包括兴建新的传染病中心、研发和生产国产药剂和设备等在内的与抗疫有关的活动，并开展大规模的核酸检测和病毒抗体检测 (5) 暂停出口农产品至 2020 年 7 月 1 日，但针对欧亚经济联盟成员国实施全额出口，编制和批准非食品类急需商品清单，并简化抗击新冠肺炎疫情所需医疗商品免税入境程序
	经济恢复	(1) 政府推出包括贸易支持、建立必需品库存、支持困难行业和中小企在内的一系列经济措施，其中主要包括：延长个体企业家的贷款、准予中小企业在近 6 个月内延迟缴纳除增值税外的所有税款和银行同期贷款、向经济实体提供贷款国家担保和补贴、暂停法律实体提出的破产索偿以及收取债务和罚金（针对高风险行业）、将所有部门中小企业员工的保险费比率从 30% 降低到 15%、对离俄收入加征 15% 的税、调整俄罗斯联邦关于避免双重征税的国际条约、对银行存款或债券投资总额超过 100 万卢布的公民征收 13% 的利息收入税等 (2) 俄罗斯联邦政府经济发展稳定性提升委员会编制和批准受新冠肺炎疫情冲击最严重经济行业的名录，并首先向航空运输业、机场运营、文化娱乐业、健身体育业、旅行社及其他旅游活动组织、酒店业、餐饮业、补习教育及非政府教育机构、会展业、家政服务业等行业和机构提供定向支持 (3) 为恢复正常的商业活动、就业、国民收入，实现国家经济结构长期变化，制定国家行动规划，针对汽车工业、农业和食品工业、遗传技术、文化娱乐产业、建筑业、旅游业等领域和行业出台不同的具体恢复及支持政策 (4) 向地方政府拨付 1000 亿卢布用于补偿预算收入的减少，同时从预算中提供 5000 亿卢布用于国家担保，并向具有系统意义的企业及其子公司提供总额不超过 4000 亿卢布的国家贴息贷款，并为此项支出融资

续表

国家	方向	措　施
俄罗斯	社会保障	(1) 管控未包括在重要和基本药物清单中的药物及医疗产品的价格，并批准出台《药品远程销售法》 (2) 从预算中拨付660亿卢布用于公民社会保护，保证退伍军人、有孩家庭的社会津贴和救济金，增加300亿卢布的失业救济金，增加疾病和失业救济金，并自6月1日起向3—7岁（含7岁）儿童提供补贴，自4月1日起向有3岁以下孩子且有资格获得生育资金的家庭提供额外补贴 (3) 为医务人员和急救车司机提供现金奖励，设立医务工作者联邦奖励津贴，并批准预算间转移支付常规有券公债向地方预算分配划拨224亿卢布，用于医护工作者的津贴发放 (4) 在国家服务门户网站上开放专门的电子就医栏，并采取措施支持非营利性社会组织发展 (5) 批准《失业者寻找合适工作的公民注册规定》和《失业者获得社会救助程序》
	国际合作	(1) 与美国、德国、意大利、土耳其、中国、日本、塞尔维亚、委内瑞拉、法国、以色列等国保持高层联系，并加强协调合作 (2) 与哈萨克斯坦、吉尔吉斯斯坦、乌兹别克斯坦、土库曼斯坦、阿塞拜疆、亚美尼亚、白俄罗斯等欧亚地区国家保持密切联系和合作，并为部分国家提供抗疫援助 (3) 对伊朗提供援助，并为无障碍运输医疗物资建立绿色通道，暂缓急需品的限制
白俄罗斯	抗击疫情	(1) 实施针对性的入境卫生检验检疫措施和有限的自我隔离制度，取消、限制或重新安排公众性活动，调整教育计划，延长学生假期 (2) 扩大接受新冠肺炎感染病例的医院名单，出台《给予新冠肺炎患者医疗帮助试行办法》，基于信息通信技术进行远程理论培训、专家咨询、会诊等 (3) 不分产地临时禁止抗疫物资出口，同时不分产地临时禁止荞麦、洋葱、大蒜等农产品的出口，并将荞麦的国家收购量增加两倍 (4) 自动延长证明文件有效期3个月，并延长金融支付3个月，以减少民众访问次数，降低民众行政负担 (5) 从国家预算中拨付230万（约89.3万美元）白俄罗斯卢布用于防灾抗疫活动，并开设捐助账户

续表

国家	方向	措　　施
白俄罗斯	经济恢复	(1) 拨款 1.1 亿（约 4270 万美元）白俄罗斯卢布用于支持经济，并制定和批准反通胀项目决议规划，并成立部门间工作小组（第 123 号总理指示） (2) 允许旅行社延期返还游客交付费用至 2020 年 12 月 31 日，委托发展银行向医疗器材和用品制造商提供新的支持性贷款产品，并由中央和地方政府向受影响的企提供 12 亿白俄卢布的借款担保 (3) 计划吸引亚投行的资源来支持本国的银行系统，并就向白俄罗斯银行提供 2.5 亿美元和向发展银行提供 1 亿美元用于支持受疫情影响最严重公司达成一致 (4) 采取临时措施稳定消费市场，并于 4 月 24 日颁布包括纳税、监管、劳动力市场、国家采购等方面提振措施在内的第 143 号经济支持总统令
	社会保障	(1) 扩大生活必需品清单，并管控商品和服务价格和关税的增长幅度 (2) 出台针对特定人群制定一次性医疗商品销售规则 (3) 颁布总统令向医护人员发放额外津贴，向社会服务组织工作人员发放物质激励（第 131 号和第 169 号总统令） (4) 推进行政程序电子化（部长委员会 3 月 6 日会议第 271 号决议） (5) 向属于一级或二级接触者的 10 岁以下学前或公共中等教育儿童提供临时无劳动能力补贴
	国际合作	(1) 向各国际融资机构发出融资申请，并与各国际组织、世界银行、国际货币基金组织、中国开发银行、欧洲投资银行以及一些国家政府进行接触，以获得资金支持用于疫后恢复 (2) 与欧洲复兴开发银行合作，为中小企业打开直接贷款渠道，并研究签订《明斯克经济特区能源基础设施建设融资贷款协议》 (3) 欧洲稳定基金向白俄罗斯拨付 5 亿欧元用于抵偿国际金融机构的风险，减少贷款所需清偿能力

续表

国家	方向	措施
哈萨克斯坦	抗击疫情	（1）成立由副总理图格热诺夫主持防止疫情传播部门协调委员会，并从财政预算中拨款1500亿坚戈，用于抗击新冠肺炎疫情行动 （2）3月12日起禁止公众活动。3月15日宣布进入紧急状态，成立国家紧急状态机制保障委员会（后变更为国家经济增长恢复委员会），实施包括加强社会防护、限制大型贸易活动、暂停商贸娱乐中心公众聚集性场所运营、采取大规模卫生检验检疫措施、禁止举办大型体育活动和其他公共活动以及家庭纪念活动、限制出入境等一系列临时性抗疫限制措施 3月16日起，大中小学停课 3月19日起，分地区实施不同强度的自我隔离措施 3月27日起，暂停执行包括72小时免签制度在内的哈萨克斯坦移民进出境和过境法，至2020年7月1日 （3）成立生物安全科学委员会，以巩固流行病检疫体系，发展医学研究和药品生产能力，开发医疗潜力，并建立专门的官方网站，确保信息安全 （4）针对部分粮食产品实施出口限制
	经济恢复	（1）政府制定并通过《经济增长恢复综合计划》，内容涉及加工工业、采矿冶金业、农工综合体、建筑业、民用航空业、物流业、旅游业、中小企业、服务行业及其相关部门等，主要措施包括：扩大融资和优惠贷款范围、将小微企业纳入优惠贷款对象范围、积极运用担保和外贸退款工具、降低税务负担、简化手续、提供优惠政策和税债延期、取消部分税费、最小化行政阻碍等 （2）推出支持商业和维护劳动力市场稳定的一揽子措施规划，其中包括向国内生产企业提供贷款、提供优惠税率、制定新《就业路线图》、实施新的基础设施项目以创造就业机会等措施 （3）农业部重新审议抵押政策，农场主贷款抵押物将按最大清偿能力进行评估。此外，农业贷款集团依据《一般商品经济规划》为春耕提供贷款 （4）制定疫后IT行业发展规划，以实现建设“数字国家”的目标 （5）有针对性地实施减免税政策，提供贷款支持，延长纳税期限。例如，经济部制定面向小微企业的优惠贷款项目；出台商业发展支持统一规划《商业路线图》《一般商品经济规划》等国家项目规划对个体经济发展予以支持。 （6）对食品、生活必需品的价格实施管制，逐渐降低非石油部门的赤字

续表

国家	方向	措施
哈萨克斯坦	社会保障	（1）按感染风险分级向抗疫医务工作者发放津贴，并向感染的医护人员提供一次性社会保险金 （2）向儿童、老人、残疾人、无劳动能力者提供补贴和食品及生活用品套装，并扩大一次性补充社会津贴覆盖范围 （3）延长无保险公民获得强制社会医疗保险系统医疗求助权至7月1日 （4）扩大提供免费食品和日用品公民的类别范围 （5）向无业的哈萨克斯坦人提供远程培训和教育
	国际合作	（1）中国农业部向哈萨克斯坦农业部提供无偿援助（2）中哈就进口哈萨克斯坦企业的猪肉产品进行谈判，并就销售至中国的农畜产品收益检疫要求达成一致（3）此外在农业科技和教育、生产技术和有机产品认证等方面开展积极合作
吉尔吉斯斯坦	抗击疫情	（1）成立共和国抗疫行动总部、抗疫措施专项资金分配委员会、公民抗疫物资分配委员会来统筹协调抗疫活动和分配相关物资 （2）限制和禁止人员入境，逐步关闭边境，切断国际交通联系，宣布进入紧急状态，部分城市和地区实施紧急状态机制，并加重处罚疫情期间违反紧急状态规定的行为 （3）临时禁止向第三国出口药品、医疗用品等与抗疫相关的产品（2月3日政府作出此规定，后4月17日对其作出修改，允许非医疗用途的口罩和面具出口其他欧亚经济联盟成员国） （4）临时授权提供和使用未经国家注册且未包含在国家基本药物目录中的药物和医药制品 （5）临时限制除公民健康和公共安全所需商品和服务外的政府采购，以确保与抗疫有关的国家预算稳定 （6）制定并批准临时性卫生检疫规定《阻止新冠肺炎疫情传播的卫生检验检疫要求》

续表

国家	方向	措　　施
吉尔吉斯斯坦	经济恢复	（1）推出包括为集群项目融资成立有针对性的投资基金、制定新的企业支持与发展规划、考虑新的挑战重新审议投资战略、改进现行的国有制造企业支持机制、向中小企业提供长期优惠贷款，保证其必要的清算能力、关注吉尔吉斯斯坦在休闲医疗旅游、防护用品生产等领域的竞争优势，向生态绿色产品生产提供支持，提供数字服务，开展电子贸易、建设数字经济等内容的以后经济恢复措施 （2）成立反危机基金，出台资产合法化、增加担保基金的注册资金额、重新审议税务合同责任、开展债务重组和社会清算、支持出口和粮食安全保障企业、免除国家和市政资产租金、向轻工业、旅游、微金融、数字化、生产和加工、制药等领域公司和中小企业提供优惠贷款、升级陆路货物运输等一揽子刺激措施 （3）政府针对企业推出包括延期和分期缴纳税款和社会保障债款、临时取消因未及时履行纳税义务而产生的罚金、延期支付 3 个月的市政财产租金、暂停国家部门检查、限制实地税收审计、临时禁止进行破产程序等在内的一系列财政支持措施 （4）变更《国家采购法》，加强对国内商品制造商的支持，保证紧急状态下国家采购的操作性，并返还贷款资金，用于实施国家项目
	社会保障	（1）从国家物资储备基金划拨 8677 袋面粉提供给有需要的家庭，并向民众，特别是社会弱势群体提供社会支持，并建议在紧急状态下简化国家社会担保获取机制 （2）缩减国家和市政公务人员工资，但向抗疫医务人员提供专项补贴 （3）保障社会必需农产品的储备充足、价格稳定，生活必须粮食商品国家储备达到需要的数量
	国际合作	（1）与欧亚经济联盟伙伴国搭建生活必需品、药品、医疗器具和设备进口运输“绿色通道” （2）与俄罗斯商讨利用俄吉发展基金在第二套反危机措施框架下为企业融资的可能性 （3）俄罗斯、波兰、中国、欧盟、国际货币基金组织、世界银行、国际发展组织、亚洲发展银行、伊斯兰开发银行、欧洲投资银行、欧洲复兴开发银行、欧亚稳定和发展基金、德国开发银行等国家、国际组织和机构向吉尔吉斯斯坦物资和资金援助，用于抗击疫情和保障吉国内粮食安全

续表

国家	方向	措　施
亚美尼亚	抗击疫情	（1）自3月1日起学校停课，全境自3月16日起进入紧急状态，成立由副总理阿维扬主持的紧急状态保障指挥办公室，实施紧急状态下的特殊入境程序，禁止本国公民出境和外国公民入境，限制公众活动，并在全国范围内限制人员自由流动，禁止除医药生产和零售、运输、电信、农业、公共服务、采矿业、国家安全和丧葬服务等活动外的各类活动，实施自我隔离机制 （2）政府拨款39.13亿德拉姆（约79.1万美元）用于预防、控制、治疗新冠肺炎疫情及其他综合措施，启动检测试剂、人工膜肺等医疗设备、个人防护用品、急救车等物资的国家采购，并针对抗疫捐助设立专用账号 （3）政府颁布仅可参照总指挥部正式信息在互联网站点和社交网络上传播和发布有关新冠肺炎疫情的材料、访谈和信息，且信息必须完全反映现实，不得编辑 （4）议会通过《线上管控法》，允许政府机构在因新冠肺炎疫情宣布紧急状态的情况下追踪公民的位置和电话
	经济恢复	（1）针对新冠肺炎疫情的不利后果，召开反危机政策问题会议，并制定和通过了透过不同工具为创业倡议提供国家协助的项目规划 （2）推出削弱新冠肺炎疫情影响的一系列经济支持措施，并推出90个建设招标项目 （3）亚美尼亚经济部与商业支持办公室和投资支持中心合作推出“商业对抗疫情”共同倡议，为亚美尼亚企业提供免费咨询服务 （4）出台《国家信息技术支持法》，推出高新技术产业激励机制，支持高新技术企业发展，采取国家援助工具来推动技术领域发展
	社会保障	（1）政府、社团和私营部门合作向老人、多子女家庭、其他弱势群体以及自愿自我隔离者提供5000套总价13000德拉姆的食品和卫生防护用品套装，并开通新的百姓热线 （2）向儿童、孕妇、无固定收入家庭等弱势群体按条件提供数额不等的临时补助或救济金 （3）社会补助金受益家庭每月额外多获得50%的补助金。 （4）分等级退换高等教育机构学生学费，并成绩较低的学生提供利率0%—4%的助学贷款，还款期自毕业后开始，并启动远程教育平台，确保公共教育 （5）政府对燃气、电、水等市政服务支出提供30%—50%的补贴 （6）向酒店、餐饮、旅游、美容美发、批发贸易服务等领域的从业人员和私人企业主提供一次性资助金

续表

国家	方向	措　施
亚美尼亚	国际合作	（1）与国际金融机构举行会晤，寻求国际投资，启动国家参与的透支项目，推出更加透明、有效的危机条件下投资激励机制 （2）与欧洲复兴开发银行合作实施中小企业促进、基础设施、能源、运输等领域的疫前投资项目 （3）欧盟向亚美尼亚提供一揽子紧急援助，用于解决卫生、教育和社会经济问题，而此援助建立在欧盟现有项目和新的目标性援助项目之上 （4）政府各部门代表、警备司令部代表与联合国常驻亚美尼亚协调员、亚美尼亚发展项目国际合伙人、国际金融机构主管、外交使团代表召开视频会议

资料来源：根据欧亚经济委员会官网公布的《吉尔吉斯斯坦、哈萨克斯坦、俄罗斯、白俄罗斯、亚美尼亚抗击新冠疫情情况》中的数据自行编制。

对冲策略抑或功能合作?

——俄罗斯的金砖外交论析*

沈 陈**

一、问题的提出

俄罗斯是一个特殊的金砖国家(BRICS)。① 时任高盛首席经济学家吉姆·奥尼尔(Jim O'Neil)将巴西(Brazil)、俄罗斯(Russia)、印度(India)、中国(China)等新兴经济体的英文首字母放在一起,提出了金砖四国(BRICs)的概念。② 与中国、印度、巴西不同,俄罗斯的金砖国家身份遭到了两个方面的质疑。一种质疑观点认为俄罗斯属于发达国家,而非新兴经济体。尼尔·麦克法兰(Neil Macfarlane)认为俄罗斯的外交政策旨在扭转自20世纪八九十年代以来的经济衰退以及恢复在苏联地区的影响力,从本质上说,俄罗斯与其说是"兴起",不如说是减少进一步损失。③ 俄罗斯的一些领导人、学者也指出,俄罗斯属于福利的、民主的发达国家,与其

* 本文系国家社会科学基金青年项目"发展中国家地位问题的新进展与中国应对研究"的阶段性成果。

** 沈陈,中国社会科学院世界经济与政治研究所助理研究员,中国社会科学院世界经济与政治研究所金砖国家研究基地特约研究员。

① 2010年,金砖国家接纳南非为新成员,"金砖四国"(BRICs)由此更名为"金砖国家"(BRICS)。本文除特别指出外,统一用"金砖国家"表述。

② Jim O' Neil, "Dreaming With BRICs: The Path to 2050", The Goldman Sachs Group Inc., 2003.

③ Neil Macfarlane, "The 'R' in BRICs: Is Russia an Emerging Power?" International Affairs, Volume 82, Issue 1, 2006, pp. 41—57.

他金砖国家不同。① 另一种观点则截然相反，质疑俄罗斯根本不具备新兴经济体的资格。斯蒂芬·赫德兰强调，俄罗斯尽管改善了财政状况，但对能源仍然高度依赖，没有实现以投资和创新驱动的可持续性增长。② 2008年全球金融危机后，俄罗斯的经济增速和金融市场出现震荡，已经无法跟上中国、印度等新兴经济体的发展步伐。③

尽管存在诸多质疑，但不妨碍俄罗斯成为金砖国家合作的主要推动者。2013年出台的《俄罗斯联邦加入金砖国家机制的构想》明确宣称，金砖国家于2006年由俄罗斯联邦发起创立，是21世纪伊始最有意义的地缘政治事件之一。④ 早在20世纪90年代，俄罗斯便开始提出中俄印三边合作的构想。2002年9月，中俄印三国外长在出席联大会议期间共进工作午餐，中俄印外长联大会晤机制正式建立。当高盛集团提出“金砖国家”概念以后，俄罗斯有意识地借此对新兴经济体合作加以整合。⑤ 2005年，中国、印度、巴西、南非、墨西哥等国首脑出席新兴经济体与八国集团（G8）对话会，会议期间新兴经济体首脑还自行组织集体会晤。2006年9月联大会议期间，经普京倡议，巴西外长加入中俄印外长会晤机制，中俄印外长联大会晤机制扩展为金砖四国外长联大会晤机制。2008年5月，金砖四国外长在俄罗斯叶卡捷琳堡召开会议，这是金砖国家首次在联合国以外单独举行会晤。2009年6月，中国、俄罗斯、印度、巴西首脑在叶卡捷琳堡举行金砖国家第一次峰会，标志金砖国家合作机制正式确立。

“金砖国家”概念自2001年问世，历经了投资概念、政治合作和战略

---

① 肖辉忠：《试析俄罗斯金砖国家外交中的几个问题》，《俄罗斯研究》2012年第4期，第21—42页。

② 斯蒂芬·赫德兰：《金融危机之后的俄罗斯》，《俄罗斯研究》2010年第6期，第71—87页。

③ Ben Judah, Jana Kobzova, Nicu Popescu, “Dealing With A Post - Bric Russia”, ECFR, 2011, https://www.ecfr.eu/page/-/ECFR44_ RUSSIA_ REPORT_ AW.pdf.（上网时间：2020年9月1日）

④ Концепция участия Российской Федерации в объединении БРИКС, http://news.kremlin.ru/media/events/files/41d452a8a232b2f6f8a5.Pdf.（上网时间：2020年9月1日）

⑤ Marina Larionova, Mark Rakhmangulov, Andrey Shelepov, “BRICS in the System of Global Governance”, March 27, 2012, http://www.hse.ru/org/hse/iori/news/50107827.html.（上网时间：2020年9月1日）

力量三个发展阶段。① 一般认为，金砖国家是“新型南南合作”和“新兴经济体群体性崛起”的象征。然而，金砖国家之所以能够从投资概念转变为战略力量，很大程度上是俄罗斯外交艺术的产物。在金砖国家形成的过程中，为什么“不那么像新兴经济体”的俄罗斯发挥了巨大作用？在新的历史条件下，俄罗斯参与金砖国家合作的诉求有何变化？本文将试图就以上问题进行分析和探索。

二、俄罗斯金砖外交的双重逻辑

俄罗斯的金砖外交存在两种基本逻辑。一种属于对冲策略，将金砖外交作为应对西方国家的外交策略。由于金砖五国之间存在政治体制、经济发展模式和文明身份等差异性，因此金砖合作缺乏足够的内生性议程，其联合的目的是为了直接或者间接地对西方国家施加影响。② 另一种属于功能合作，通过推动不同部门的务实合作，实现从低级政治向高级政治的合作进化。从时间段来看，对冲策略是俄罗斯参与金砖合作机制初期的主要动机，功能合作在乌克兰危机以后成为俄罗斯金砖外交的重要考量。

（一）对冲策略

对冲又被称为“两面下注”，是一种制衡与追随之间的状态，具体表现为在高风险、高度不确定的条件下，一国通过采取多种相反、相抵的手段来消解风险，以便在风云变幻的国际环境中保障自身的长远利益。③ 对冲策略可以表现同时与两个具有竞争性的国家开展战略合作，或同时参与两个具有某种互斥性的国际组织，或在某个国际问题上采取两面下注的政策立场。由于一种体系到另一种体系的转换通常伴随着危机和战争，采取

---

① 樊勇明、沈陈：《改变全球格局的战略力量——金砖国家的内部粘合机制与发展方向前瞻》，《人民论坛·学术前沿》2014 年 18 期，第 14—25 页。

② В. А. Никонова， Г. Д. Толорая， Стратегия России в БРИКС： цели и инструменты，Москва，2013，С. 32.

③ Cheng – Chwee Kuik，“Smaller States ‘Alignment Choices：A Comparative Study of Malaysia and Singapore’s Hedging Behavior in the Face of a Rising China”，PhD dissertation，Johns Hopkins University，2010.

对冲策略通常是为了降低体系转换风险。

俄罗斯的金砖外交与其对美国单极霸权秩序的不满深深交织在一起。苏联解体以后，俄罗斯丧失超级大国地位，陷入所谓的“地位恐慌”。①1991 年，立国不久的俄罗斯受邀参加七国集团（G7）的安全会议。1997 年俄罗斯获准“转正”，G7 随之变为 G8。在 G8 机制中，俄罗斯仅可以参加安全议题的讨论，长期处于“二等公民”地位。更为严重的是，俄罗斯的退让换来的是美国轰炸南斯拉夫联盟、北约东扩等一系列地缘事件，刺激俄罗斯在全球秩序重塑的过程中寻找其他非西方伙伴。

2008 年全球金融危机以后，欧美经济遭遇重创。直到乌克兰危机爆发以前，西方国家都未能摆脱经济低迷状态。2011 年，美国主权债务问题日益显性化，民主与共和两党在财政悬崖问题上展开激烈博弈，压缩了美国的外交政策空间。欧洲南部一些国家出现债务危机，财政赤字问题积重难返。受此影响，国际组织纷纷下调了欧盟及欧洲大国的增长预期。与之相反，受石油价格保持高位等因素影响，2012 年俄罗斯经济增长 4.02%，经济基本恢复到金融危机前水平。中国、印度等新兴经济体增长迅速，全球经济重心东移趋势明显。俄罗斯地跨欧亚大陆，有条件在东西两个方开展合作。乌克兰危机前，俄罗斯一方面“向西看”，参加 G8，积极与欧盟、北约等西方国家组织对话；另一方面又“向东看”，大力推动金砖国家、上海合作组织等框架的构建。

值得注意的是，俄罗斯是在拥有 G8 成员资格的情况下推动金砖国家合作的。在加入金砖国家机制之初，俄罗斯没有打算放弃 G8 成员的身份，也没有计划与金砖国家结盟，而是将自身定位成发达国家与新兴经济体之间的桥梁。② 俄罗斯试图借助金砖国家巩固自身在全球治理体系中的地位，恢复沙俄和苏联时期的地缘影响，构建包括俄罗斯在内的全球大国集体领导的国际秩序。俄罗斯相信金砖国家的合作越推进，美国和西方对俄罗斯

① Sergey Karaganov, Dmitry V. Suslov, “A New World Order: A View from Russia”, Horizons, No. 13, 2019, pp. 72—93.

② Stephen Fortescue, “The BRICS and Russia”, in Vai Io Lo and Mary Hiscock eds., “The Rise of the BRICS in the Global Political Economy: Changing Paradigms?” Cheltenham: Edward Elgar Publishing, 2014, pp. 228—240.

的态度会越客气。[①] 因此，俄罗斯的“向东看”政策体现了强烈的对冲色彩，其目的为了增强自身的战略能力，提高与西方谈判的筹码。

（二）功能合作

功能主义强调合作从局部到全面、从低级到高级、从经济到政治的“外溢”过程。功能合作的目标是不断加深成员国之间的机制化程度，逐步构建经济乃至政治共同体。在这一过程中，政治精英和技术专家通常发挥关键的作用。[②] 构建超国家性质的共同体是功能合作的最高目标，但并非唯一目标。由于“外溢”并非是单向的、线性的，构建共同体通常是漫长而曲折的过程。尽管如此，功能合作所带来的机制建设，以及由此产生的经济、政治和安全收益仍对成员国具有重要意义。

金砖国家合作机制首先由比较容易形成共识和取得进展的经济领域着手，在经济领域取得进展后外溢到政治和文化领域，将金砖国家从非正式的、仅在有限领域对话的论坛，逐步转变为一个稳定的战略协调机制。随着乌克兰局势不断恶化，俄罗斯与西方的外交关系降至20世纪80年代初以来的最低点，加强与金砖国家的功能合作成为俄政府急迫而现实的要求。2015年金砖国家峰会在俄罗斯乌法举行，会上通过《金砖国家的经济伙伴战略2015》。该战略提出与金砖国家建立更密切的经贸联系，并首次将能源和矿产资源开采作为五国合作的新方向。由于随时面临被排除在美国主导的国际结算支付体系之外的风险，俄罗斯提出打造金砖国家结算支付系统的倡议，并在五个国家之间建立跨境支付基础设施。在双边层面，俄罗斯鼓励贸易“去美元化”政策，与包括中国在内的金砖国家进行货币互换，开发本币支付系统，减少对美元的依赖。

对冲策略与功能合作强调的侧重点是不同的，前者强调合作的外部因素，即与西方国家关系；后者强调内生合作动力的塑造，即五国之间协调

---

① Zaki Laïdi, “The BRICS Against the West?” CERI Strategy Papers, Vol. 11, No. 2, 2011, pp. 1—12.

② Ernst B. Haas, “Turbulent Fields and Theory of Regional Integration”, International Organization, Vol. 30, No. 2, 1976, pp. 175; Ernst B. Haas, “Does Constructivism Subsume Neo－functionalism?” in Thomas Christiansen, Knud Erik Jorgensen and Antje Wiener, The Social Construction of Europe, London: Sage, 2000, pp. 22—31.

与合作。两种逻辑并非替代关系而是同时存在，只是在不同时期的偏重有所不同。如表2—1所示，乌克兰危机是俄罗斯金砖外交的分水岭。危机以前，俄罗斯的外交政策在新兴经济体和发达国家之间、在搭建桥梁与改革体系之间摇摆不定；危机以后，俄罗斯采取对冲策略的外交空间大大缩小，因此不再追求成为连接金砖国家的纽带，转而将金砖国家定位为抵御西方入侵的壁垒。① 俄罗斯的对外经济关系从西方逐渐转向东方，② 俄罗斯的金砖外交也更多偏向机制性和功能性合作。

表2—1 俄罗斯的金砖外交逻辑

	时间	与西方的关系	参与金砖合作的重点
偏重对冲策略	乌克兰危机前	缓和	全球治理改革
偏重功能合作	乌克兰危机后	紧张	金砖机制建设

资料来源：沈陈：《对冲策略抑或功能合作？——俄罗斯参与金砖国家合作的议程论析》，《俄罗斯研究》2022年第1期。

三、双重逻辑塑造下的金砖外交

在对冲策略与功能合作双重逻辑的塑造下，俄罗斯的金砖国家外交呈现出内外两个向度：对外是指与金砖国家共同推进国际发展理念、国际组织规则等宏观领域的改革与创新，维护新兴经济体和发展中国家利益；对内是指五国在经济、政治、人文三个方面不断加深务实合作，推动双边和多边的机制建设，夯实五国之间的团结纽带。俄罗斯的金砖外交不仅要推动全球经济层面的改革，还致力于改变冷战结束以后的地缘政治结构，③ 主动促进金砖合作从经济领域合作向政治安全领域外溢。④ 通过划分外部与内部、经济与政治两种维度，可以发现俄罗斯的金砖外交主要包括以下

---

① Rachel S. Salzman, "From Bridge to Bulwark: The Evolution of BRICS in Russian Grand Strategy", Comillas Journal of International Relations, No. 3, 2015, pp. 1—12.

② Richard Connolly, "Russia's Response to Sanctions: How Western Economic Statecraft is Reshaping Political Economy in Russia", Cambridge: Cambridge University Press, 2018.

③ Georgy Toloraya, "Why Does Russia Need BRICS?" Russia in Global Affairs, 2015.

④ 任远喆：《福塔莱萨峰会后金砖国家合作面临的机遇与挑战》，《当代世界》2014年第8期，第15—18页。

四项内容（见表 2—2）。

表 2—2 俄罗斯金砖外交的主要内容

	外部	内部
经济	全球经济治理	内部务实合作
政治	安全政治合作	协调中印关系

资料来源：沈陈：《对冲策略抑或功能合作？——俄罗斯参与金砖国家合作的议程论析》，《俄罗斯研究》2022 年第 1 期。

（一）全球经济治理

俄罗斯与其他金砖国家坚持多边主义，在诸多国际场合和国际谈判中形成战略合力。① 金砖国家协调参与全球经济治理最初集中于金融领域。2010 年，国际货币基金组织（IMF）通过份额和治理改革方案，规定 IMF 份额扩大一倍，向新兴经济体和发展中国家转移约 6% 的份额和执行董事会的 2 个席位。根据该方案，中国通过注资成为 IMF 第三大股东，俄罗斯、印度、巴西的份额也都跻身前十。2012 年，在包括金砖国家在内的各国努力下，IMF 原定 4300 亿美元的注资计划超额完成。在金砖国家的共同努力下，2010 年达成的份额改革方案在 2016 年 1 月终于生效。同年 10 月 1 日，人民币被纳入特别提款权货币篮子。

全球贸易治理成为近期金砖国家关注的焦点。巴西候选人罗伯特·阿泽维多（Roberto Azevêdo）在 2013 年世界贸易组织（WTO）选举中成功当选总干事，曾被视为“金砖国家的胜利”。不过，随着西方民粹主义、贸易保守主义倾向日益严重，特别是特朗普政府蓄意破坏 WTO 贸易争端解决机制，导致多边贸易体制陷于瘫痪。在这一背景下，阿泽维多于 2020 年提前宣布离职。金砖国家多次重申维护开放、透明、非歧视性的多边贸易体制，支持 WTO 在多边贸易体制中发挥基石作用。当前，如何破解 WTO 僵局成为金砖国家共同面临的急迫任务。

---

① Kristen Hopewell, “The BRICS—Merely a Fable? Emerging Power Alliances in Global Trade Governance”, International Affairs, Vol. 93, Issue 6, 2017, pp. 1377—1396.

（二）内部务实合作

金砖国家的内部务实合作范围广泛，构建多部门、多层级、多主体参与的嵌套机制。金砖国家除每年单独举行元首级会晤外，还定期举行外交、安全、贸易、工商、统计、农业、卫生等部长级会议，以及不定期举行协调人和驻外使节多边会晤。在首脑峰会期间，金砖国家的相关部门和社会团体还会举办企业家论坛、智库会议、金融论坛、地方政府论坛、工商论坛等配套活动，搭建金砖国家的民间交往平台。

金融合作是金砖国家参与全球治理最集中的领域，也是五国合作机制化程度最高的领域，体现出很强的对冲色彩。鉴于西方国家在国际货币基金组织（IMF）拥有否决权，美国议会迟迟不就2010年改革方案进行表决，欧洲国家也不愿让出两个IMF执行董事会的席位，导致新兴经济体和发展中国家的发言权无法得到相应的提升。除了表达对IMF改革进度的失望，金砖国家开始独自筹建金融机构。2014年福塔莱萨峰会正式提出建立金砖国家应急外汇储备机制和金砖国家新开发银行，在功能上分别与IMF和世界银行对应，以此作为对国际金融机构改革缓慢的回应。

（三）政治安全合作

金砖国家均强调维护联合国、二十国集团（G20）等全球治理平台，尊重国际法及其他国际关系基本准则。金砖国家倡导世界各国不分大小平等对话，实现相互之间的理解与支持。金砖国家的政治安全合作在俄格武装冲突和乌克兰危机中表现得最为突出，导致西方孤立俄罗斯的企图难以实现。2014年，西方国家策动在联合国大会上批评俄罗斯接受克里米亚公投的决议案，俄罗斯否决此案，包括中国、巴西、印度、南非在内的54个国家投了弃权票。对于澳大利亚禁止俄参加G20峰会的言论，金砖国家发表联合声明指出，G20的“管理权平等地属于所有成员国，任何成员国都不能单方面决定它的性质与特征，敌对言论、制裁与反制裁以及武力的升级均无助于按国际法达成持续和平的解决方案”。① 金砖国家的政治安全合作并不意味着五国之间结成了反西方的联盟关系，事实上，包括俄罗斯在内的金砖国家仍将美国、欧盟视为至关重要的合作伙伴。② 金砖国家在联合国、G20 中的相互支持不能仅仅被视为俄罗斯的外交胜利，还反映出新兴经济体与发达国家在国际规范方面的分歧。

（四）协调中印关系

按照俄罗斯的外交叙事，金砖国家的前身和基础是中俄印三边关系，俄罗斯在中俄印三边关系中发挥着关键的协调作用。③ 俄罗斯与中国建立了战略协作伙伴关系，又与印度建立特殊战略伙伴关系，在协调三边合作方面发挥积极作用。在美国推出“印太战略”、中印边界持续对峙的背景下，俄罗斯担忧印度可能与美日等西方国家不断走进，引发中俄印乃至金砖国家合作的“内部分裂”。④ 俄政府声称不在中俄印三边会议的议程上设置任何双边项目。与此同时，俄罗斯开展“静悄悄的外交”，在中印两国之间展开磋商协调。2020 年 6 月 23 日，中俄印三国外长视频会议顺利举行。随后，中印两国的国防部长都参加了在莫斯科红场举行的胜利日阅兵。2020 年 9 月 10 日，中俄印外长又在莫斯科举行会晤，并达成五点共识。中俄印机制有利于缓和中印边境紧张态势，维护金砖国家内部的团结与合作。

---

① Zachary Keck，“Why Did BRICS Back Russia On Crimea?” The Diplomat，April 1，2014，https：//thediplomat. com/2014/03/why – did – brics – back – russia – on – crimea/.（上网时间：2020 年 9 月 1 日）

② Rachel S. Salzman，“Russia，BRICS，and the Disruption of Global Order”，Washington DC：Georgetown University Press，2019.

③ Давыдов В. М.，Мосейкин Ю. Н.，“БРИК：предпосылки сближения и перспективы взаимодействия”，М.，ИЛА РАН，2010，С. 232 .

④ Nivedita Kapoor，“RIC，BRICS and SCO：The Pandemic and Its Consequences”，Valdai Discussion Club，July 29，2020，https：//valdaiclub. com/a/highlights/ric – brics – and – sco – the – pandemic – and – its – consequence/.（上网时间：2020 年 9 月 1 日）

四、俄罗斯金砖外交的现实挑战

乌克兰危机推动俄罗斯深度参与金砖国家合作，由偏重对冲策略转向偏重功能合作。不过，金砖国家功能合作在取得广泛成就的同时，也暴露出机制化不足、经济增速下降、合作议程偏差等新问题。另外，由于俄罗斯与西方国家实现和解的前景仍然存在，俄罗斯金砖外交重新偏重对冲策略的可能性不应排除。

第一，金砖国家的机制化水平较低，影响功能合作的展开。金砖国家没有常设秘书处，在会议组上实行前任、现任和候任主席国“三驾马车”相互配合的制度。主席国在议程设置上有较大的自由度，比其他成员更容易将本国偏好纳入最终方案，影响了金砖国家合作议程的延续性。由于国际机制本身是多种利益和规范因素相互妥协的结果，且金砖国家合作议程涉及领域非常广泛，导致峰会在不少问题上进展缓慢，迟迟无法达成深入有力的方案。在执行方面，金砖国家的主要定位是政策沟通平台，因此五国会晤达成的共识和行动计划不具有强制的约束力。金砖国家峰会宣言、公报和行动计划属于导向性的政治承诺，不具备法律约束力，导致已达成的众多协议难以监督和落实。即便是在机制化水平最高的新开发银行，由于采取五国平权的决策模式，导致该行的行动效率受到一定制约。

第二，金砖国家经济增长放缓，功能合作的收益下降。快速的经济增长曾是金砖国家的共同特征，也是金砖国家合作的重要基础，但这一基础近期发生较大改变。新冠肺炎疫情发生以后，金砖国家经济增长更是出现大幅萎缩。2020 年 6 月，国际货币基金组织（IMF）发布的《世界经济展望》报告预测，2020 年印度国内生产总值（GDP）的增长率为 -4.5%，俄罗斯为 -6.6%，巴西为 -9.1%，南非为 -8%。① 2020 年上半年，中国对外贸易总额累计减少 6.6%，其中对巴西进出口总额累计下降 1.7%，对俄罗斯下降 5.6%，对印度下降 20.9%，对南非下降 27.6%。② 2020 年 5 月，经济合作组织报告指出，即使各国应对新冠肺炎疫情的卫生和经济措

---

① IMF, “World Economic Outlook Update”, 2020, https://www.imf.org/en/Publications/WEO/Issues/2020/06/24/WEOUpdateJune2020.（上网时间：2020 年 9 月 1 日）

② 数据来源：Wind 数据库。

施取得最乐观的成效，2020 年的外国直接投资流量仍有可能下降 30% 以上。① 在此背景下，2020 年金砖国家吸收外国直接投资将受到较大冲击，相互之间的直接投资也将受到严重干扰。

第三，金砖国家合作尚不足以替代国际机构的功能，与俄罗斯的期待差距较大。在政治上，金砖国家属于非西方组织，而不是反西方组织。金砖国家的成员国奉行独立的外交政策，并且大都与西方国家保持密切合作，俄罗斯无法在组织中推动反西方议程。尽管金砖国家创建了新开发银行和应急外汇储备等替代性机构，不过，新型金融机构致力于改革现有国际体系，属于补充性竞争而非挑战性竞争。② 新开发银行目前还处于起步阶段，与俄罗斯融资需求差距较大，无法对冲其与西方“脱钩”带来的经济损失。加之俄罗斯正在遭受西方制裁，其他金砖国家只能在有限范围内与俄进行金融结算和技术转让。③ 因此，至少在中短期内，金砖国家功能合作与俄罗斯所期待的经济联盟还相差甚远。

五、中俄强化金砖合作的路径与展望

从金砖国家第一个“黄金十年”的合作进程来看，全球治理改革是五国合作的出发点，并很快在国际金融、国际贸易等领域取得明显进展。受乌克兰危机、西方民粹主义兴起、新冠肺炎疫情等多种因素影响，全球治理体系改革开始出现停滞，金砖合作的对冲空间大大缩小，但功能合作的需求却在上升。中俄两国都是金砖外交的积极倡导者，未来可从以下三个方面强化合作。

第一，制定双轨路线图，增加金砖合作机制化程度。关于金砖国家的

---

① OECD, “OECD Policy Responses to Coronavirus (COVID – 19): Foreign Direct Investment Flows in the Time of COVID – 19”, May 4, 2020, https://www.oecd.org/coronavirus/policy – responses/foreign – direct – investment – flows – in – the – time – of – covid – 19 – a2fa20c4/.（上网时间：2020 年 9 月 1 日）

② 徐秀军：《制度非中性与金砖国家合作》，《世界经济与政治》2013 年第 6 期，第 77—96 页；朱杰进：《金砖银行、竞争性多边主义与全球经济治理改革》，《国际关系研究》2016 年第 5 期，第 101—112 页。

③ Alexei I. Miller, Fyodor A. Lukyanov, “Detachment instead of Confrontation: Post – European Russian Search of Self – sufficiency”, Russia in Global Affairs, December 19, 2016.

机制化前景，一直存在两种不同的观点。一种认为金砖国家应该保持当前非正式论坛形式，并成为成一个“松而不散”的经济合作机制或经济利益共同体。另一种观点则认为金砖国家应致力于建立正式组织，这主要基于非正式论坛较为松散，约束力较小，不仅影响决策效率，也影响决策的执行力度。就目前情况来看，金砖国家还不具备成立正式机制的基础，当前的重点是找到可以实现务实合作的领域，并推进合作取得进展，如果没有实质性合作作为支撑，过早驶入机制化轨道反而可能成为一种约束或障碍。现有的合作框架可以满足金砖五国在各个层级上的对话与协商，有利于增加各国政策调整的空间。

为此，可从合法性与有效性出发，制定金砖国家机制改革的双轨路线图。一方面，部分金砖国家应走向建章立制的“快速轨道”。金砖国家目前尚无组织章程，也没有设立秘书处，每次会议的主题主要由东道国自主决定，必然影响峰会议程的延续性。由于各国利益存在差异，因此不应强求在所有问题上保持一致，而是寻求在部分成员国之间实现“三边”或“四边”合作。另一方面，金砖国家应考虑吸收新成员国、观察员国和对话伙伴国，增加“常速轨道”的国家数量。可邀请 G20 框架下的新兴经济体，即除了 G7、澳大利亚、欧盟以外的 11 个新兴经济体参与“金砖 +”合作。① 吸收其他新兴经济体不仅有利于提升金砖国家的代表性，而且能够扩大其在联合国、G20 等国际场合的影响力。

第二，继续深化五国务实合作，共同摆脱经济困境。国内政治和经济上的困境不仅会分散政府对金砖国家合作的投入，也会给外部势力干扰金砖国家合作留下缺口。为此，要着力应对国内政治与经济问题，维护政局和社会稳定，刺激经济增长。金砖国家合作应以改善民生为主线，让普通民众拥有获得感，从而换取对所在国政府以及金砖国家合作的支持。金砖国家需进一步加强战略对接，分享各自发展经验与应对挑战的对策，挖掘利用好经济互补性，发挥战略聚合效应和规模效应。②

新冠肺炎疫情要求金砖国家加快产业升级，把握以网络化、智能化、

① 何帆、冯玮江、徐进：《全球治理机制面临的挑战及中国的对策》，《世界经济与政治》2013 年第 4 期，第 19—39 页。

② 徐秀军：《金砖国家面临的挑战与前景》，《当代世界》2016 年第 11 期，第 34—37 页。

数字化为特征的第四次工业革命。在后疫情时代，世界经济将更加依赖技术进步的拉动，包括5G商用推动产业链加快成熟、工业互联网引领数字化转型、人工智能加速应用普及扩散、区块链探索构建分布式信任体系等形式。自2020年4月以来，金砖国家的财政、经贸、统计、税务、科技等部门已多次通过视频方式召开会议，就加强信息产业、数字贸易等问题展开政策沟通。在《金砖国家经济伙伴战略2015》的基础上，金砖国家开始制定《金砖国家经济伙伴战略2025》。《金砖国家经济伙伴战略2025》提出的新主题有"无障碍和无制裁的贸易和投资""数字经济惠民"等，共同推动远程办公、在线教育、在线消费等产业的发展。

第三，以卫生合作为契机，发掘金砖功能合作的新增长点。早在2015年在乌法举行的金砖国家峰会，五国就提出了联合开发疫苗的任务。这一任务于2018年约翰内斯堡峰会上得到进一步细化，达成建立五国联合研发疫苗机制的协议。新冠肺炎疫情暴发使卫生合作在金砖国家议程中的比重大大增加。俄罗斯是2020年金砖国家峰会的主席国，根据俄罗斯制定的金砖国家科技创新框架计划，金砖国家与卫生领域相关的科技创新活动多涉及疫苗研发、高端医疗器械生产、智慧医疗等；同时金砖国家还将着手编制抗击新冠肺炎疫情所采取的最佳实践手册，提供给五国及世界其他国家的专家使用。2020年中国经济逆势增长，也是全球口罩、呼吸机和防护装备的主要出口国。印度则是世界上最大的羟氯喹生产国，其生产原料主要来自中国，终端市场既有欧美发达国家，也有俄罗斯、巴西、南非等新兴经济体。

俄罗斯举办2020年金砖国家峰会的主题是"全球稳定、共同安全和创新增长"，反映出俄罗斯的金砖外交包含政治、经济、全球、地区等多个层面的关注。中国是2022年金砖国家主席国，在疫情肆虐的背景下，金砖国家更需加强彼此之间的协调与合作，共同抵制发达国家不负责任的言行，维护国际关系基本准则和全球治理机制。在五国内部合作上，中俄等国可优先从卫生、金融等领域入手，尽早实现机制升级和成员扩大，拓展金砖合作的深度和广度。可以预见，深化功能合作、创新合作模式将成为金砖国家第二个"黄金十年"的重点和亮点。

欧盟视角下俄欧天然气合作新进程：挑战、对策与前景

赵 靖*

一、问题的提出

欧洲大陆的天然气资源匮乏，但却是欧盟国家颇为倚重的能源，从1990年到2018年，天然气在欧盟总体的能源消费中始终占有较大的份额。① 欧盟委员会的《2050能源路线图》指出，天然气是能源转型中关键的能源，② 中长期内在欧盟的供暖、发电及工业中持续扮演重要角色，是向低碳经济转型过程中可再生能源的未来伙伴。③ 而欧盟对天然气的消费需求，从过去至未来一段时间内，很大程度上需要依靠从俄罗斯进口。

俄欧天然气合作可以追溯至20世纪60年代中期，当时的西欧国家与苏联都采用国家垂直垄断的天然气市场结构，阴差阳错之下奥地利成为最先开始进口苏联天然气的西欧国家，紧接着意大利与联邦德国加入进口苏联天然气的行列。④ 美国一开始并未对西欧进口苏联天然气进行干预或反对，但里根上台之后发生了转变，苏联与西欧协商共建的跨西伯利亚管道

* 赵靖，西北政法大学国际法专业硕士研究生。

① Eurostat, "Energy, transport and environment statistics - 2020 edition", Luxembourg: Publications Office of the European Union, 2020, p. 18.

② European Commission, "Energy roadmap 2050", Luxembourg: Publications Office of the European Union, 2012, p. 12.

③ Gökçe Mete, "Energy Transitions and the Future of Gas in the EU: Subsidise or Decarbonise", Cham: Palgrave Macmillan, 2020, p. 1.

④ Per Högselius, "Red Gas: Russia and the Origins of European Energy Dependence", New York: Palgrave Macmillan, 2013, pp. 65, 151.

被视作对欧美联盟的威胁，里根政府对关键性的技术设备实施禁运，并发起了经济制裁，尽管工程建设进度放缓，但最终并未对俄欧天然气贸易产生严重的阻碍。①

经过苏联解体后的几年动荡，俄罗斯继续实行国家垂直垄断的市场结构，俄罗斯天然气工业股份公司（Gazprom，以下简称“俄气”）最终承继了对欧洲的天然气供应合同，垄断了俄罗斯的管道气出口业务。② 欧盟则意识到国家垄断不利于区域经济一体化，开始转向市场自由化改革。改革的具体目标是拆分大型公司的上中下游业务，形成自由的竞争市场。为此，欧盟于1998年和2003年先后出台了第一个和第二个天然气指令，以及第三次能源市场改革方案，致力于实现统一的内部天然气市场。③ 改革的力度随着三次指令的更替逐渐加大，尽管取得一定成效，但各国的能源利益分歧仍牵绊着改革的进展步伐。

随着消费量增加，欧洲国家对俄罗斯天然气的依赖也逐渐加深，而如何将庞大数量的天然气可靠地运至欧洲成为俄罗斯需要考虑的问题。苏联解体之后，乌克兰坐拥庞大运力的管道成为俄欧天然气合作中最重要的过境国，白俄罗斯与波兰也因亚马尔－欧洲管道而获得过境国身份，至2011年北溪一号天然气管道开通前，俄罗斯出口至欧洲天然气的80%需要经过乌克兰境内。欧洲复杂的地缘政治格局，加上能源商品的特殊属性，使得这一区域的天然气贸易很容易被政治因素左右。俄罗斯与白俄罗斯关于过境运输发生过摩擦，2006年与2009年俄罗斯与乌克兰两次严重的斗气争端，更是让俄罗斯下定决心开发多样化的对欧出口路线。④ 欧盟也在市场化改革的过程中，认识到能源安全治理的缺失，与俄罗斯共同建立了预警机制，并采取了丰富进口来源建设液化天然气接收站等一系列措施，北溪一号作为第一条俄罗斯直连欧洲市场的天然气管道，在这样的背景下迅速

---

① Per Högselius, “Red Gas: Russia and the Origins of European Energy Dependence”, New York: Palgrave Macmillan, 2013, pp. 185—190.

② ［英］戴维·维克托、埃米·贾菲、马克·海斯编著：《天然气地缘政治：从1970—2040》，王震等译，石油工业出版社2010年版，第123—127页。

③ S. Boussena, C. Locatell, “Energy institutional and organisational changes in EU and Russia: Revisiting gas relations”, Energy Policy, Vol. 55, 2013, p. 182.

④ 2006年与2009年初，俄气两次切断对乌克兰的天然气供应，处在供应末端的欧洲国家人民因缺乏足够的能源而难以抵御严寒。

推进落成。①

除北溪一号管道外，俄气同时还在规划穿越黑海连接保加利亚的南溪（South Stream）天然气管道，试图同欧美力主的纳布科（Nabucco）管道形成竞争之势。② 但乌克兰危机之后，俄欧关系恶化，来自欧盟委员会及成员国的政治压力，使得南溪管道最终宣布失败。俄气又将目光转向北方，波罗的海海底已有一条北溪天然气管道成功地开通运营，在此区域修建一条新的北溪二号管道就成为通向欧盟市场更为可靠与现实的选择。

北溪二号天然气管道的建设计划宣布时，③ 俄欧区域市场之外的国际天然气市场局势也发生了重大转变。液化天然气（LNG）市场得益于技术进步与成本降低而不断扩大，呈现繁荣态势，在传统的“照付不议”天然气交易模式之外，现货交易的份额也逐渐增加，美国爆发的页岩革命让其实现从净进口国到出口国的转变。在俄欧关系紧张及国际局势重大转变的背景之下，北溪二号管道引发了前所未有的争议，俄欧天然气合作随之进入新的发展阶段。欧盟内部关于对俄天然气合作的分歧全面爆发，俄罗斯则坚定地继续推进出口路线多元化并加码建设直连欧洲市场的管道，美国发力经济制裁遏制俄欧天然气合作。欧盟在随后的几年内，综合运用政策与法律的手段，纵横捭阖之间化解了紧张局势，开创了天然气市场治理的新格局。对此，有必要对欧盟在这一阶段采取的对策进行研究，分析其治理之下的成效与未来形势走向，这对于中国在借鉴欧盟天然气市场治理的经验颇具现实意义。

---

① 北溪一号天然气管道从俄罗斯出发，穿过波罗的海底部，依次经过芬兰、瑞典的专属经济区，丹麦的领海及专属经济区，最终从德国上岸。北溪一号由两条并行管道组成，设计年运输量达 550 亿立方米。

② 规划中的南溪天然气管道将从俄罗斯的黑海西岸边境出发穿越土耳其的黑海领海，从保加利亚上岸后分为两条支线，最终分别到达奥地利与意大利。纳布科管道则将从土耳其的埃尔祖鲁姆出发，经保加利亚、罗马尼亚、匈牙利最终达到奥地利，天然气将由阿塞拜疆供应。最终，南溪天然气管道被土耳其溪天然气管道替代，纳布科天然气管道则因为经济原因被跨亚得里亚海天然气管道替代。

③ 2015 年 9 月，俄气与德国巴斯夫公司（BASF）、意昂集团（E. ON）、法国昂吉集团（ENGIE）、奥地利国家石油公司（OMV）及荷兰皇家壳牌公司（Shell）签署股东协议，并宣布将在波罗的海沿着已建成的北溪一号天然气管道新建北溪二号（Nord Stream 2），设计年运输量为 550 亿立方米。

二、俄欧天然气合作新阶段面临的挑战

适逢乌克兰危机后的国际形势敏感时期，北溪二号建设计划的宣布再一次搅动了欧洲地区的局势，这条能源动脉的影响远远超出了管道连接的两国范围，开启了俄欧天然气合作的新阶段。从欧盟视角来看，双方合作面临的挑战主要体现在以下三个方面。

（一）欧盟对俄罗斯天然气的依赖将进一步加深

北溪二号宣布建设之时，已经建成的对欧天然气外运管线包括过境乌克兰的管道（1430 亿立方米/年），亚马尔—欧洲管道（330 亿立方米/年）、蓝溪管道（160 亿立方米/年）、[①] 北溪一号管道（550 亿立方米/年）。年出口能力已达 2470 亿立方米，事实上远大于 2014 年对欧洲实际出口的 1470 亿立方米，俄罗斯依然执着地推进北溪二号及土耳其溪天然气管道建设，就是基于以下原因认为欧盟对俄罗斯天然气的依赖将进一步加深。

1. 欧盟的资源禀赋劣势。截至 2020 年底，欧洲天然气剩余储量为 3.2 万亿立方米，按当年产量水平仅够开采 14.5 年。[②] 欧洲本土天然气储量触底，产量也随着逐年下降，2010 年尚能生产 3101 亿立方米天然气，2020 年只有 2186 亿立方米，[③] 欧洲最大的荷兰格罗宁根气田由于地震的原因宣布减产，更有可能提前关闭。这导致，尽管欧盟的天然气消费量在近年来呈现一定下降趋势，但并不能与本土产量的下降保持一致，而短时间内通过页岩气的开发来大幅度上产也不是现实的选择。[④]

2. 俄罗斯的资源及地缘优势。俄罗斯截至 2020 年底的探明储量为

---

① Gazprom, "Robust performer in times of market turmoil", Gazprom Investor Presentation, 2009, p. 23.

② IEA, "World Energy Outlook 2019", Paris: IEA Publications, 2019, p. 180.

③ BP, "BP Statistical Review of World Energy 2021", London: BP p. l. c, 2021, pp. 34—36.

④ Patrizia Lombardi and Max Gruenig, eds., "Low - carbon Energy Security from a European Perspective", London: Elsevier, 2016, p. 47.

37.4万亿立方米，是欧洲的11.5倍，且以现有产量水平能开采58.6年。① 在已建成庞大的对欧天然气出口网络之下，获取新的欧盟市场份额具有天然的资源与地缘优势。尽管欧亚大陆上的其他周边国家如伊朗、伊拉克及阿塞拜疆都有潜在的管线出口能力，但却伴随着较大的地缘政治风险，很难形成实际出口量。俄气依靠国内的资源优势，通过与欧洲能源公司在北溪双线天然气管道的密切合作，可以很大程度确保其在欧洲市场的优势地位。

表3—1　欧洲天然气年消费量、产量及对俄罗斯管道气进口的依赖

	2012	2013	2014	2015	2016	2017	2018	2019	2020
消费量	565.7	554.4	500.0	509.2	537.4	558.8	548.3	553.5	541.1
产量	287.5	280.0	266.1	260.8	259.9	262.7	251.4	235.2	218.6
俄罗斯管道气进口	130.0	162.4	147.7	159.8	166.1	189.3	193.8	188.0	167.7
进口依赖程度	22.9%	29.2%	29.5%	31.4%	31.0%	35.6%	35.3%	33.9%	30.9%

资料来源：作者根据BP世界能源统计年鉴（2013—2021年）整理。

注：消费量、产量及俄罗斯管道气的进口单位为十亿立方米。土耳其与乌克兰是欧洲统计口径内主要的非欧盟天然气消费大国，两国年消费量合计约800亿立方米左右，其余消费量则主要由欧盟国家消费。

3. 价格因素的考量。欧盟为了避免对俄罗斯天然气的过度依赖，已经建成大量LNG接收站等基础设施，并尽可能地拓展进口来源，但接收终端的利用率却处在低位，② 因为进口成本始终是无法回避的问题。在美国亨利枢纽（Henry Hub）交易的LNG价格低廉，但加上跨大西洋抵达欧洲沿岸的运输成本则很难继续保持价格优势，在欧洲天然气交易中心价格处于低迷时期甚至都不能覆盖其短期运营的边际成本，很难与俄气在欧洲市场抗衡。③ 随着新冠肺炎疫情的冲击及全球经济继续保持颓势之下，欧盟进

---

① BP, "BP Statistical Review of World Energy 2021", London: BP p. l. c, 2021, p. 34.

② IGU, "Global Gas Report 2019", Barcelona: IGU Publications, 2019, p. 44.

③ Gazprom, "Next chapter: Balanced CFs. Higher shareholders returns", Investor Day Presentation, 2020, p. 29.

口的选择余地将更为有限。

考虑到对俄罗斯天然气依赖加深的可能，欧盟就担心在短期乃至中期，新管道的修建将使俄罗斯对欧出口能力进一步过剩，从而缺乏供应线路能够与俄罗斯天然气竞争。①

（二）欧盟成员国对俄欧天然气合作分歧严重

欧盟建设统一天然气市场的设想由来已久，但建设过程中各成员国却存在地缘优势、基础设施建设及抵御风险能力的现实差距，东欧国家对俄还存在敌视情绪。北溪二号让对俄天然气合作的分歧全面爆发，各成员国围绕管道牵涉的利益争执不休。

欧盟成员国对俄欧合作建设北溪二号天然气管道的态度，沿着地理的分布形成鲜明的支持与反对两派。支持建设北溪二号的国家主要来自西北部，如德国、奥地利等国，工程的建设将使这些国家处于更有利的战略地位。考虑到已经建成的北溪一号，每年将有 1100 亿立方米俄罗斯天然气穿过波罗的海直达德国，将极大地确保西北欧国家供应的稳定与安全。同时，依靠西欧国家互联程度较高的管网基础设施，加上非常可观的 LNG 再气化能力，在大西洋沿岸可以便利地接收全球市场的 LNG 并实现自由流动，西北欧地区将牢牢掌握主动权，成为欧盟能源市场中最重要的天然气集散中心。受益最大的德国，是北溪二号的坚定拥趸者，这个项目将极大地推动其国内管网及储气设施的长足发展，借此还可以改善与俄罗斯的关系，所以，尽管德国或将遭受外交声誉的影响，在政治上还是不遗余力地支持北溪二号建设。2015 年 10 月底，俄罗斯总统普京与德国副总理加布里埃尔举行的会谈中，加布里埃尔表示："北溪二号符合德俄两国的共同利益，即使其影响可能跨越德国的边界，德国也将尽力确保法律层面的问题保持在德国当局的能力范围之内，以减少外部的干预"。②

反观对北溪二号采取敌视态度的欧盟国家，主要集中在中东欧。2015

---

① Aleksei Tarasov, "The making of empires: Russia's gas - exporting pipelines v Nabucco", Journal of World Energy Law and Business, Vol. 4, No. 1, 2011, p. 82.

② Novo Ogaryovo, "Vladimir Putin met with Vice - Chancellor and Minister of Economic Affairs and Energy of Germany Sigmar Gabriel", Oct. 28, 2015, http://en.kremlin.ru/events/president/news/50582.（上网时间：2021 年 4 月 15 日）

年11月，波兰、拉脱维亚、爱沙尼亚、立陶宛、保加利亚、捷克、匈牙利、罗马尼亚和斯洛伐克等国联合致信欧盟委员会，对北溪二号表示反对，[①] 认为北溪二号会加强俄罗斯对欧洲天然气供应的统治地位，使得中东欧国家难以对抗俄罗斯的政策干预。在波兰反垄断竞争委员会（PCA）的干涉下，欧盟公司撤回组建合资公司建设北溪二号的申请，俄气成为项目公司 Nord Stream 2 AG 的唯一股东。[②] 激烈反对的背后，首先是经济利益的丧失，俄罗斯本来有通过斯洛伐克、波兰等国输送天然气至西欧消费大国的管线，而北溪二号的建成可能导致一大笔过境费收益的损失。其次，深居内陆的地理位置局限导致这些国家很难从全球市场接收 LNG，也很难找到俄罗斯天然气的替代选项，波兰及波罗的海沿岸三国，对俄罗斯天然气高度依赖，但在地缘政治上对俄罗斯极度排斥与不信任，[③] 这就加重了供应安全的担忧情绪。最后，这部分国家的天然气管线与欧盟其他地区的互联程度并不高，[④] 无论是来自西北欧地区的管道气或是 LNG 都很难运抵，这将使中东欧在欧盟天然气市场中面临被孤立的境地。

（三）俄欧天然气合作面临美国与乌克兰的强烈干预

对于俄欧天然气合作，特别从北溪二号宣布建设以来，美国与乌克兰均表达了坚决反对的态度。美国对俄欧合作的反对，一方面担心欧盟对俄罗斯天然气的依赖进一步加深，导致政治上偏向俄罗斯，或者因能源安全问题投鼠忌器，跨大西洋联盟的关系将因此受损。这也是相比之下，美国

---

① 张琪：《欧盟6家能源公司放弃“北溪2号”》，《中国能源报》2016年8月22日。

② 欧盟公司仍然参加了北溪二号的建设。2017年4月，Nord Stream 2 AG 公司与法国昂吉集团（ENGIE），奥地利国家石油公司（OMV），荷兰皇家壳牌公司（Shell），德国尤尼珀公司（Uniper）与温特沙尔公司（Wintershall）签署融资协议，这五家公司将提供工程总成本50%的长期融资。

③ 富景筠：《页岩革命与美国的能源新权力》，《东北亚论坛》2019年第2期，第121页。

④ Katja Yafimava, “European Energy Security and the Role of Russian Gas: Assessing the Feasibility and the Rationale of Reducing Dependence”, IAI WORKING PAPERS, No. 54, 2015, p. 11, http://www.iai.it/sites/default/files/iaiwp1554.pdf.（上网时间：2021年4月20日）

强烈支持欧盟建设南部天然气走廊的原因，它将引入中亚、中东、北非的天然气而削弱俄罗斯的地区影响，这比俄罗斯的天然气管道更符合美国的利益。另一方面，美国在页岩革命后天然气产量大幅度跃升，除满足本土需求外，开始谋划向欧洲出口。自 2016 年开始，美国的 LNG 出口量大幅提高，已经出口到英国、法国、西班牙与波兰等国，① 部分东欧国家也希望使用美国的 LNG 而摆脱对俄罗斯天然气的依赖。② 因此，新建管线中流动的俄罗斯天然气是美国 LNG 进入欧洲市场的一大威胁。

美国试图通过项目支持及经济制裁手段阻止俄欧天然气合作。2019 年 3 月，美国国会众议院通过《欧洲能源安全与多样化法案》，拟拨款支持美国在欧洲和欧亚大陆的能源项目，如天然气基础设施、电力基础设施及太阳能和风能等可再生能源项目。《欧洲能源安全与多样化法案》第 3 节指出，为推进美国的外交政策和发展目标，美国需要协助欧洲和欧亚国家，减少对“利用能源依赖施加不适当政治影响”国家能源的依赖，例如俄罗斯联邦会利用天然气来胁迫、恐吓并影响其他国家。③ 2019 年 12 月 20 日，美国总统特朗普签署《2020 财年国防授权法案》，正式推出了具体制裁措施，针对北溪二号与土耳其溪两条天然气管道，参与两个工程建设的船只及个人，将无法获得美国的签证、许可，并且查封其在美国的财产，法案还特别地将保证乌克兰的过境国利益作为制裁结束的条件之一。④ 受美国制裁的影响，荷兰 Allseas 深海管道铺设企业退出北溪二号的建设，而俄罗斯十分依赖深海管道铺设的技术与船只，在剩余部分由俄罗斯独立进行的背景下，项目完工时间面临很大的不确定性。土耳其溪已于 2020 年 1 月投产使用，受制裁影响不大。美国 2021 财年国防授权法案对 2020 财年法案中的制裁措施进行修改，进一步加大制裁力度。

乌克兰的反对更多基于政治声明，而缺乏具体的制衡手段，激烈反对的背后是经济利益与政治博弈资本的丧失。乌克兰在“橙色革命”之后开始倾向西方，与俄罗斯的关系由此交恶，2006 年与 2009 年的两次天然气

① EIA, “Natural Gas Annual 2018”, Washington, DC, 2019, p. 21.

② 2017 年 6 月首批美国 LNG 抵达波兰，并且实现向波罗的海三国出口。

③ “European Energy Security and Diversification Act of 2019”, Sec. 3—4.

④ 具体要求是：两项工程不会造成俄罗斯月均通过乌克兰境内管道出口天然气的总量相比 2018 年降低 25% 以上，则结束制裁。See National Defense Authorization Act for Fiscal Year 2020, Title LXXV—Protecting Europe's Energy Security, Sec. 7501—7503.

争端，被俄罗斯视为乌克兰不再是可靠过境国的强烈信号，① 再加上乌克兰境内的管道多建于苏联时期，面临严重老化问题，俄罗斯决心开发新的出口路线，使天然气贸易免受地缘政治的绑架。待北溪二号与土耳其溪南欧管线部分完工，俄罗斯直连欧洲的出口能力与过境乌克兰线路运输的能力近乎相当，若俄罗斯不再绕道乌克兰，其每年的过境费收入将减少 20 至 30 亿美元，这对于近年来经济发展状况本就不佳的乌克兰来说，着实是很难承受的损失。当乌克兰被排除在欧盟市场之外，成为一片能源孤岛后，庞大运力的天然气管道将无用武之地，与俄罗斯的一系列纠纷也因此失去博弈的资本。所以，乌克兰势必坚定地站在反对俄欧直接进行天然气合作的行列。

三、欧盟应对俄欧天然气合作新形势的对策

面对俄欧天然气合作新阶段下的挑战，欧盟在数年时间之内先后采取如下对策，试图在各方势力的利益之间寻求平衡。至于美国对俄欧合作的干预，欧盟尚未能推出整体的应对举措，是否采取措施及最终效果如何考验的是欧盟集体行动的意图与能力。

（一）建立能源联盟以整合内部市场

欧盟各成员国对俄欧天然气合作的分歧，出于各自不同的利益诉求，最关键的原因正是仍处于割裂状态的天然气市场造成内部利益不统一的局面。乌克兰危机时期，一些成员国已经意识到需要建立能源联盟加强统一能源市场的建设，对外用一个声音说话，以抵御与俄罗斯关系恶化后能源安全面临的风险。2015 年 2 月，欧盟委员会正式建立能源联盟（Energy Union），这是容克在其欧委会任期内的关键优先事项，其目标致力于给欧盟消费者、家庭与企业提供安全、可持续、有竞争力与可负担的能源。② 经

① Morena Skalamera, “The Ukraine Crisis: The Neglected Gas Factor”, Orbis, Vol. 59, No. 3, 2015, p. 401.

② European Commission, “A Framework Strategy for a Resilient Energy Union with a Forward – Looking Climate Change Policy”, COM (2015) 80, 25 February 2015.

历自由市场化的欧盟天然气市场，开始向统一内部天然气市场迈进，消除各国市场间的壁垒，统一不协调的各国政策并远离能源系统的碎片化。欧委会共推出数次的一揽子措施并定期发布进程发展报告，以确保能源联盟的实施，北溪二号引起的争议充分证明了打造能源联盟的必要性。

能源联盟战略具体包括保障能源供应安全、建立一体化的能源市场、提高能源效率、发展低碳经济与加强能源科技研究和创新五个方面。建立完全一体化的内部天然气市场，是改变现有局势并平衡成员国利益的重中之重。具体而言，在硬件方面扶持公共利益项目（PCI），如南北联通天然气走廊（NSI）、南部天然气走廊（SGC）及波罗的海天然气市场互联计划,① 对这些项目予以简化审批程序、改善监管环境及提供投资资金等支持，通过跨国界地连接能源市场以解决能源孤岛问题。同时，在软件方面全面实施与严格执行能源法规，对成员国要求完全实施与执行第三次能源改革方案，落实产业解绑与加强监管的规定，扩大能源监管合作署（ACER）的权限等。此外，还需要加强地区政策的合作与协调，保护消费者的权益。特别强调的是，考虑到欧盟中部与东南部国家能源系统的易损性，将会通过专门的合作安排将这些能源市场更好地整合到广泛的欧盟能源市场中。最终，要实现天然气能够在欧盟内部通过完善的基础设施自由流动，且没有技术或监管的障碍。

（二）运用国际法规则为协调各国意见争取时间

欧盟在协调各国利益的过程中，《联合国海洋法公约》相关条款发挥了重要作用，具体表现在北溪二号的跨国海底管道批准程序中。北溪二号作为跨国海底管道，要受到国际公约及各沿岸国法律的约束，1982 年《联合国海洋法公约》（UNCLOS）为跨国海底管道的铺设提供了国际法基础。公约规定："所有国家享有在专属经济区及大陆架铺设海底管道的自由，但是其路线划定必须经沿海国同意，同时此规定还不得影响沿海国对进入其

① European Commission Delegated Regulation, Amending Regulation (EU) No 347/2013 of the European Parliament and of the Council as regards the Union List of Projects of Common Interest, EU (2020) 389, 31 October 2019.

领土或领海的电缆或管道订立条件的权力”。[①] 在俄气最初规划的路线图中，北溪二号将很大程度沿照北溪一号的路线，从俄罗斯的领海出发，穿越芬兰、瑞典的专属经济区及丹麦的领海与专属经济区，最后到达德国的领海登陆点格赖夫斯瓦尔德。上述五国都是公约的缔约国，北溪二号在施工前要与北溪一号同样得到五个国家的许可。

北溪一号在2009年欧盟经历了严重的“断气危机”之后，项目进展迅速。[②] 反观北溪二号获得许可的过程则相当坎坷，首先完成的是德、芬、瑞、俄四国所需的全部许可，耗时半年多，[③] 但丹麦成为整个许可过程中最难的一环，沿照北溪一号规划的路线多次变动。

项目公司首先在2017年4月提出沿北溪一号的路线，穿过丹麦领海139公里长的许可申请。在有先例的情况下本以为会很快得到批准，但申请提交后却杳无音信。2018年1月，丹麦修改后的《大陆架法》生效，规定外交部在综合考虑下有提出建议的权力，决定穿越领海的管线是否应由丹麦能源署进一步处理，但是自1月后外交部也没有作出任何决定。[④] 于是，项目公司经过规划调研后，在8月份又提出绕行博恩霍尔姆岛（丹麦最东部岛屿）西北方向的路线，全长175公里且只穿过丹麦的专属经济区。此时第一次的申请还没有撤回，第二次申请又一次陷入僵局，既没有得到批准的许可，也没有来自当局基于环境或安全考虑的反对，而在其他国家的管线部分已经开始施工。波兰与丹麦长期以来关于博恩霍尔姆岛东南部边界的争端解决后，2019年3月，丹麦能源署

---

① 参见《联合国海洋法公约》第五十八条及七十九条的规定。

② 自2009年10月20日收到第一份许可，到2010年2月12日完成全部许可程序，总计耗时不到半年。德国在2009年12月21日与28日，发放了北溪一号在领海与专属经济区的建设许可，在2010年8月19日就新的规划路线另行发放许可。2010年4月正式开始第一条线的施工，2年后整条管道全部完工。See Nord Stream，“Permitting Process for the Nord Stream Pipeline”，November 2013，https：//www. nord－stream. com/download/document/152/？ language＝en.（上网时间：2021年4月22日）

③ 从2018年1月31日德国发放领海建设许可，到8月14日俄罗斯发放海底管道铺设许可，四国的批准程序全部完成。

④ Nord Stream 2 AG，“Submission of Application and Environmental Impact Assessment for an Alternative Route in Denmark，” Aug. 10，2018，https：//www. nord－stream2. com/media－info/news－events/submission－of－application－and－environmental－impact－assessment－for－an－alternative－route－in－denmark－104/.（上网时间：2021年4月24日）

以西北线对环境及海运的影响为由，要求项目公司规划东南线。① 项目公司只得重新规划只经过丹麦专属经济区的东南线，两种方案分别长 147 公里和 164 公里。经过环境评估及公众质询阶段后，丹麦能源署最终选定 147 公里长的线路，并在 10 月授予项目公司建设许可。至此，北溪二号的全部许可程序才算完成，丹麦部分历时两年半之久。

丹麦能源署在前两次申请之间的十六个月内既没有作出许可的决定，也没有提出反对，《大陆架法》修改后丹麦外交部也没有作出任何指示，可以说很明显地有违《联合国海洋法公约》第三百条："缔约国应诚意履行根据本公约承担的义务并应以不致构成滥用权利的方式，行使本公约所承认的权利、管辖权和自由"。这其中，不免有欧盟各国尚未形成统一意见的原因，同时还有来自于外部的压力。② 待欧盟各国意见统一，《天然气指令》的修改已成定局，此时丹麦才选择对环境影响较小的东南线，对北溪二号放行。俄气本来计划北溪二号在 2019 年底完工，赶在俄乌天然气过境合同到期之前，以此作为新合同谈判的重要筹码，但经过长时间的拖延，最终成为泡影，适逢美国的制裁措施出台更让剩余部分的完工面临挑战。

（三）拓展能源法的适用范围以争夺进口管线控制权

面对依赖俄罗斯天然气导致的政治及经济影响，欧盟决定采用市场化的方法，拓展欧盟能源法的边界，对管道处在欧盟管辖范围部分的控制权展开争夺。这不仅是欧盟天然气市场自由化的本质要求，更是保障供应安全之必须。北溪二号建设计划提出不久，2015 年 12 月的欧洲理事会会议上，各国

---

① Danish Energy Agency, "Permit for the Nord Stream 2 project is granted by the Danish Energy Agency", Oct. 30, 2019, https://en-press.ens.dk/pressreleases/permit-for-the-nord-stream-2-project-is-granted-by-the-danish-energy-agency-2937696.（上网时间：2021 年 5 月 3 日）.

② 2017 年底，美国国务卿蒂勒森在赴欧洲参加布鲁塞尔北约部长级会议和维也纳欧洲安全与合作组织会议之前表示，反对包括丹麦在内的欧洲国家批准"北溪二号"项目，2018 年 6 月，美国副国务卿沙利文会见丹麦外交部长时表示，希望丹麦继续反对北溪二号项目。See U. S. Department of State, "Deputy Secretary Sullivan's Meeting With Danish Foreign Minister Anders Samuelsen", June 28, 2018, https://www.state.gov/deputy-secretary-sullivans-meeting-with-danish-foreign-minister-anders-samuelsen/.（上网时间：2021 年 5 月 5 日）

领导人专门讨论了此项工程。会议结论特别强调供应商多元化的重要性，重申了要确保任何新的基础设施符合第三次能源市场改革方案及其他可适用的法律，[①] 这为日后控制权的争夺埋下了伏笔。

《天然气指令》（Directive 2009/73）是第三次能源市场改革方案中关键的一部天然气市场改革法令，旨在建立统一的欧盟天然气市场，提高能源效率，增强价格竞争与保护供应安全。其中包括运输系统所有权与运营权的拆分、相关第三国参与的认证、运输系统第三方准入等核心条款。它在欧盟天然气产业市场化的过程中起到了关键作用，历经三个版本的变动。指令修改之前，学界对欧盟法规则能否适用于北溪二号有过争论。有学者提出，从立法的目的、内容及具体实践都能看到，第三次能源市场改革方案的规则不适用于北溪二号，北溪二号在技术上属于联络线（interconnector），但却不是指令中所定义的联络线范围。[②] 也有学者认为，北溪二号将俄罗斯统一天然气系统（UGSS）与德国天然气管网相连，属于指令中的传输管道（transmission pipeline），因此北溪二号应当受《天然气指令》的约束。[③]

指令修改之后，北溪二号及土耳其溪天然气管道这样的进口管线是否适用指令得以明确。2017 年 11 月，欧盟委员会首先提出对指令进行修改的建议，主要目的是将来自欧盟以外国家的管线纳入欧盟能源法的管辖范围，包括管线在成员国领海及专属经济区的部分，[④] 矛头直指俄罗斯对欧出口管线。但是，对于欧盟法规则延伸至管线在专属经济区的部分仍然存在不同意见，因为专属经济区应当是《联合国海洋法公约》的管辖范围，这样可能会造成法律冲突。经过欧盟理事会及欧洲议会的数次会议后，2019 年 4 月最终通过了修改的指令。[⑤] 修改《天然气指令》时，各国几乎一致同意的态度，表明

---

① European Council, European Council meeting（17 and 18 December 2015）– Conclusions, EUCO 28/15, December 18, 2015, p. 7.

② Kim Talus, "Application of EU energy and certain national laws of Baltic sea countries to the Nord Stream 2 pipeline project", Journal of World Energy Law and Business, Vol. 10, No. 1, 2017, pp. 31—35.

③ Alan Riley, "Nord Stream 2: A Legal and Policy Analysis", CEPS Special Report, No. 151, November 2016, p. 24, https://www.ceps.eu/download/publication/?id=9688&pdf=SR151AR%20Nordstream2.pdf.（上网时间：2021 年 5 月 16 日）

④ European Commission, Proposal for amending Directive 2009/73/EC concerning common rules for the internal market in natural gas, COM（2017）660, August 11, 2017.

⑤ The European Parliament and of The Council, Amending Directive 2009/73/EC concerning common rules for the internal market in natural gas, Directive（EU）2019/692, April 17, 2019.

统一意见已经形成。①

新的第 2（17）条在之前对联络线定义的基础上，将连接成员国与第三国的传输管道其在成员国领土或领海的部分也定义为联络线，表明修改后的指令将适用于北溪二号及土耳其溪天然气管道。同时，没有延伸至专属经济区，避免了欧盟法与《联合国海洋法公约》的法律冲突。而之前已经建成的北溪一号，根据第 49（a）条，可以获得指令关键性条款的减损（derogation）适用，其决定由连接点所在国即德国作出。在修改后的指令被转换成德国国内法后，北溪二号在德国领海的部分，即从领海与专属经济区边界至与国内管网连接点的部分，将要受到德国国内法与欧盟法规则的约束，这意味着这部分将不再受俄气的完全控制，北溪一号及土耳其溪亦然。

（四）输出能源市场化规则与构建泛欧能源市场

欧盟在 20 世纪 90 年代开始发展基于竞争、管网企业拆分与私有化的天然气治理模式。彼时，欧盟通过《能源宪章条约》进行首次能源领域市场规则向外拓展的实践，试图输出竞争与市场的观念，使欧盟的能源企业得以进入俄罗斯上游产业来保障自身能源安全。俄罗斯则试图以开放能源的获取为代价，参与欧盟天然气产业的下游市场，发展与油气企业，特别是与特定进口国政府的友好关系。② 该条约是欧盟能源外交的法律基础，但对主要国家俄罗斯的规则输出则以失败告终。③

2005 年 10 月，欧盟与邻国共同发起《能源共同体条约》，该条约的目标

---

① 欧盟理事会在 2019 年 4 月 15 日对修改《天然气指令》进行表决时，27 个国家投出同意票，仅保加利亚一国弃权。

② S. Boussena, C. Locatell, "Energy institutional and organisational changes in EU and Russia: Revisiting gas relations", Energy Policy, Vol. 55, 2013, p. 187.

③ 在自由化与向市场经济转变可以消除苏联解体消极影响的观念下，俄罗斯曾于 1994 年签署了《能源宪章条约》，却未履行批准程序。后来，俄罗斯开始指责欧盟的双重标准，不允许俄气并购欧盟境内的能源企业，还将自身定义为单一经济空间，避免《能源宪章条约》关键的运输议定书在欧盟国家内部适用。2018 年 4 月，俄方正式确认不愿成为《能源宪章条约》及相关文件的签署国。See Mert Bilgin, "Energy security and Russia's gas strategy: the symbiotic relationship between the state and firms", Communist and Post - Communist Studies, Vol. 44, No. 2, 2011, pp. 119—127; Richard Youngs, "Energy Security: Europe's new foreign policy challenge", New York: Routledge, 2009, p. 81.

是建立能源共同体组织以共同构建统一的“泛欧能源市场”，关键目标是将欧盟能源法规则输出至东南欧及黑海区域。① 成员国在欧盟的对外能源政策中发挥着“中坚”作用，② 让欧盟在协调欧洲大陆的能源利益纠纷时更显从容。根据条约规定，成员国需要实施关键的欧盟能源法规，在限定的时间内发展适当的监管框架及开放能源市场，以符合“能源共同体法律”的要求。在天然气方面，各成员国从 2011 年开始要实施欧盟《天然气指令》及《天然气管网准入条例》③，并且要在限定的时间内完成。

无论是基于条约的约束，或是制衡俄罗斯的考量，欧盟都不愿看到乌克兰被孤立于欧盟天然气系统之外，重新回到俄罗斯的势力范围。乌克兰在橙色革命之后积极地向欧盟靠拢，2011 年成为《能源共同体条约》的成员国，积极地融入以欧盟为中心的泛欧能源统一市场，并按照“能源共同体法律”的要求对本国天然气市场进行改革。因此，欧盟在能源共同体组织的框架下，可以通过能源共同体利益项目（PECI）与共同利益项目（PMI）对乌克兰天然气行业发展进行支持，包括乌克兰与波兰、匈牙利天然气市场互联项目。通过简化这些跨境项目的审批程序与促进投资，项目完成后可以实现欧盟天然气市场与乌克兰天然气市场间的双向流动，使欧盟能够输气给乌克兰。在 2016 年，乌克兰彻底结束了进口俄罗斯天然气的历史，开始从欧盟国家进口天然气解决消费缺口，统一的欧盟天然气市场最终成为乌克兰的能源安全屏障。

四、欧洲天然气市场的未来格局展望

欧盟采取的应对举措取得一定成效，统一内部市场稳步推进。美国缓和制裁之下，2021 年 9 月北溪二号最终完工，波罗的海之下又新增一条能源动

---

① 目前除欧盟外，成员国还包括阿尔巴尼亚、波黑、北马其顿、格鲁吉亚、摩尔多瓦、黑山、塞尔维亚及乌克兰，观察员国有挪威、土耳其及亚美尼亚，几近将整个欧洲大陆囊括到能源共同体之中。

② 曹慧：《欧盟对外能源政策：关系结构与发展工具》，《欧洲研究》2014 年第 2 期，第 66、78 页。

③ European Parliament and of the Council, Conditions for Access to the Natural Gas Transmission Networks and Repealing Regulation (EC) No 1775/2005, Regulation (EC) No 715/2009, July 13, 2009.

脉。但2022年2月俄乌冲突的爆发，让北溪二号的命运陷入未知，欧盟对俄罗斯的制裁措施不断加码，俄欧关系急遽恶化。综合国际能源形势与区域市场情况来看，我们认为未来的欧洲天然气市场将呈现以下的局面。

（一）统一内部天然气市场应对风险能力显著增强

能源联盟经过四年的发展，2019年的第4版《能源联盟报告》指出，欧盟27国已经拥有两种独立气源，在关键工程实施没有被迟延的情况下，2020年欧洲天然气网络将实现充分互联且中断后能够迅速复原。① 国际能源署的一项研究也表明，欧盟75%的天然气已经是在流动的市场中被消费的，意味着天然气可以在欧盟市场内部跨越边界送到需求激增或供应短缺地区，② 欧盟统一内部市场的治理效果已然显现。统一内部市场下竞争政策的适用，可以将主要市场参与者置于控制之下并且增强价格的竞争态势，能源安全水平也随之提高。③

在国际市场供应充足与内部市场统一的态势下，欧洲天然气市场凭借其庞大的需求开始以买方的身份占据主导地位。欧盟LNG进口终端的使用率以往一直保持低位水平，欧盟成员国可以通过LNG的进口平衡供应安全风险，在价格符合接受范围的情况下，美国的LNG出口量充足，且不包含目的地条款，也不与原油价格挂钩，是较为理想的气源④。欧盟可以承担部分溢价从全球市场接收充足的LNG，在西海岸气化后通过干线管道运输至内陆，中欧及东欧国家不再受制于地理位置的局限，从整个内部市场就可以获得充足的

---

① European Commission, "Fourth report on the State of the Energy Union", COM (2019) 175, April 9, 2019, p. 14.

② Peter Zeniewski, "A long – term view of natural gas security in the European Union", Mar. 13, 2019, https://www.iea.org/commentaries/a – long – term – view – of – natural – gas – security – in – the – european – union.（上网时间：2021年5月23日）

③ Andreas Goldthau, "Assessing Nord Stream 2: regulation, geopolitics & energy security in the EU, Central Eastern Europe and the UK", EUCERS Strategy Paper, No. 10, July 2016, p. 31, https://eucers.com/wp – content/uploads/2019/03/strategy – paper – 10.pdf.（上网时间：2021年5月23日）

④ Leonardo Maugeri, "Falling Short: A Reality Check for Global LNG Exports", Dec. 23, 2014, https://www.naturalgasworld.com/global – lng – exports – leonardo – maugeri.（上网时间：2021年6月15日）

天然气供应。

在欧盟的斡旋之下，俄气最终与乌克兰国家石油天然气公司在2019年12月31日达成5年的天然气过境运输合同，约定2020年运输量不少于650亿立方米，2021至2024年不少于400亿立方米，双方关于2009年运输合同的仲裁争议也一并解决。① 未来俄气还将继续通过乌克兰对欧盟供气，而欧盟与乌克兰天然气市场的联通，成为乌克兰能源安全的屏障，乌克兰对欧盟的政治依附势必加深。

（二）《天然气指令》修改将迫使俄气探索新的合规方案

《天然气指令》的修改与适用将给俄气带来管道控制权的挑战。北溪二号由俄气全额所有，天然气也由俄气供应，必然会违反指令中运输管线所有权与运营权分离等核心条款的规定，俄气对管道的控制权将遭受极大的威胁。摆在俄气面前的，有两种解决方案。第一种是进行结构调整以符合指令的要求，意味着北溪二号要满足其中的关键性条款，如成立独立的运营商及允许第三方准入等。第二种则是寻求指令第36条下的豁免，德国政府具有决定是否给予北溪二号豁免适用关键性条款的权力，但欧盟委员会还有同意或者要求德国修改及撤回决定的最终权力。② 还有学者提出，通过德国与俄罗斯或者欧盟与俄罗斯达成政府间协议也可以实现对北溪二号的运营监管，但这似乎不是一个现实的选择，③ 最可能使俄罗斯妥协的方案应该还是将德国境内部分交由德国当局监管。同理，土耳其溪连接保加利亚的支线也会面临同样的问题，此后俄罗斯新建对欧出口的任何管线，都需要事先研究可能的合规

---

① NAFTOGAZ，“Naftogaz, GTSOU and Gazprom signed a set of agreements to ensure Russian gas transit over the next five years”，Dec. 31，2019，http：//www. naftogaz. com/www/3/nakweben. nsf/0/24DE3C1B1D52B136C22584E00079DA9E？OpenDocument&year = 2019&month = 12&nt = News&.（上网时间：2021年6月16日）

② Valentin Jeutner，“Amendments，annexations，alternatives：Nord Stream 2’s contemporary status under EU and international law”，Journal of World Energy Law and Business，Vol. 12，No. 6，2019，p. 504.

③ Katja Yafimava，“Gas Directive amendment：implications for Nord Stream 2”，The Oxford Institute For Energy Studies，No. 49，March 2019，pp. 8 – 9，https：//www. oxfordenergy. org/wpcms/wp – content/uploads/2019/03/Gas – Directive – Amendment – Insight – 49. pdf？v = 1c2903397d88.（上网时间：2021年6月2日）

方案。

根据此前的经验，俄罗斯在法律层面也存在主动反制的可能性。2015 年俄罗斯在世界贸易组织针对欧盟的第三次能源市场改革方案提起争端解决程序，2018 年世贸组织作出的专家组报告指出：关于对 OPAL 管道（北溪一号连接的德国陆上部分）的限制、对第三国的认证措施及泛欧能源网络的措施，违反了《服务贸易总协定》与《关税及贸易总协定》的规定，应当进行调整变更。① 不过，由于上诉机构人员的短缺，上诉程序至今没有完成。此外，北溪二号项目公司（瑞士注册）还在欧盟法院针对《天然气指令》的修改提起诉讼，并动用了《能源宪章条约》的投资救济程序，但目前结果尚不明朗。

（三）俄乌冲突背景下俄欧天然气合作面临脱钩风险

欧盟在乌克兰危机之后对俄罗斯采取了一系列制裁措施，搁置了双方多年的能源对话机制，让俄罗斯天然气威胁供应安全的紧张情绪一度蔓延。2014 年 5 月，欧盟委员会出台的《欧洲能源安全战略》指出，受乌克兰危机影响，欧委会应与成员国共同努力，为可能的冬季供气中断提前准备，并呼吁欧盟国家拓展天然气来源从而减少对俄罗斯的能源依赖。② 这种担忧情绪一直存在于欧盟的神经，但欧盟需要俄罗斯稳定供应能源来支撑经济发展，欧盟买家现有的长期合同就已经约束其在 20 世纪 20 年代中期至少从俄气进口 1150 亿立方米天然气，直到 2030 年仍有 650 亿立方米的合同义务。③ 俄罗斯同样享受着欧盟市场带来高于政府定价的国内市场收益，俄气缴纳的税款是俄罗斯财政收入的重要来源。大力推动直连欧洲管道的建设以避免受过境国牵制，体现了俄罗斯维护出口安全为内核的能源安全意图，俄气在欧盟反

---

① World Trade Organization, "Report of the Panel: European Union and Its Member States – Certain Measures Relating to The Energy Sector", August 10, 2018, pp. 375—376.

② European Commission, "European Energy Security Strategy", COM (2014) 330, 2014.

③ Katja Yafimava, "European Energy Security and the Role of Russian Gas: Assessing the Feasibility and the Rationale of Reducing Dependence", IAI Working Papers, No. 54, December 2015, p. 4, http://www.iai.it/sites/default/files/iaiwp1554.pdf.（上网时间：2021 年 6 月 10 日）

垄断调查中的最终妥协也表明，俄罗斯对欧盟市场的看重。

尽管北溪二号背后倾注了欧盟公司与俄气的共同心血，事实上符合欧盟与俄罗斯的共同利益，但经济利益终究要让位于政治利益。2022 年 2 月俄乌冲突爆发之后，俄欧天然气合作首当其冲。欧盟表示要在 2022 年底减少对俄罗斯天然气需求的三分之二，2030 年前结束对俄罗斯化石能源的依赖，并以此为契机加快推进《欧洲绿色协议》的实施，向可再生能源大幅迈进。① 根据欧盟委员会的《重新赋能欧盟计划》（REPowerEU Plan），减少对俄罗斯化石能源依赖的主要措施包括节约能源、丰富供给、加快向清洁能源转型以替代化石能源、加强投资与改革并进，为实现减少进口俄罗斯天然气的目标需要在波罗的海国家、中东欧国家以及德国北部大量建设 LNG 接收站和联络管线等基础设施。② 在此形势下，俄欧天然气合作面临脱钩风险。欧盟试图借此机会甩掉能源受制于俄罗斯的包袱，但代价是能源价格的大幅度攀升需要民众承受，这是俄欧天然气合作脱钩的必然阵痛。北溪二号尽管历经艰难险阻建成，倘若俄欧天然气一旦脱钩，最终的命运也只能是尚未启用即沉寂在波罗的海海底。

① European Commission, "REPowerEU: Joint European action for more affordable, secure and sustainable energy", March 8, 2022, https://ec.europa.eu/commission/presscorner/detail/en/ip_22_1511.（上网时间：2022 年 5 月 18 日）

② European Commission, "REPowerEU Plan", COM (2022) 230, 2022.

后疫情时代乌兹别克斯坦产业升级的前景与挑战：解读轻工业发展困境*

马　萍**

乌兹别克斯坦政府于2017年初发布《乌兹别克斯坦五大优先方向行动战略（2017—2021年）》，明确指出要在对本地原材料进行深加工的基础上生产高附加值产成品。① 在这一背景下，轻工业对于乌兹别克斯坦实现产业升级等经济发展目标具有显著意义，其重要性在新冠肺炎疫情蔓延之际更为凸显。首先，劳动密集型轻工业的发展有助于提升就业水平。截至2020年6月，乌兹别克斯坦失业人口已达200万，失业率超14%，较疫情暴发前高出5个百分点。② 轻工业扩大生产能够有效吸纳疫情冲击下的失业人口以及自俄罗斯返乡的务工人员，避免因失业问题引发社会动荡。此外，发展轻工业亦将助力乌兹别克斯坦实现出口多元化战略目标。长期以来，乌兹别克斯坦的主要出口产品主要是天然气、有色和黑色金属及原棉几类商品，抵御风险能力较低。以此次疫情为例，由于天然气和铜价格走低，乌兹别克斯坦贸易逆差或将进一步扩大，经济增速预计大幅下降。而以纺织服装为代表的轻工业品则是乌兹别克斯坦提升出口能力的重要手段之一。最后，随着后疫情时代全球价值链体系面临"更短的价值链、更集中的附加值生产和更

---

* 本文刊登在《欧盟经济》2021年第2期，内容略有增改。

** 马萍，北京大学外国语学院硕士研究生。

① "Development Strategy Center Priority Area", Nov. 23, 2018, https://strategy. uz/index. php? news = 192&lang = en.（上网时间：2020年7月30日）

② KUN. UZ., "Unemployment Rate Reaches 15 Percent during Pandemic", Jun. 24, 2020, https://kun. uz/en/news/2020/06/24/unemployment - rate - reaches - 15 - percent - during - pandemic.（上网时间：2020年9月12日）

多的轻资产型跨境投资”① 趋势，生产高附加值产成品、推动轻工业内部升级是乌兹别克斯坦应对未来国际生产转型的必要战略。

尽管轻工业对乌兹别克斯坦经济发展具有重要意义，且乌兹别克斯坦相较周边国家具有发展轻工业的劳动力比较优势，但在过去20年间，轻工业在乌兹别克斯坦始终未取得显著增长，与传统意义上的比较优势理论预期相悖。本文旨在探讨乌兹别克斯坦轻工业发展困境的深层原因，通过回溯历史经济背景，分析乌兹别克斯坦产业政策对轻工业的真实影响，指出现有观点将矛盾聚焦于乌兹别克斯坦领导层决策不当所带有的局限性。在细致考察乌兹别克斯坦轻工业中的代表性产业——纺织服装业后，笔者认为，乌兹别克斯坦轻工业发展受限更多源自国内市场环境、国际贸易环境、交通基础设施和国家监管能力的不足，由此导致要素禀赋所具有的比较优势未能有效转化为产业竞争优势。

一、问题的提出：要素禀赋与轻工业发展困境

根据新结构经济学理论，在给定的时点，一个经济体的产业结构内生于该经济体的要素禀赋，即自然资源、劳动力和资本的相对份额。② 通过考察乌兹别克斯坦的要素禀赋发现，该国相比中亚地区其他国家在劳动力资源的数量和价格方面具有比较优势，自然资源丰富但比较优势预期下降，资本丰裕度较低，适宜发展以轻工业为代表的劳动密集型产业。然而，自1991年至2016年经济改革以前，乌兹别克斯坦轻工业始终处于发展滞缓的困境。

（一）乌兹别克斯坦的要素禀赋

中亚地区气候干旱，人口主要集中在降水较为充沛的盆地、河谷地区。因费尔干纳盆地核心区域及泽拉夫尚盆地位于境内，乌兹别克斯坦人口总数位居中亚国家之首。2020年乌兹别克斯坦人口密度为78.7人/平方公里，超

---

① 联合国贸易和发展会议投资和企业司司长詹晓宁于2020年中国广州国际投资年会上发言指出。联合国贸发会议官员詹晓宁：《国际生产体系十年内将深度转型》，参考消息，新冠肺炎疫情与世界格局，2020年6月28日，https://www.sohu.com/a/404598023_114911?_f=index_pagerecom_20。(上网时间：2020年9月12日)

② 林毅夫：《新结构经济学的理论基础和发展方向》，《经济评论》2017年第3期，第4—16页。

过哈萨克斯坦10倍之多。从人口结构上看，乌兹别克斯坦的工作年龄人口（15—59岁）占比逐年上升，自2000年的58.6%上升至2019年的63.3%，人口依存率①则由70.6%下降至57.9%。据联合国人口司预测，2040年，乌兹别克斯坦工作人口占比将依旧保持在64%，人口依存率为56.2%。由此可见，乌兹别克斯坦处于人口转型的早期红利阶段，② 在可预见的未来将有充足的劳动力资源供给。此外，从劳动力价格上看，乌兹别克斯坦亦具有一定比较优势。2018年乌兹别克斯坦人均月工资为225.8美元，不足哈萨克斯坦人均月工资（516美元）一半，并且低于人均月工资为236美元的越南。③在细分的纺织服装行业，乌兹别克斯坦的劳动力成本为每小时0.41美元，低于越南（每小时0.5美元）、印尼（每小时0.47美元）、巴基斯坦（每小时0.68美元）、中国（每小时1.7美元）等竞争对手。④

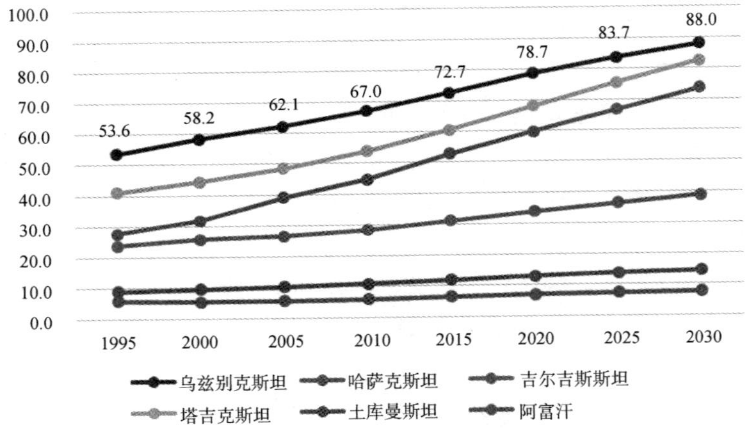

图4—1　1995—2030年乌兹别克斯坦及其邻国人口密度（人/平方公里）⑤

资料来源：联合国人口司。

---

① 人口依存率指退休人口和年幼人口占工作人口的比例，也称人口负担率。

② 早期红利阶段表现为工作年龄人口比例的增加导致的低人口依存率，从而带来人口红利。

③ BCG. Узбекистан: окно возможностей. 2019.05.

④ Regulation. gov. uz., узбекистон Республикаси Президенти Карори Концепция развития текстильной и швейно – трикотажной промышленности на 2020 – 2024 годы, 2019.02.20, https: //regulation. gov. uz/uz/document/1982.（上网时间：2020年6月1日）

⑤ 2020年及其后为预测数据。

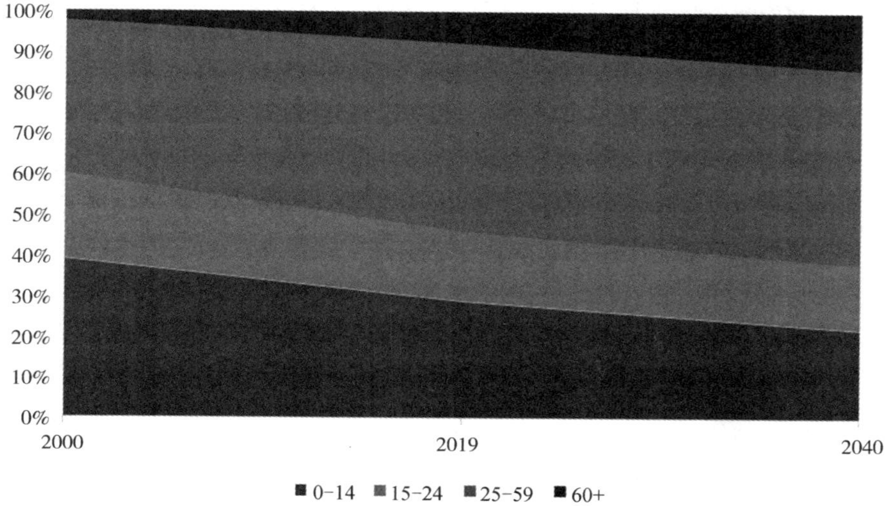

图 4—2　2000—2040 年乌兹别克斯坦人口构成

资料来源：联合国人口司。

就自然资源丰裕度而言，乌兹别克斯坦的天然气和矿产资源丰富，并在出口中占有重要地位。世界银行数据显示，2017 年乌兹别克斯坦自然资源租金总额占 GDP 比重为 14.7%，略低于土库曼斯坦（17.4%）、哈萨克斯坦（16.2%），但显著高于中亚其他两国及中国。尽管如此，根据历史数据，乌兹别克斯坦自然资源租金占 GDP 比重总体呈下降态势。自 2011 年起，天然气租金占 GDP 比重已由 14.2%降至2017 年的6.6%。这一趋势与乌兹别克斯坦政府希望逐步减少天然气出口并到 2025 年实现零出口的规划有关,① 同时也意味着自然资源的比较优势将逐步丧失。

就资本要素而言，在人力资本方面，乌兹别克斯坦高端人才匮乏，劳动力受教育程度普遍处于中学水平，多数 25 岁及以上人口平均接受 10 年教育。乌兹别克斯坦的高等教育入学率仅为 9.18%，与中亚重要邻国哈萨克斯坦、

① 中华人民共和国驻哈萨克斯坦共和国大使馆经济商务处：《乌兹别克斯坦计划停止出口天然气》，2020 年 1 月 21 日，http：//kz.mofcom.gov.cn/article/jmxw/202001/20200102932160.shtml。（上网时间：2020 年 4 月 11 日）

东南亚产业竞争对手马来西亚差距显著。① 然而，乌兹别克斯坦目前的人力资本水平对发展轻工业所需劳动力的大量供给较为有利。乌兹别克斯坦的中等教育入学率已达90%以上，显著高于马来西亚、巴基斯坦。此外，在乌兹别克斯坦中专职业教育（Secondary Specialized Vocational Education，SSVE）阶段，绝大多数学生选择接受职业教育（Vocational Education and Training，VET），这在培养具备中高水平技术工人的教育，进一步保证了劳动力素质。②

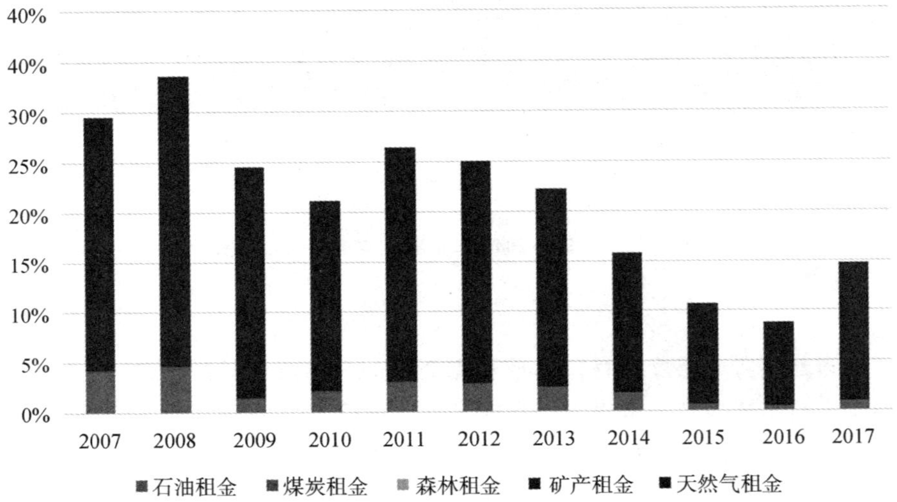

图 4—3 2007—2017 年乌兹别克斯坦自然资源租金占 GDP 比重

资料来源：世界银行。

① UNICEF，Generation 2030 Uzbekistan，2018.

② 截至 2018 年教育体系改革前，乌兹别克斯坦中专职业教育（相当于高中教育）阶段包含学术教育（Academic Lyceum）和职业教育（Vocational College）两条路径，87% 的学生选择职业教育。在意识到这一问题后，乌兹别克斯坦政府于 2018 年颁布总统令，将普通中等义务教育（General Secondary Education）年限延长至 11 年，以期提升人口受教育水平。World Bank，Uzbekistan Education Sector Analysis Final Report，2018 年 12 月 27 日。

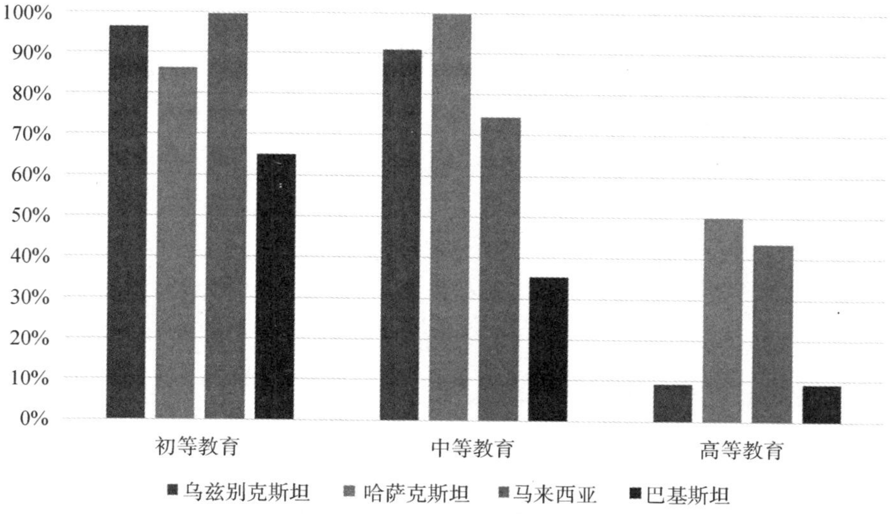

图 4—4　2017 年各国初等教育、中等教育、高等教育入学率①

资料来源：世界银行。

在实物资本方面，作为中低收入国家，乌兹别克斯坦尚不具备比较优势。该国 2012 年度资本形成总额为 116.8 亿美元，在中亚国家中处于中等水平，但与哈萨克斯坦（587.6 亿美元）有较大差距。2013—2017 年乌兹别克斯坦的固定资本形成总额平均占 GDP 的 24.3%，低于中等偏下收入国家的平均水平（25.5%），远低于中等偏上收入国家的平均水平（31.2%）。

综上，依据新结构经济学理论预期，乌兹别克斯坦劳动力相对丰富、资本相对稀缺的要素禀赋结构决定了其在发展劳动密集型轻工业方面具有更大的比较优势。

（二）劳动密集型轻工业发展困境

尽管乌兹别克斯坦的要素禀赋有利于其发展劳动密集型产业，但无论是在工业结构、出口结构抑或是就业结构方面，乌兹别克斯坦轻工业均未得到

① 受数据可得性所限，初等教育、中等教育入学率采用净入学率指标，即统计中不包含超龄或未达年龄学生；高等教育入学率采用毛入学率指标。

充分发展。首先从工业结构上看，自 1991 年至 2014 年，乌兹别克斯坦轻工业产值占工业总产出的比例由 39.8% 下降到 14.1%，与电力、燃气、机械设备制造业的产值增长形成鲜明对比。

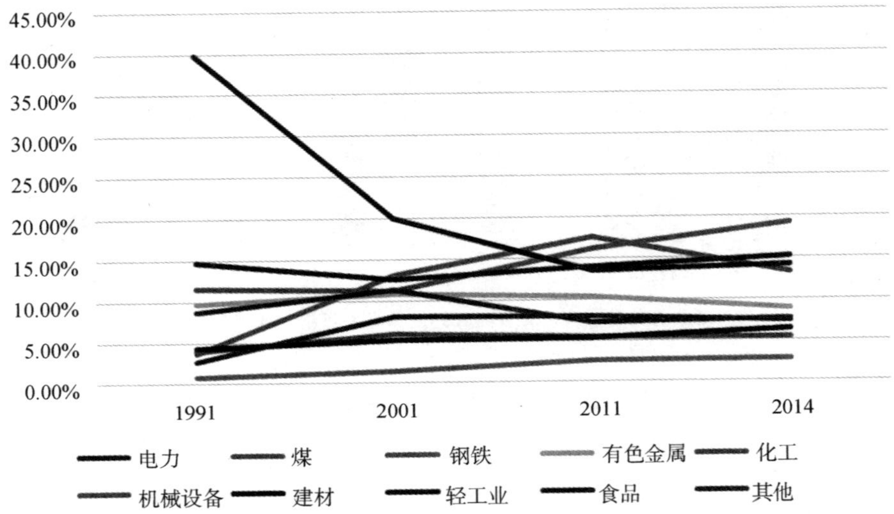

图 4—5　乌兹别克斯坦工业产出结构，1991—2014 年

资料来源：笔者根据 CEEP 及其他论文信息汇总整理。

从出口结构上看，自 1995 年至今，乌兹别克斯坦出口商品始终以原料性商品为主，如棉花、天然气、有色和黑色金属。值得注意的是，在 21 世纪的前十年，车辆出口稳步增加，2013 年的出口额达 6.56 亿美元，占总出口的 13.4%。这与工业结构中机械设备产出增加值的增长一致，说明独立以来乌兹别克斯坦资本密集型机械制造业的发展。在轻工业产成品中，仅有棉纱出口额相对较大，于 2015 年实现 4.9 亿美元出口额，占总出口的 7.97%，这与乌兹别克斯坦丰富的棉花资源及独立以来强调减少原棉出口的战略密切相关。1995—2015 年间，乌兹别克斯坦棉花出口额下降 3.97 亿美元，部分原因在于国内棉花种植面积的减少与原棉价格的下跌，同时也有提高棉花国内加工率的因素。然而，在棉纺织产业内，棉纱产品处于加工链的最低层次，价值也随之更低，而需要进一步深加工的棉布、针织品乃至成衣则在乌兹别克斯坦出口额中占比极小。其他轻工业产成品如皮革、化纤、塑料、印刷则更未实现出口增长。

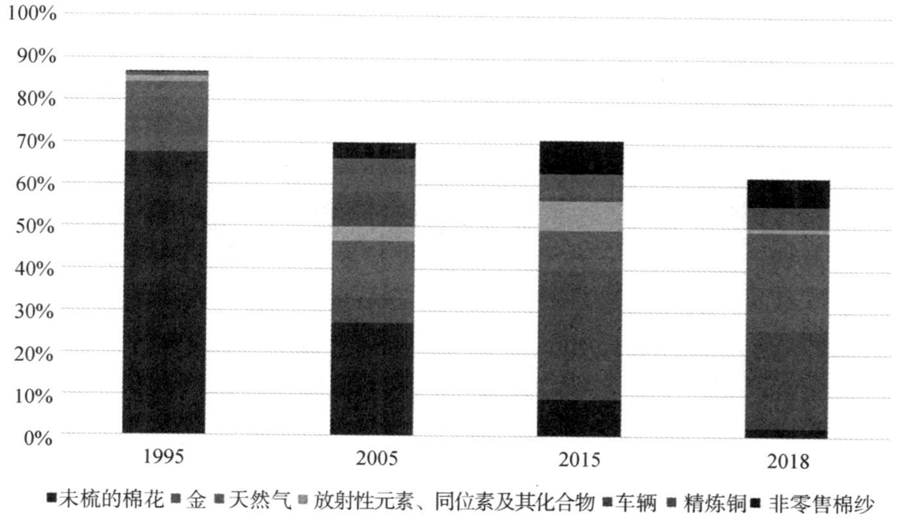

图 4—6　乌兹别克斯坦 1995—2018 年主要出口商品比重

资料来源：世界银行。

从就业结构上看，对比乌兹别克斯坦 1996 年和 2016 年各经济部门就业情况可以发现，乌兹别克斯坦的劳动力逐渐由农业向服务业转移，工业吸引的就业人员比例基本不变，且制造业就业占比明显下降。同时，在制造业内部存在着就业转移现象，电力生产和供应业、冶金工业、机械制造和金属制品业、轻工业等就业比重下降，而燃气生产和供应业、化学和石油化工业、建筑材料工业、食品加工业就业比重上升。① 这进一步表明轻工业发展滞缓，未能发挥劳动密集型产业吸引就业的作用。

以上数据揭示了乌兹别克斯坦的轻工业相对资本密集型重工业发展严重不足，同时也引发了一个更具学术价值的问题：为什么乌兹别克斯坦没有依照要素禀赋实现劳动密集型产业的发展？

① World Bank, Growth and Job Creation in Uzbekistan: An In - depth Diagnostic, 2019.

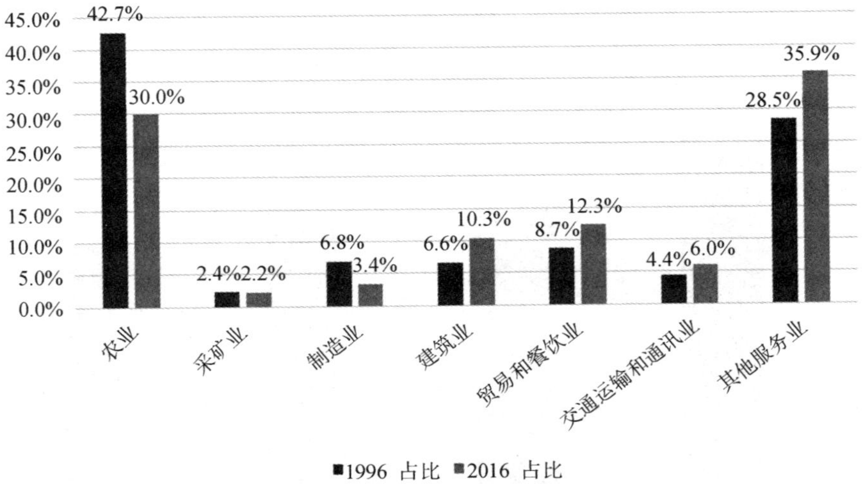

图 4—7 1996 年与 2016 年乌兹别克斯坦经济就业结构对比

来源：OECD。

二、历史回溯：产业政策的实施与发展

学界目前对于乌兹别克斯坦经济发展问题的分析主要依循新自由主义经济学和新结构经济学两大理论进路，二者均将乌兹别克斯坦轻工业发展困境归咎于产业政策不当。新自由主义观点多体现在世界银行（2013）、国际货币基金组织（2018，2019）等国际金融机构出台的报告中。这些研究的核心关切均体现在敦促乌兹别克斯坦政府减少政府干预、消除市场扭曲、放开汇兑管制、推动私有化进程，如世界银行在 2018 年针对乌兹别克斯坦的增长和就业问题发布的国别诊断中将其轻工业发展滞后的原因归结于政府自 1990 年代施行至今的资本密集型产业保护政策，具体保护措施包括电力、能源价格补贴，针对优先产业的原材料价格补贴、优惠贷款、外汇兑换优先权以及税收优惠等。正是上述价格扭曲导致资源错配，进而使劳动密集型轻工业处于不利的竞争地位。

从新结构经济学理论视角出发的研究亦认为乌兹别克斯坦轻工业发展滞后的原因在于政府优先发展重工业、资本密集型工业的产业政策，但其解释的重点更多强调该政策违背乌兹别克斯坦要素禀赋的特性。以林毅夫为代表的相关学者指出，乌兹别克斯坦不应跳过纺织业、皮革制造业、食品加工业等劳动密集型产业而径直发展汽车、化工等目前不具备比较优势的产业，这不仅影响了轻工业的发展，亦对总体经济增长产生负面效果。①

然而，现有研究对乌兹别克斯坦产业政策的认知在一定程度上属“后见之明”，即基于轻工业发展滞后的表象来推断政府产业政策导向，缺乏对政策本身的考察。前人学者一方面默认乌兹别克斯坦当局在产业政策的制定上具有完全的自主性，另一方面忽略了 1991 年国家独立至 2016 年经济改革启动这一时段内乌兹别克斯坦产业政策的诸多变化。事实上，20 世纪 90 年代后期，乌兹别克斯坦产业政策对重工业和资本密集型产业的倾斜是与早期外商直接投资（FDI）互动的产物，同时受到独立之初苏联经济协作网络崩溃的制约，并非由政府单方面主导。此外，进入 21 世纪以来，乌兹别克斯坦积极调整产业政策，以纺织业为代表的轻工业逐渐被纳入到产业政策的优先领域，因此轻工业发展滞缓的困境难以全部用产业政策来解释。下文将就乌兹别克斯坦产业政策的实施和发展依次展开分析。

（一）早期产业政策的实施

苏联解体后，中亚各国纷纷面临产业链断裂、工业制成品短缺的问题。为实现经济结构转型，乌兹别克斯坦积极推进本国工业化进程。据乌兹别克斯坦经济部下属有效经济政策中心（Center for Effective Economy Policy）报告显示，乌兹别克斯坦在 1996—2000 年第二阶段改革目标中明确提及促进投资向机械制造业、轻工业、食品加工业、化工业转移，且未表现出对资本密集型产业的倾斜。② 因此，有理由相信乌兹别克斯坦最终落实的产业政策是受经济环境的制约而形成，相关因素包括独立之初的进口替代需求和外商直接投资流向。

1. 进口替代需求

受苏联时期经济分工的影响，中亚各国往往处于产业链低端，扮演着原料提供者的角色。这一点在乌兹别克斯坦表现为棉花的大规模种植和生产。

---

① 林毅夫对乌兹别克斯坦产业政策的观点来自弗拉基米尔·波波夫和阿尼斯·乔杜里研究中提及的私人交流。Popov V., Chowdhury A. What Can Uzbekistan Tell Us about Industrial Policy that We Did not Already Know? DESA Working Paper No. 147, 2016.

② CEEP, “Uzbekistan Economy - Statistical and Analytical Review of the year 2004”, March 2005, No. 8.

这些原料在苏联时期被运往俄罗斯或东欧地区进行加工，制成品再售回中亚各苏维埃社会主义共和国，而这一分工对其经济效益的不利影响则由苏联中央提供补贴，补贴往往高达共和国国民生产总值（GNP）的40%—70%。然而，苏联解体后，由于俄罗斯自身也受到严重的经济冲击，为缩减支出、提高收入，俄罗斯大幅削减了对于中亚国家的经济援助，并将产品价格提升至接近国际平均水平，同时对中亚各国设置出口关税。① 1995年贸易数据显示，乌兹别克斯坦进口最多的项目为机械设备，占进口总额的36%，而此类商品主要进口自德国和韩国。这一方面反映出乌兹别克斯坦对此类商品较大的市场需求，另一方面也意味着运输距离增加导致的进口成本提高。因此，为满足国内需求，乌兹别克斯坦有必要鼓励资本密集型机械制造业的发展。此外，进口替代政策也对乌兹别克斯坦保持经济独立性具有重要意义。

表4—1　1995年乌兹别克斯坦进口商品类别（HS2分类）

进口商品类别	占比
机器、机械器具、电气设备及其零件；录音机及放声机、电视图像、声音的录制	36%
乳品；蛋品；天然蜂蜜；其他食用动物产品	12%
车辆、航空器、船舶及有关运输设备	9.3%
化学工业及其相关工业的产品	8.8%
植物产品	6.2%
贱金属及其制品	5.7%
纺织原料及纺织制品	5.4%
光学、照相、电影、计量、检验、医疗或外科用仪器及设备、精密仪器及设备；钟表；乐器；上述物品的零件、附件	4.2%
活动物；动物产品	2.5%
塑料及其制品；橡胶及其制品	2.2%

① Paterson M. P., Evolutionary Uzbekistan, "Revolutionary Kazakhstan: An Explanation for the Differences in FDI Policy during the First Years of Economic Transition", MA of the Faculty Graduate Studies of the University of Gulph, 1997.

续表

进口商品类别	占比
鞋、帽、伞、杖、鞭及其零件；已加工的羽毛及其制品；人造花；发制品	1.9%
杂项制品	1.6%
其他	4.2%

资料来源：笔者根据 OECD 数据整理。

2. 外商直接投资

对于转型经济体而言，发展经济所需资本的取得必然依赖于贸易、国际融资以及外商直接投资三种渠道。受内外部经济环境影响，乌兹别克斯坦 20 世纪 90 年代后期难以靠贸易和国际融资取得资本，主要依托外商直接投资。因此，FDI 流入的领域直接决定了乌兹别克斯坦产业发展的方向。

在出口方面，20 世纪 90 年代欧亚地区转型经济体多处于经济下滑状态，这对乌兹别克斯坦出口造成负面影响。受到“双重内陆国”的地缘限制，以俄罗斯为首的俄欧亚国家是乌兹别克斯坦的重要贸易伙伴。近十年间，哈萨克斯坦自乌兹别克斯坦进口额显著增加；乌克兰在 2005—2009 年间也一度为乌兹别克斯坦重要的出口对象国。2013 年以来，俄罗斯虽不再是乌兹别克斯坦第一大出口对象国，但始终居于乌兹别克斯坦出口对象国的前五位。① 然而，独立初期，由于上述转型经济体多采取激进的改革措施，GDP 大幅下降，② 通货膨胀严重，这些国家自乌兹别克斯坦进口商品需求也随之减少。1995 年乌兹别克斯坦出口额仅为 10.41 亿美元，其中 84.73% 出口至欧洲国家，贸易逆差约 3.59 亿美元。

在国际融资方面，由于转型经济体经济风险较高，外国私营银行往往不愿向乌兹别克斯坦提供贷款，因此融资主要来自国际金融机构如世界银行、国际货币基金组织、亚洲开发银行等。世行曾于 1993—1995 年向乌兹别克斯

① 笔者根据 OEC 数据统计。OEC，What Does Uzbekistan Export? https://oec.world/en.（上网时间：2020 年 7 月 5 日）

② 1992—1994 年，除亚美尼亚以外，其他独联体国家人均 GDP 增长率均低于乌兹别克斯坦。World Bank，https://data.worldbank.org/indicator/NY.GDP.PCAP.KD.ZG?locations=UZ.（上网时间：2020 年 4 月 28 日）

坦提供累计 2. 47 亿美元的贷款。[①] 然而，国际金融机构提供的经济援助往往附加市场改革的条件。由于 1996 年棉花歉收加之原棉世界价格下降，乌兹别克斯坦收支平衡恶化，乌兹别克斯坦苏姆大幅贬值，乌兹别克斯坦因而实施了严格的外汇管控制度。而这违反了乌兹别克斯坦与 IMF 之间关于外汇兑换自由化的协定，致使 IMF 中止规划中的贷款项目，并于2001 年与乌兹别克斯坦中止所有正式关系。[②]

由此可见，外商直接投资对促进乌兹别克斯坦经济发展起到至关重要的作用。独立之初，乌兹别克斯坦面临通货膨胀率高企、经常账户赤字和债台高筑等问题，这一不稳定的宏观经济环境使大部分海外公司对投资乌兹别克斯坦持审慎态度。1996 年后，乌兹别克斯坦实施的外汇管制措施更提高了 FDI 的监管性准入壁垒。在这一背景下，最早一批大额外商直接投资，如韩国大宇集团[③]、凯斯纽荷兰（CNH）全球有限公司[④]、德国 Falk - Porsche - Technik GmbH 公司[⑤]、英国 Lonrho 公司[⑥]奠定了乌兹别克斯坦发展机械制造业等资本密集型产业的基础。大宇汽车集团共计投资 6. 58 亿美元，其投资项目至今仍为乌兹别克斯坦外商投资数额最大的项目之一。相比之下，大宇集团在纺织业的投资仅为 6 千万美元，而投资的首要目的在于通过建立大宇纺织公司出口棉纱获取其在乌兹别克斯坦业务运营所需外汇。[⑦] 在 1996 年实施外汇兑换管制后，乌兹别克斯坦政府赋予上述外商直接投资企业外汇配给优先权，并出台多项税率改革，为汽车行业提供税收优惠，包括 3% 零部件进

---

① Paterson M. P. , Evolutionary Uzbekistan, "Revolutionary Kazakhstan: An Explanation for the Differences in FDI Policy during the First Years of Economic Transition", MA of the Faculty Graduate Studies of the University of Gulph, 1997.

② Sakal. H. B. , "A Quarter - Century Pursuit of Independence: Politics of Trade, Energy, andEconomic Development in Uzbekistan", Perceptions, 2017, Vol. 22, No. 1, pp. 49 - 90.

③ 主要投资于汽车制造业和通信行业，乌兹别克大宇汽车公司于 1995 年成立。

④ 投资于（农业）机械设备制造业，1997—1998 年在乌兹别克斯坦成立四家外商合资企业。

⑤ 投资于（电器）机械制造业，1998 年收购乌兹别克斯坦 Elektrosignal 公司，1999 年成立 Deutsche Kabel AG Tashkent 合资公司。

⑥ 投资于采矿业，1994 年与乌兹别克斯坦地质矿产资源委员会、纳沃伊矿冶联合企业共同、国际金融公司（IFC）成立 AGF 合资公司，Lonrho 持股 35%，后于 1999 年将股份售予英国奥克斯资源公司。Lonrho 公司后更名为 Lonmin。

⑦ Park C. , "Overseas Business Development in Emerging Market Environment - Daewoo and Uzbekistan Economy (1992—1997)", 26, 1 (57), 2011.

口关税、13%商品税、工业用机械设备进口免增值税。① 由此可见，乌兹别克斯坦资本密集型导向的产业政策最初只是对外商直接投资企业的保护政策，产业政策的最终形成实际上是政府工业化战略与所处经济环境互动的结果。

（二）产业政策的发展

以往的文献倾向于以静态的眼光看待乌兹别克斯坦产业政策，尽管乌兹别克斯坦始终保持对资本密集型产业的扶持，但自2000年以来，以纺织业为代表的轻工业逐渐被纳入到产业政策的优先领域，资本流入显著增多。从2000—2004年乌兹别克斯坦工业部门固定资产投资结构可以看出，轻工业的投资比例逐年上升。

表4—2　2000—2004年乌兹别克斯坦工业部门固定资产投资结构（%）

	2000年	2001年	2002年	2003年	2004年
工业总值	100	100	100	100	100
电力生产和供应业	5.3	3.8	6.4	9.5	9.5
燃气生产和供应业	20.2	32.3	29.1	21.3	20.3
冶金工业	9.0	11.5	14.5	22.3	16.4
机械制造业	13.8	14.6	10.9	3.7	3.2
轻工业	7.9	15.9	14.1	21.4	20.7
食品加工业	8.4	5.8	6.0	3.8	5.0
化工业	26.7	9.9	11.1	9.2	7.6
建筑材料业	0.9	1.2	1.2	1.6	2.0
其他	7.8	5.0	6.7	7.2	15.3

资料来源：CEEP。

2005年1月，乌兹别克斯坦颁布《关于吸引纺织业投资的措施》的内阁

① 进口车辆商品税适用30%，Ganikhodjaev S.，"Regulating System of Foreign Trade in Uzbekistan at the Transitional Period", Economic Journal of Hokkaido University, 2004, No. 33, pp. 205－219.

决议（the Resolution of the Cabinet of Ministers of the Republic of Uzbekistan "On Measures on Attraction of Investments into the Textile Industry of the Republic"），并通过2005—2008年吸引纺织业投资的国家计划。该计划包含94个项目，累计投资额12.2亿美元。2009年，乌兹别克斯坦纺织业外商投资超过10亿美元。据不完全统计，2012年纺织业至少有48家外资或合资企业活跃于乌兹别克斯坦市场。此外，政府也为纺织企业，尤其是为包含外商直接投资企业提供了税收优惠，具体措施包括税制简化、相关机器设备进口关税减免。[①] 同时，政府致力于推动纺织企业设备更新以提升加工能力。2006年4月，乌兹别克斯坦颁布《关于纺织业企业财务恢复和推进棉纤维销售的措施》，旨在通过纺织设备的现代化推动产业发展。2011年1月，政府颁布《关于立达（MaschinenfabrikRieter AG）公司组织和生产现代纺织设备的措施》总统令。在该总统令下，立达集团和国有企业的"乌兹别克轻工业"（Uzbekyengil-sanoat）签署协议，建立立达纺织机械制造厂。

尽管上述鼓励纺织企业进行设备更新的法令意在提升行业竞争力、推动纺织业发展，但由于制定过程中缺乏实际调研，政策反而在一定程度上恶化了企业经营状况。例如，据花剌子模州纺织企业反馈，2006年颁布的《关于纺织业企业财务恢复和推进棉纤维销售的措施》限制相关部门向机器设备老旧的纺织企业出售棉纤维，迫使部分设备状态良好的私营企业停产。同时，机器设备的现代化更新往往需要金额巨大的项目投资，增加了企业的金融负担。据相关统计，2005年花剌子模州纺织企业的金融费用高达210万美元，超过利润（100万美元）一倍左右。[②] 而多数商业银行提供短期贷款为3年期，但购买机器设备企业的成本回收期往往大于3年。[③] 由此可见，乌政府

---

① Fakultat V. W.，"Value Chains for Rural and Regional Development: The Case of Cotton, Wheat, Fruit and Vegetable Value Chains in the Lower Reaches of the Amu Darya River", Uzbekistan. PhD.，Wirtschaftswissenschaftliche Fakultat der Leibniz Universitat Hannover, 2008.

② 金融费用包含企业向本国或外资金融机构缴纳的贷款利率及银行服务费。Fakultat V. W.，"Value Chains for Rural and Regional Development: The Case of Cotton, Wheat, Fruit and Vegetable Value Chains in the Lower Reaches of the Amu Darya River", Uzbekistan, PhD.，Wirtschaftswissenschaftliche Fakultat der Leibniz Universitat Hannover, 2008, p. 97.

③ Naumov, Y. V. et al.，"Uzbekistan's Textile Industry: How to Implement Development Potential?" UNDP Policy Brief, 2010, Vol. 1, No. 4, p. 12.

强力推动纺织业现代化一定程度上违背市场经济规律，短期内反而为产业发展带来负面影响。

综上，以乌兹别克斯坦实施的资本密集型产业保护政策来解释 1991—2016 年国内轻工业发展困境显然存在漏洞。尽管汽车制造业、化学工业等资本密集型产业始终位于优先发展之列，但 2000 年以来，投资吸引、税收优惠等相关措施也逐渐向轻工业，尤其是纺织业开放，产业发展面临的政策环境得到极大改善。进一步研究表明，政策支持下纺织业产值未能实现显著增长的原因之一在于部分政策市场干预过度，从而产生了一定负面效果。因此，若要更为全面地分析乌兹别克斯坦轻工业发展滞缓的原因，还需从产业内部入手，从供给和需求两侧发现制约产业增长的因素。

三、供需分析：制约纺织服装业发展的因素

根据世界银行调研报告，乌兹别克斯坦产业分类下的轻工业主要涵盖纺织、服装、家具等行业。① 长期以来，乌兹别克斯坦致力于推进原棉国内深加工，新总统上台以来更是签署法令深化纺织工业改革。纺织服装业可谓乌兹别克斯坦最具代表性的轻工业部门。因此，本文以纺织服装业为例，分别从原材料供给和市场需求角度切入，分析制约产业发展的因素，以期得出关于乌兹别克斯坦轻工业发展困境的一般解释。研究得出，棉花配给制度和出口导向政策导致的国内市场机制不健全为供给侧阻碍纺织服装业发展及产业升级的主要因素；需求侧的制约因素主要存在于交通基础设施、对外贸易关系及国家监管能力几方面。

（一）原材料供给方面的制约

1. 棉花配给制度限制市场采购

乌兹别克斯坦纺织服装行业发展首先受到棉花配给制度的制约。世界银行调研报告显示，2016 年度至 2017 年上半年，乌兹别克斯坦纺织服装

① World Bank, "Growth and Job Creation in Uzbekistan: An In - depth Diagnostic", 2019, p. 14.

业近半数企业面临原材料短缺问题。[1] 2006 年，乌兹别克斯坦颁布《关于简化棉纤维销售和支付机制》总统令，确定了棉纤维销售流程。首先，由全国轧棉企业组成的乌兹别克斯坦棉花工业协会（Khlopkoprom）每年与农民签署棉花产出协议，负责原棉的初步加工（即分离棉纤维和棉花籽）。此后，Khlopkoprom 按照政府规定的棉花出口配额，将棉纤维售与 3 家国有贸易公司——乌兹别克工业机械进出口公司（Uzprommashimpex）、乌兹别克进出口中心（Uzmarkazimpex）和乌兹别克国际进出口公司（Uzinter-impex），前三家负责棉纤维出口业务，另有乌兹别克商品交易公司（Uzbek Commodity Exchange）负责棉纤维的国内销售。根据 2007 年《关于促进棉花国内销售和纺织业发展的措施》总统令，国内和国际纺织厂商均需以外币（美元）购买棉纤维，销售收入最终流入乌兹别克斯坦财政部下属公用农产品支付基金（The Fund for Payments for Agricultural Production Purchased for Public Use，Selkhozfond）。

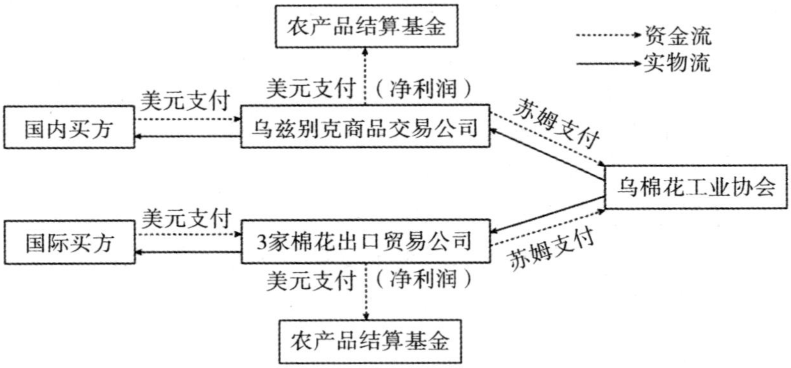

图 4—8 乌兹别克斯坦棉纤维销售流程

资料来源：Open Society Foundations。

① World Bank，"Growth and Job Creation in Uzbekistan：An In－depth Diagnostic"，2019.

从上述流程中可以发现，乌兹别克斯坦纺织企业生产需要的棉纤维原料无法自由采购，而是依赖政府配额。2002 年后世界棉花价格走高，[①] 作为重要的出口创汇商品，乌兹别克斯坦始终依赖棉花出口维持外汇储备稳定，因此大部分棉纤维分配至 3 家出口贸易公司。据统计，2005—2012 年间，国产棉纤维仅有 20%—30% 用于国内加工，原材料的不足导致国内纺织企业的产能未得到充分利用。根据 2005 年对花剌子模州纺织企业的调研，该州纺织业加工棉纤维的总产能可达 2 万吨，而当年自乌兹别克商品交易公司购买的原料仅达产能所需的一半。此外，由于乌兹别克斯坦外汇兑换管制严格，用外币购买棉纤维的规定亦为纺织企业原材料采购增加阻力。以上事实表明，乌兹别克斯坦截至 2018 年施行的棉花配给制度是制约纺织业发展最为关键的因素之一。[②]

2. 出口导向政策限制国内生产

影响纺织服装业原材料供应的另一项政策是乌兹别克斯坦在该领域实施的出口导向政策。尽管该政策为相关企业出口提供了一系列税收优惠，却在更深层次上限制了处于产业链较高环节的企业，如棉织物、家纺、服装制造商的原料获取。联合国开发计划署（UNDP）2010 年报告指出，乌兹别克斯坦棉纱厂商面临三种销售渠道：第一是出口，出口至其他国家的商品可直接凭出口货物报关单申请增值税退税；第二是以外币出售给国内纺织企业，但此部分棉纱生产的商品必须用作出口，在这一情况下，棉纱厂商需获得买方企业的证明文件（购买原材料用于生产出口商品）方可申请增值税退税，这一流程相比出口申报更为繁琐；第三是以本币（苏姆）售予国内纺织企业，但棉纱厂商无法取得增值税退税。对比之下，棉纱厂商必然优先选择出口，其次选择制成品出口的企业，最后才会选择制成品国内销售企业。此外，2007 年《关于促进棉花国内销售和纺织业发展的措施》总统令公布，出口商品份额在 80% 以上的纺织企业可免缴财产税，这进一步推动了棉纱及棉织物的出口。2009 年，乌兹别克斯坦生产及进口的全部棉纱仅 33.8% 用于国内生产。由此可见，乌兹别克斯坦鼓励出口的政策使处于产业链高端的企业难以

---

① ICG., "The Failure of Reform in Uzbekistan: Ways forward for the International Community", Mar. 11, 2004.

② Azernews, "Uzbekistan reforms its cotton, textile industry", Dec. 15, 2017, https://www.azernews.az/region/124018.html.（上网时间：2020 年 10 月 7 日）

获得充足的原材料供应，制约了纺织服装业内部的优化升级。

（二）市场需求方面的制约

1. 交通基础设施有待发展

经上文分析，乌兹别克斯坦纺织品主要用于出口，因此海外市场对于纺织业发展具有更重要的影响。就国际市场需求而言，乌兹别克斯坦的地缘交通状况成为第一个制约因素。由于乌兹别克斯坦在地缘位置上远离主要的纺织品消费市场，且境内无港口，难以通过海运进行对外贸易，纺织企业出口面临高昂的运输成本。相关数据显示，乌兹别克斯坦出口运输成本占货物价值的比例最低为15%—20%，最高达到60%—70%，这与欧盟国家5%—7%的比例形成鲜明对比。此外，企业出口商品所需时间成本也相对较高。统计显示，将货物运送至美国东海岸，自加勒比国家进口需2—7天，自中国进口需18天，自南亚国家（巴基斯坦和印度）进口需25—27天，然而自乌兹别克斯坦进口需要40—50天。乌兹别克斯坦至欧盟的平均交货时间为30—45天，这显然不利于企业快速响应市场变化，亦难以满足服装商品的季节性需求。①

因此，交通基础设施，尤其是跨国交通走廊的建设对乌兹别克斯坦纺织企业提高国际竞争力具有重要意义。作为第二大棉纺织中间品进口商②和乌兹别克斯坦重要的出口对象国，中国是乌纺织业最重要的市场之一。为更好地联通中国市场，乌兹别克斯坦自1997年起积极参与中吉乌走廊建设磋商，但受吉尔吉斯斯坦国内政治因素、俄罗斯方面态度影响，项目进展缓慢，至今仍未开工，目前该路线只能以公铁联运形式通达，全程需进行两次铁路运输与公路运输的转换，增加了运输成本。

此外，越南、柬埔寨、孟加拉国等东南亚、南亚国家以服装制造业为支

---

① Regulation. gov. uz.，“ЗБЕКИСТОН РЕСПУБЛИКАСИ ПРЕЗИДЕНТИ” АРОРИ Концепция развития текстильной и швейно – трикотажной промышленности на 2020 – 2024 годы，2019. 02. 20，https：//regulation. gov. uz/uz/document/1982.（上网时间：2020年6月1日）

② 根据OEC数据统计，中国自2009年起至今始终为棉纱、棉织物的第二大进口商，https：//oec. world/en/visualize/tree_map/hs92/import/show/all/115205. 115206. 115207. 115208. 115209. 115210. 115211. 115212. 115513. 115514/2009。（上网时间：2020年7月23日）

柱产业，却与乌兹别克斯坦在棉纺织加工品上的贸易额很小，很大程度上也是受制于运输通道的限制。乌兹别克斯坦自 2003 年致力于推动跨阿富汗走廊的建设，以期打通南向通道，在最短距离内到达出海口。尽管 2010 年乌兹别克斯坦在阿富汗建成海拉顿至马扎里沙里夫段铁路，但该走廊后续线路将途经塔利班部分控制区，① 受制于阿富汗的安全形势，项目前景不容乐观。

2. 对外贸易关系较为单一

除交通基础设施外，乌兹别克斯坦与域外大国的贸易关系也是制约纺织业国际竞争力的一大因素。以欧美市场为例，得益于《北美自由贸易协定》（NAFTA）② 和《加勒比海盆地经济复苏法》（CBTPA），墨西哥及中南美国家能够免税进入美国市场；根据《洛美协定》（Lome Convention），几乎所有来自非洲、加勒比海和太平洋地区 70 个国家的商品均可以免税进入欧盟市场，2014 年 1 月巴基斯坦获准欧盟普惠制加关税政策，亦获得纺织品免税出口欧盟国家待遇。③ 然而，自乌兹别克斯坦向欧盟国家交付的棉纱、织物及缝纫针织品则需分别按照商品总值的 4.2%、8.4%、9.6% 缴纳关税。④ 截至目前，乌兹别克斯坦签订的双边或多边自由贸易协定仍集中在独联体国家和周边区域范围，这意味着其纺织品出口至欧美、中国、东南亚等下游市场均需缴纳关税，在运输费用之上又增成本。

---

① “Mapping Taliban Control in Afghanistan”, FDD's Long War Journal, https://www.longwarjournal.org/mapping－taliban－control－in－afghanistan.（上网时间：2020 年 6 月 5 日）

② 2020 年 7 月 1 日 7 月 1 日《美墨加协定》（USMCA）正式生效，取代了自 1994 年生效的《北美自由贸易协定（NAFTA）》。

③《欧盟评估巴基斯坦普惠制加出口优惠政策》，中华人民共和国商务部，2016 年 11 月 2 日，http://www.mofcom.gov.cn/article/i/jyjl/j/201611/20161101568565.shtml。（上网时间：2020 年 7 月 28 日）

④ Regulation.gov.uz.，“ЗБЕКИСТОН РЕСПУБЛИКАСИ ПРЕЗИДЕНТИ” АРОРИ, Концепция развития текстильной и швейно－трикотажной промышленности на 2020－2024 годы, 2019.02.20, https://regulation.gov.uz/uz/document/1982.（上网时间：2020 年 6 月 1 日）

表 4—3 乌兹别克斯坦双边及多边自贸协定

贸易协定	对象国	签署时间	生效时间	优惠政策
双边自贸协定	俄罗斯	1992 年	1993 年	免税
	乌克兰	1994 年	1996 年	
	摩尔多瓦	1995 年	1995 年	
	格鲁吉亚	1995 年	2010 年	
	塔吉克斯坦	1996 年	1996 年	
	阿塞拜疆	1996 年	1996 年	
	吉尔吉斯斯坦	1996 年	1998 年	
	哈萨克斯坦	1997 年	1997 年	
《独联体国家自由贸易协定》	阿塞拜疆、亚美尼亚、白俄罗斯、格鲁吉亚、摩尔多瓦、哈萨克斯坦、俄罗斯、乌克兰、塔吉克斯坦、吉尔吉斯斯坦	1994 年	1994 年	免税
《经济合作组织贸易协定》（ECOTA）	阿富汗、阿塞拜疆、伊朗、哈萨克斯坦、吉尔吉斯斯坦、巴基斯坦、塔吉克斯坦、土耳其、土库曼斯坦、乌兹别克斯坦	2003 年	2008 年	8 年内实现最高 15% 关税，各项减幅超过 10%，正面清单覆盖 80% 以上商品
《独联体国家自由贸易区协定》①	俄罗斯、白俄罗斯、乌克兰、亚美尼亚、哈萨克斯坦、摩尔多瓦、吉尔吉斯斯坦、塔吉克斯坦	2011 年	2012 年	免税

资料来源：United Nations ESCAP。

① 乌兹别克斯坦于 2013 年签署《独联体国家自由贸易区协定》并生效，吉尔吉斯斯坦于 2013 年生效，塔吉克斯坦于 2015 年生效。该协定生效后，1994 年《独联体国家自由贸易协定》废止，自贸区成员国间的双边贸易条款亦不具效力。

四、前景展望：经济改革及后疫情时代的轻工业发展

2017 年初，乌兹别克斯坦政府发布《乌兹别克斯坦五大优先方向行动战略（2017—2021 年）》，拉开经济改革的大幕。该文件涉及经济改革的目标指出，要在对本地原材料进行深加工的基础上生产高附加值产成品，创造竞争性的行业环境，逐步减少对商品和服务市场的垄断，促进出口程序的简化、出口结构和出口对象市场的多元化，以及交通基础设施的优化。上述改革思路与本文指出的制约轻工业发展的若干因素基本吻合，① 这也推动着乌兹别克斯坦纺织服装业、食品加工业等轻工业部门产值显著增长。其中，纺织服装业的产值增长率自 2017 年以来连续 5 年保持在 20% 以上，2018 年达到 42. 39% 的峰值，食品加工业的产值增长率也在 2019 年高达 38. 19% 。② 尽管新冠肺炎疫情的暴发对乌工业生产造成冲击，但乌政府采取有力防疫措施，并积极投放反危机基金，助力乌产业发展。2020 年 5 月，米尔济约耶夫总统签署“关于采取紧急措施支持纺织、服装和针织业”的法令，落实简化行政程序、给予资金支持等一系列措施。在此背景下，随着乌放松隔离管控政策，全面推进复工复产，2021 年乌工业部门恢复增长，轻工业发展受疫情负面影响有限。

（一）国内市场环境总体改善

就改革实践来看，现行举措已消除了部分制约因素。首先，在市场环境方面，2017 年 9 月，乌兹别克斯坦宣布取消外汇管制，实现汇率市场化；2017 年 12 月，米尔济约耶夫总统签署总统令，授予国内纺织企业自由采购棉花的权利；2020 年 3 月，乌兹别克斯坦再颁总统令，废除棉花生产和销售配额，彻底放开了对国内棉花产业的管制。以上措施极大提升了乌兹别克斯

① Development Strategy Center, “Priority Area”, Nov. 23, 2018, https: //strategy. uz/index. php? news = 192&lang = en. （上网时间：2020 年 7 月 30 日）

② The State Committee of the Republic of Uzbekistan on Statistics, “Industry”, https: //stat. uz/en/official - statistics/industry. （上网时间：2022 年 4 月 8 日）

坦市场化水平，更解决了长期困扰纺织服装业发展的原材料供应问题。乌兹别克斯坦还针对纺织服装业颁布了《关于进一步深化纺织和服装业改革及扩大出口能力的措施》总统令，通过为纺织服装企业降低融资成本、提供税收优惠、加强人才培养、举办年度展览会、简化销售要求等手段助力产业升级。作为最重要的轻工业部门之一，纺织服装业的发展对轻工业总体增长具有重要意义。市场环境的改善亦将助力乌兹别克斯坦把握后疫情时代国际制造商谋求供应链多元化布局的机遇，加大力度吸引跨国公司入乌投资。

（二）对外贸易关系稳步发展

在贸易领域，受疫情冲击造成的地区主义上升因素影响，近年来乌兹别克斯坦更加密切同周边国家开展经贸合作，并积极融入俄罗斯主导的区域内部共同市场。2020 年 4 月，乌议会下院批准通过关于乌以观察员国身份加入欧亚经济联盟的决议。① 2020 年 12 月，乌兹别克斯坦正式获得欧亚经济联盟观察员国地位。2021 年 4 月，欧亚经济委员会与乌政府签署合作备忘录及其实施行动计划，欧亚经济联盟成员国市场进一步向乌兹别克斯坦生产商开放，尤其是在农业和纺织业领域。② 据乌国家统计委员会数据显示，2021 年乌兹别克斯坦对欧亚经济联盟成员国出口额增长 27.79%，进口额增长 30.71%。③ 此外，乌兹别克斯坦同欧盟深化贸易合作关系也取得新进展，2021 年 4 月起乌兹别克斯坦获欧盟超普惠制待遇（GSP+），这意味着乌纺织品、服装和塑料制品等重要出口商品享受对欧盟出口免关税政策。④

---

① 《乌兹别克斯坦将成为欧亚经济联盟观察员国》，中华人民共和国商务部，2020 年 4 月 29 日，http：//www.mofcom.gov.cn/article/i/jyjl/e/202004/20200402960151.shtml。（上网时间：2020 年 7 月 31 日）

② Евразия Эксперт，《Настоящий прорыв》：эксперт о выгодах Узбекистана от связей с Россией и ЕАЭС，Nov. 30，2021，https：//eurasia.expert/o－vygodakh－uzbekistana－ot－svyazey－s－rossiey－i－eaes.（上网时间：2022 年 5 月 15 日）

③ 笔者根据乌国家统计委员会数据计算得。The State Committee of the Republic of Uzbekistan on Statistics，"Merchandise Trade"，https：//stat.uz/en/official－statistics/merchandise－trade。（上网时间：2022 年 3 月 17 日）

④ 《乌与欧盟贸易超普惠制待遇 4 月 10 日起正式生效》，中华人民共和国驻乌兹别克斯坦共和国大使馆经济商务处，2021 年 4 月 12 日，http：//uz.mofcom.gov.cn/article/jmxw/202104/20210403051498.shtml。（上网时间：2022 年 3 月 17 日）

（三）国家监管能力显著提升

就国家监管而言，乌兹别克斯坦近年加强对于强制劳动和雇佣童工问题的法律监管，2018 年棉花采摘工作政府会议上，乌总理强调任何强制劳动事件中的涉事官员均将就地免职，相关事宜由乌总检察院监督落实。① 在乌兹别克斯坦改革措施落实以后，美国劳工部 2019 年裁定，将乌产棉花从禁止国家采购的商品清单中去除。② 今年 6 月份，乌兹别克斯坦劳动部第一副部长埃尔金·毛希丁诺夫（Erkin Mukhitdinov）指出，为确保落实《刑法》中有关强制劳动的修正案，政府将根据国际劳工组织的标准和国际最佳实践经验对法官、检察官和律师进行专业培训，并进一步完善对话渠道、信息反馈机制和群众热线。③ 此外，乌内阁于 9 月 8 日批准通过《关于组织 2020 年原棉采收的相关措施》法令，全面提高采棉劳务费标准。④ 由此可见，乌兹别克斯坦通过一系列举措展现出了强化国家监管能力的决心。在乌持续努力下，2022 年 3 月，国际棉花运动联盟宣布结束全球抵制乌兹别克斯坦棉花的呼吁。随着乌兹别克斯坦强制劳动问题的改善为乌兹别克斯坦纺织服装业国际市场的开拓乃至轻工业的进一步发展带来正面机遇。

（四）基础设施建设前景未明

最后，就区域交通基础设施而言，乌兹别克斯坦目前参与的国际交通走廊建设项目前景均不乐观：跨阿富汗走廊受到融资问题和阿富汗安全形势的

① 《乌总理强调要在 2018 年度棉花采摘中杜绝强制劳动》，中华人民共和国驻乌兹别克斯坦共和国大使馆经济商务处，2018 年 9 月 10 日，http：//uz. mofcom. gov. cn/article/jmxw/201809/20180902785567. shtml。（上网时间：2020 年 7 月 31 日）

② 《美劳工部解除采购乌棉禁令》，中华人民共和国驻乌兹别克斯坦共和国大使馆经济商务处，2010 年 4 月 2 日，http：//uz. mofcom. gov. cn/article/jmxw/201904/20190402849114. shtml。（上网时间：2020 年 7 月 28 日）

③ 《又一年棉花采摘季来临，乌国将采取何种措施消除强制劳动》，丝路新观察，2020 年 6 月 2 日，http：//www. siluxgc. com/UZ/20200602/20543. html。（上网时间：2020 年 9 月 15 日）

④ 《乌兹别克斯坦公布采棉劳务费标准》，丝路新观察，2020 年 9 月 11 日，http：//web. siluxgc. com/UZ/20200911/22436. html。（上网时间：2020 年 9 月 15 日）

限制。乌兹别克斯坦—土库曼斯坦—伊朗—阿曼国际过境运输走廊因美伊关系长期紧，项目建设的政治风险居高不下。中吉乌铁路尽管无显著安全风险，但近年来合作意愿逐渐走低，加之新冠肺炎疫情对各国经济、财政的冲击，短期内项目实施的可能性较低，中吉乌公铁联运或为未来较长时间内的替代性方案。此外，疫情冲击凸显了数字化基础设施建设的重要性。例如，为解决上下游信息不对称问题，基于互联网的数字化供应链服务平台日益成为行业管理协同的重要工具。这对于乌兹别克斯坦的人力资本提出更高要求。

综上，在经济改革的背景下，以纺织服装业为代表的轻工业在乌兹别克斯坦迎来正面机遇，市场环境改善，制约产业发展的原材料供应问题得到解决。疫情背景下，全球供应链多元化、区域化、数字化趋势对乌兹别克斯坦经济改革的各方面产生不同程度影响。就轻工业发展而言，为更好地将现有的劳动力价格比较优势转换为产业竞争优势，改善国内市场环境、对外贸易关系、国家监管能力、基础设施水平应成为乌兹别克斯坦未来深化改革的方向。

费尔干纳盆地微区域安全：风险评估与应对策略*

韩豪杰　金　新**

一、引论

2020年5月31日，乌兹别克斯坦费尔干纳州索克区居民与临近的吉尔吉斯斯坦居民发生冲突，冲突造成20余人受伤。俄媒报道称，冲突过程中双方曾相互开火。① 费尔干纳盆地地处塔吉克斯坦、乌兹别克斯坦和吉尔吉斯斯坦三国交界处，占据“中国—中亚—西亚”经济走廊的重要位置，与我国新疆南部隔帕米尔高原相望。历史上，张骞出使西域行至大宛（今费尔干纳盆地）开启了中国与中亚文化、贸易的沟通。费尔干纳盆地地处中亚地区的中心，现代以来，尤其是苏联解体以来，由于历史、领土、经济、宗教等多种因素共同作用，多种风险在费尔干纳盆地交织，费尔干纳盆地也因此被称作“中亚火药桶”。2005年5月，乌兹别克斯坦安集延市爆发武装骚乱，造成169人死亡。2010年6月，吉尔吉斯斯坦奥什和贾拉拉巴德发生骚乱，并且发生纵火和交火，造成大量人员伤亡。在推进“一

---

* 本文系中国高等教育学会“十四五”规划专项课题“可持续安全视阈下中国周边‘一带一路’安全风险的治理方略研究”（21YDYB09）的阶段性成果。

** 韩豪杰，西安交通大学马克思主义学院博士研究生。

金新，西安交通大学马克思主义学院国际问题研究中心副教授，西安交通大学亚欧研究中心研究员。

① 新闻报道参见：中亚乌吉两国因争水发生边境冲突两国政府领导人会晤，中国新闻网，2020年6月1日，http：//www. chinanews. com/gj/2020/06 －01/9200741. shtml。（上网时间：2020年9月22日）

带一路”倡议中，保证沿线和平稳定具有重要意义，因此必须重视区域安全合作。微区域合作机制作为区域安全架构的关键节点，在“一带一路”倡议的推进中扮演重要安全角色。① 对于目前的微区域安全合作，费尔干纳盆地是一个必须重视的微区域。形势表明，加强对费尔干纳盆地微区域安全风险治理已经刻不容缓。

围绕费尔干纳盆地的安全风险及治理，学界主要研究了该地区的划界问题、恐怖主义和宗教极端主义，并提出了相关治理建议。Viktoria Akchurina 和 Anita Lavorgn 分析了费尔干纳盆地的伊斯兰运动恐怖主义威胁，提出了其激进的非正式制度而非暴力活动是恐怖主义威胁的重要特征。② KemelToktomushev 认为苏联遗留问题、自然资源的低效利用、边界军事化和缺乏实证的政策制定是加剧费尔干纳盆地紧张局势的变量。③ Rashid Gabdulhakov 揭示了飞地缺乏州际合作如何导致暴力冲突的机制。④ 张娜、吴良全认为 20 世纪 30 年代中亚民族—国家划界形成的若干飞地使得费尔干纳问题复杂化，施越则认为划界的第一阶段主要是本地干部自下而上的提议。⑤ 刘锦前关注从费尔干纳到瓦基里斯坦形成的恐怖新高危地带，分析了其背后文化断层和大国博弈的原因，认为解决这些问题要发挥大国和国际组织的作用。⑥ 陈静、王鸣野认为费尔干纳的伊斯兰极端主义是历史、地理、宗教文化等多种因素综合作用的产物，中国要采取措施，防范其对

---

① 参见郑先武：《“亚洲安全观”制度建构与“中国经验”》，《当代亚太》2016 年第 2 期，第 15 页。

② Akchurina Viktoria and Lavorgna, Anita, “Islamist movements in the Fergana Valley: a new threat assessment approach,” Global Crime, Vol. 15, No. 3—4, 2014, pp. 320—336.

③ Kemel Toktomushev, “Understanding Cross - Border Conflict in Post - Soviet Central Asia: The Case of Kyrgyzstan and Tajikistan,” Connections: The Quarterly Journal, Vol. 17, No. 1, 2018, pp. 21—41.

④ Rashid Gabdulhakov, “The highly securitized insecurities of state borders in the Fergana Valley,” Central Asia Fellowship Papers by CAP, No. 9, March 2015, pp. 1—10.

⑤ 张娜、吴良全：《费尔干纳盆地的飞地问题——对 20 世纪 20—30 年代中亚地区民族—国家划界的反思》，《世界民族》2013 年第 1 期，第 29—37 页；施越：《“分而治之”还是“自下而上”——再议苏联初期的中亚民族划界》，《俄罗斯研究》2019 年第 3 期，第 95—122 页。

⑥ 刘锦前：《从费尔干纳到瓦济里斯坦——中南亚恐怖新高危地带评析》，《第九届中国世界民族学会会员代表大会暨学术讨论会论文集上册》，第 13 页。

中国的负面影响。① 王梦霓综合探讨了费尔干纳盆地安全问题，较为创新地提出了费尔干纳盆地问题对“一带一路”的影响，分析了大国在费尔干纳盆地的影响与作用。②

综合看来，目前学界对于费尔干纳盆地相关问题研究已经取得了一些成果，为进一步的研究奠定了基础，但仍存在一定拓展空间，主要表现在现有研究尚未以一个整体性的安全理论框架进行分析。而微区域主义及理论恰恰提供了这样一个框架。费尔干纳盆地微区域的安全风险兼具微区域的一般性特征和费尔干纳盆地的独特性特征，明显表现出内外联动的态势，这种态势有哪些表现？其产生的根源是什么？如何应对这种内外联动？在“一带一路”建设背景下，对费尔干纳盆地安全风险的特点和成因进行研究，并以总体国家安全观为指导，针对性地提出治理方案，对于保障“一带一路”建设和维护边疆地区安全稳定具有重要意义。

研究微区域安全，必须重视其内部安全与外部安全的联动关系。本文将聚焦费尔干纳盆地微区域安全风险内外联动的这一态势，考察该区域安全风险的主要类型及内外联动的主要表现形式，分析这种态势产生的原因，并针对性地提出在该区域进行安全治理的对策建议。

二、费尔干纳盆地微区域的安全风险评估

微区域安全风险的内外联动的具有独特的表现形式，与该区域现有的内部风险、外部风险息息相关。当前费尔干纳盆地微区域所面临的安全风险复杂多样。既有国家安全风险，也有区域安全风险；既有传统安全风险，也有非传统安全风险；既有内源性安全风险，也有外源性安全风险。多种安全风险在费尔干纳盆地相互交织，内部风险与外部风险复杂互动，呈现内外联动的态势。

---

① 陈靖、王鸣野：《费尔干纳的伊斯兰极端主义：产生的原因与可能的影响》，《新疆社会科学》2012 年第 6 期，第 80—87 页。

② 王梦霓：《“一带一路”背景下费尔干纳盆地问题研究》，华东师范大学硕士学位论文，2018 年。

（一）费尔干纳盆地微区域主要安全风险

费尔干纳盆地被称为“中亚火药桶”，安全风险复杂多样。目前该区域的主要安全风险包括领土争端与划界争议、恐怖主义、跨境犯罪和族群冲突。

由于历史划界问题，费尔干纳盆地微区域成为中亚边界最复杂的地区。这里飞地众多，尚未解决的边界问题主要集中在乌吉、吉塔之间，乌吉两国争议地区主要有索赫、乔卡拉迦恰、塔什杰帕和西马尔丹。① 三方在该区域多次爆发边界事件，甚至武装对峙和冲突。边界争端还带了水资源争夺、移民问题、族群关系等问题，近年来，三国虽然在边界争端的解决上取得重大进展，但边界争端仍然是该区域的重大安全风险。②

恐怖主义是费尔干纳微区域较突出的安全风险。该地既聚集着“伊斯兰国”“基地”组织等国际性的恐怖组织，同时也存在“乌兹别克斯坦伊斯兰运动（乌伊运）”“伊斯兰解放党（伊解）”“安拉战士”等本土恐怖组织，数量众多的恐怖组织凸显了安全上的不确定性。2017 年 10 月 5 日，吉尔吉斯斯坦国家安全委员会在贾拉拉巴德州逮捕两名“90 后”恐怖分子，均在叙利亚接受过训练。俄媒报道有逾 500 名来自吉尔吉斯斯坦的雇佣人员参与到位于叙利亚和伊朗的众多国际恐怖组织中。③ 2019 年 2 月 5 日，吉尔吉斯斯坦第二大城市奥什发生的“机场炸弹风波”，机场对旅客

---

① 王会鹏：《中亚边界争端形势新动向及前景展望》，《新疆社会科学》2018 年第 6 期，第 81—88、150 页。

② 关于三国解决边界争端的相关研究，参见周明：《乌兹别克斯坦新政府与中亚地区一体化》，《俄罗斯研究》2018 年第 3 期，第 76—105 页；杨进：《乌吉“换地”开启中亚外交新篇章》，《世界知识》2018 年第 19 期，第 38—39 页；张琰：《米尔济约耶夫总统领导下乌兹别克斯坦的社会经济改革》，《欧亚经济》2018 年第 6 期，第 103—122 页；王会鹏：《中亚边界争端形势新动向及前景展望》，《新疆社会科学》2018 年第 6 期，第 81—88、150 页。

③ 《两名“90 后”恐怖分子在吉尔吉斯斯坦落网》，中国新闻网，2017 年 10 月 5 日，http：//www. chinanews. com/gj/2017/10 – 05/8346851. shtml。（上网时间：2020 年 8 月 30 日）

和工作人员进行紧急疏散。①

费尔干纳微区域的跨境犯罪主要包括跨境非法移民和跨境走私。三国内部的移民改变了社会结构和民族结构，具有爆发危机的可能性，三国向哈萨克斯坦和俄罗斯等地的移民则导致主体民族的流失。跨境走私犯罪同样严重。2019 年 4 月 3 日，乌兹别克斯坦国家安全局在乌吉边境从纳曼干至扎尔肯特方向的公路上查获了两名试图携带逾 150 万美元逃避海关检查进入吉尔吉斯斯坦的走私者。② 2019 年 8 月 12 日，吉尔吉斯斯坦在巴特肯州破获一起大宗跨国毒品走私案件，缴获毒品 44.3 公斤。③ 此外，由阿富汗输出的武器走私影响着该区域的社会稳定，给三国带来大量的社会问题。④ 随着近年中亚地区进入“发展阶段”，跨境犯罪问题已经成为该区域的主要风险。

费尔干纳微区域由于历史、政治等原因，形成了民族边界与国家边界不一致、主体民族分散多国的民族分布特点，族群冲突时有发生。乌兹别克族、塔吉克族和吉尔吉斯族分别是乌兹别克斯坦、塔吉克斯坦和吉尔吉斯斯坦三国的主体民族，但分别也在另外两国占有一定比例。由于苏联解体后大量飞地的产生，该地出现了民族跨界而居的现象，因此所在国的民族政策、不同国家的民族处境就成为影响民族情绪的重要原因。这种情形下，族群冲突变得普遍而又激烈。族群冲突与其他因素相互关联，如水资源争夺，使武装冲突和流血事件频发。⑤ 2010 年的奥什冲突和 2020 年 5 月的索赫区冲突都具有族群冲突的属性。

---

① 《吉尔吉斯斯坦两大机场遭遇“炸弹风波”》，中国新闻网，2019 年 2 月 6 日，http://www.chinanews.com/gj/2019/02-06/8748316.shtml。（上网时间：2020 年 8 月 30 日）

② 《两名走私者欲携逾 150 万美元逃避乌海关检查被捕》，中国新闻网，2019 年 4 月 4 日，http://www.chinanews.com/gj/2019/04-04/8799963.shtml。（上网时间：2020 年 8 月 30 日）

③ 《吉尔吉斯斯坦破获一起大宗海洛因走私案件》，中国新闻网，2019 年 8 月 13 日，http://www.chinanews.com/gj/2019/08-13/8925344.shtml。（上网时间：2020 年 8 月 30 日）

④ 苏畅：《中亚国家社会稳定影响因素探析——基于基础性因素和冲击性因素的综合分析》，《俄罗斯东欧中亚研究》2019 年第 3 期，第 79 页。

⑤ David Trilling, “Kyrgyzstan - Tajikistan: What’s Next after Border Shootout?” Eurasianet, http://www.eurasianet.org/node/65774.

（二）费尔干纳盆地微区域安全风险的内外联动

微区域内部安全风险与微区域外部安全风险存在内外联动的效应。戴维·莱克通过考察区域安全复合体内的国家间安全外溢，认为这是由于安全外部性导致的。① 李峰和洪邮生补充了宏—次区域向微区域的内渗效应。② 微区域安全风险的内外联动以“内渗”和“外溢”为主要表现形式，以区域内外安全风险类型为主要内容。费尔干纳盆地微区域内部的安全风险与中亚甚至包括西亚和南亚在内的外部区域安全风险进行联动，既存在费尔干纳盆地微区域安全风险向上述区域的外溢，也存在这些区域的安全风险向费尔干纳盆地微区域的内渗，两种形式并存形成了安全风险的内外联动。

费尔干纳盆地微区域的领土争端与划界争议、恐怖主义等内部安全风险传导至外部，导致中亚、西亚等区域的安全形势更加严峻。

乌、塔、吉三国间领土争端与划界争议导致民族划分与行政划分相分离，引发了一系列的族群冲突事件。③ 生活在这一区域乌兹别克族、塔吉克族、吉尔吉斯族作为中亚主体民族，三族间的族群冲突也影响了整个中亚地区的民族关系。三国间的领土争端也阻遏了三国间进一步开展经济、安全等领域的合作，安全机制的顺畅运行受到阻碍。

恐怖主义的外溢形势更为严峻。以“乌兹别克斯坦伊斯兰运动”（下简称“乌伊运”）为例，1999—2000 年是其活跃时期，然后随着中亚社会稳定与反恐力度的加大，其主力被大量消灭和分化。但少数恐怖分子流窜至阿富汗地区招募人员，回流袭击乌兹别克斯坦、塔吉克斯坦、土库曼斯坦边界，与中东和高加索地区的恐怖分子合流，在阿富汗地区展开活动。此外“乌伊运”还与塔利班、“伊斯兰国”、“基地”组织等国际恐怖组织

---

① David A. Lake, “Regional security complexes: A systems approach,” in David. A. Lake and Patrick M. Morgan, Regional orders: Building security in a new world, Vol. 52, 1997, pp. 52—55.

② 李峰、洪邮生：《微区域安全及其治理的逻辑——以“一带一路”倡议下的“大湄公河微区域”安全为例》，《当代亚太》2019 年第 1 期，第 132 页。

③ 王梦霓：《“一带一路”背景下费尔干纳盆地问题研究》，华东师范大学硕士学位论文，2018 年，第 21 页。

联系密切，参与其他地区恐怖活动。①

与内部的安全风险外溢相比，费尔干纳盆地微区域外部的安全风险形势更为严峻，所造成的内渗效应更为明显。主要体现为恐怖主义、跨境犯罪和极端主义的内渗。

费尔干纳盆地微区域涉及的乌兹别克斯坦、塔吉克斯坦是中亚地区恐怖活动较多的两个国家，深受与其接壤的阿富汗、巴基斯坦等国家的恐怖主义活动影响，费尔干纳盆地到瓦基里斯坦形成了恐怖主义事件频发的不稳定地带。②“伊斯兰国”的溃败，导致恐怖分子回流，增加了中亚相关国家恐怖活动的发生频率，威胁到了费尔干纳盆地的安全。③ 同时，国际恐怖组织直接在费尔干纳盆地注入资金，招收和培训恐怖人员、建立恐怖组织，俨然有将费尔干纳盆地作为恐怖主义“基地”之势，这种尚未发生暴力事件的相关活动，对费尔干纳盆地造成潜在威胁。④

费尔干纳盆地飞地林立的特点和中亚中心这一独特的地理位置，为跨国犯罪提供了理想场所。阿富汗作为传统的毒品种植区，种植面积和产量日益升高，中亚国家已经成为阿富汗毒品输入俄罗斯或转运至欧洲的重要运输通道。⑤ 跨国毒品犯罪团伙倾向于选择边界复杂的费尔干纳盆地进行运输，在一定程度上加剧了费尔干纳盆地毒品犯罪形势。同时非法人口流动也表现较为猖獗。乌、塔、吉三国内部经济发展的不平衡导致人口在三国内部流动，同时哈萨克斯坦、俄罗斯等国更高的收入水平也吸引了中亚其他国家人口的流动，费尔干纳盆地在此间既是目的地，也成为向经济水平更高国家流动的中转站。

极端主义的内渗也是安全风险内渗的重要方面。2014 年，吉尔吉斯斯

---

① 苏畅：《论中亚安全威胁因素的集聚效应》，《俄罗斯东欧中亚研究》2018 年第 1 期，第 118 页。

② 刘锦前：《从费尔干纳到瓦济里斯坦——中南亚恐怖新高危地带评析》，《第九届中国世界民族学会会员代表大会暨学术讨论会论文集上册》，第 1 页。

③ 苏畅：《中亚国家社会稳定影响因素探析——基于基础性因素和冲击性因素的综合分析》，《俄罗斯东欧中亚研究》2019 年第 3 期，第 68 页。

④ 激进组织不一定需要采取暴力活动，同样会造成威胁。参见 Akchurina Viktoria and Lavorgna, Anita, “Islamist movements in the Fergana Valley: a new threat assessment approach,” Global Crime, Vol. 15, No. 3—4, 2014, pp. 320—336.

⑤ 李建荣、韩隽：《中亚地区安全新态势与丝绸之路经济带建设：互动与前景》，《新疆师范大学学报（哲学社会科学版）》2018 年第 6 期，第 127 页。

坦内政部官员声称吉宗教极端主义呈上升趋势，这些宗教极端分子主要来自“伊斯兰解放党”。[①] 这一组织是由流亡的巴勒斯坦人纳布哈尼于1953年建立，其秘密总部有可能在约旦，并在多个国家和地区设立支部传播“圣战”思想。“伊斯兰国”对中亚国家的思想渗透也是一大方面，通过网站、手册等途径，以图片、视频、音频等形式，采用英语、突厥语、俄语等语种，借助现有的伊斯兰激进组织网络进行活动，针对知识精英和底层民众大范围传播极端主义思想，呈现出复杂而混乱的局势。[②] 极端主义的渗透也加剧了费尔干纳盆地内部恐怖主义的复杂形势。

可以看出，这种内外联动既包括同类型的内外联动，如内部的恐怖主义外溢导致外部的恐怖主义，外部的恐怖主义内渗导致内部的恐怖主义；还包括不同类型的内外联动，如内部的领土争端外溢导致族群冲突，外部的极端主义内渗导致内部恐怖主义。这种复杂的内外联动形势加剧了费尔干纳盆地安全风险治理的难度。

三、费尔干纳盆地微区域安全风险态势的生成机制

微区域安全风险内外联动态势有其独特的生成机制。总体看来，这种联动以安全风险要素的流动为主线、以区域内外的相似社会背景为基础，以交通、通讯和大众传媒等为途径，实现了跨区域联动。费尔干纳盆地微区域内部领土争端和划界争议、恐怖主义和跨境犯罪等安全风险与区域外部恐怖主义、族群冲突、极端主义等安全风险相互纠缠，互相影响，使得费尔干纳盆地微区域的安全风险更加复杂。

（一）风险要素的流动是主线

安全风险的产生很大程度上是由安全风险要素的组合形成的。安全风险的内外联动以人员、资金、物资和思想等风险要素的流动作为主线，通

---

① 吉尔吉斯斯坦官员称该国宗教极端主义呈上升趋势，中国新闻网，2014年7月4日，http：//www. chinanews. com/gj/2014/07—04/6352791. shtml。（上网时间：2020年8月28日）

② 马媛：《当前伊斯兰国（ISIS）在中亚渗透特点及对新疆安全的影响》，《新疆社会科学》2016年第1期，第90—91页。

过风险要素的跨区域流动促成了风险的外溢与内渗。

人员的流动为安全风险的联动提供了主体。恐怖人员、跨国犯罪分子跨越边界，在费尔干纳盆地微区域内部与外部流窜。“乌伊运”的恐怖分子通过进入阿富汗实施恐怖活动，同样“伊斯兰国”恐怖分子的回流也导致了费尔干纳盆地恐怖主义风险的显著提升。资金的流动为安全风险的联动提供支持。资金作为各项活动所必须的条件，其流动也为安全风险的流动提供了有力的支持。恐怖组织通过在费尔干纳盆地注入资金，支持当地建立恐怖主义组织，招募培训人员，提供活动场所，实现了“扎根”本土的目的。物资的流动则为安全风险的联动提供了具体的物质支撑。武器装备的流动极大地提升了内部或外部恐怖人员和犯罪分子的战斗力，既提升了其危害程度，也提升了有关政府的应对难度。宣传册、传单等物资则为极端主义的生成与发展提供了帮助。思想的流动更具隐蔽性，影响也更为深远。极端思想进入费尔干纳盆地微区域，对人们的思想产生影响，埋下了不稳定因素的种子。

四种要素在流动过程中相互纠缠，互为助力。资金的流动在其中发挥重要作用，资金既可以用来招募人员，提供抚恤金与作战奖励，实施恐怖活动或跨境犯罪，也可以购买武器装备，还可以通过为当地居民提供生活保障，强化思想传播效果。① 走私武器装备与毒品也可以为相关组织提供资金来源。极端思想的传播培育了一批年轻的恐怖分子，为恐怖组织提供了后备军。

（二）相似的社会背景是基础

微区域内部与外部相似的社会背景为安全风险的内外联动发挥了重要作用。这种相似性削弱了自然因素的阻碍作用，拉近了内部与外部的关系，更有利于安全风险在异域的传播和发展，避免安全风险“水土不服”。

费尔干纳盆地微区域内部与外部具有相似的社会背景。历史上费尔干纳盆地与周边地区联系紧密。古丝绸之路经过帕米尔高原到达费尔干纳盆

① 陈明、李本先、吴树银：《“瓦济里斯坦——费尔干纳”区域恐怖主义对我国跨境反恐情报保障机制的挑战及其应对策略》，《北京警察学院学报》2018 年第 1 期，第 36 页。

地，并由此继续向西。在中亚内部，费尔干纳盆地是北方游牧民族和南部农业社会交通线的垂直交汇处，处于部族、民族交往的迁徙要道。① 贵霜、西突厥、萨曼等政权的建立在行政上将费尔干纳盆地与周边地区相联系。乌孙人、匈奴人、突厥人、蒙古人等古代民族的跨区域流动则加强了区域内部与外部的血缘联系。在历史过程中，传统伊斯兰教及伊斯兰教义则更加巩固了这种联系。中亚伊斯兰教派主要是逊尼派哈乃斐教法学派，这种教派和教义上的一致性拉近了区域内外的联系。② 沙俄统治时期，沙皇进行新的行政区划，确定了主体民族、外来民族和少数族群，中亚地区的近代民族意识产生，更强化了之前的民族联系。③ 苏联时期，一方面联盟的存在加固了这种联系，另一方面民族划界的第二阶段，“分而治之”的政治意志改变了民族成分和行政隶属，使得乌兹别克族、塔吉克族、吉尔吉斯族三个民族在乌、塔、吉三个国家都占据了一定比例。④ 这种传统的历史、文化、民族、宗教的联系突破了地理边界的限制，成为费尔干纳盆地内部与外部相联系的纽带。相似的现实发展状况也使得费尔干纳盆地内部与外部具有“天然”的亲和性。乌、塔、吉三国获得独立后，大都选择了权力相对集中的“总统制”政权模式。⑤ 在这一点上，与哈萨克斯坦、土库曼斯坦，乃至巴基斯坦、阿富汗等国具有相似性。这种政权形式既形成了高效的行为能力，也造成民众对政府的依赖，容易爆发相同的社会危机。费尔干纳盆地中的飞地与主体领土和周边国家的关系深刻影响着当地居民的选择，一旦中央政府无法正确处理这种关系，飞地内的居民可能会寻求独立或实施暴力行动。⑥ 相似的经济发展水平则进一步为安全风险的联系

---

① 石岚：《中亚费尔干纳——伊斯兰与现代民族国家》，民族出版社 2008 年版，第 5 页。

② 苏畅：《中亚国家社会稳定影响因素探析——基于基础性因素和冲击性因素的综合分析》，《俄罗斯东欧中亚研究》2019 年第 3 期，第 76 页。

③ 张娜、吴良全：《费尔干纳盆地的飞地问题——对 20 世纪 20—30 年代中亚地区民族—国家划界的反思》，《世界民族》2013 年第 1 期，第 31—32 页。

④ 施越：《“分而治之”还是“自下而上”——再议苏联初期的中亚民族划界》，《俄罗斯研究》2019 年第 3 期，第 120 页。

⑤ 许涛：《丝绸之路经济带视角下的中亚地区文化环境研究》，《俄罗斯东欧中亚研究》2019 年第 3 期，第 4 页。

⑥ Rashid Gabdulhakov, “Geographical Enclaves of the Fergana Valley: Do Good Fences Make Good Neighbors?” Central Asia Security Policy Briefs, Vol. 14, 2014, pp. 2—3.

提供了常量条件。在阿富汗和巴基斯坦北部恐怖组织采取的宣传、招募、培训手段可以移植到费尔干纳盆地。

历史、文化、民族、宗教、政治、经济组成的复杂社会图景，在费尔干纳盆地内部与外部表现出了出高度的相似性。安全风险在这种相似的社会图景下，外溢与内渗显得更加自如，内外联动的阻力大大降低。

（三）交通、通信和大众传媒是途径

现代科技的发展同样为风险的内外联动提供了条件。大众传媒的普及，交通工具、通信设备及相关配套基础设施的建设突破了微区域的天然地理边界，大大便利了风险要素的流动，为安全风险的内外联动提供了途径。

交通工具和基础设施的建设方便了风险要素的跨境流动。2016 年 6 月，“安格连—帕普”铁路甘姆奇克隧道通车，实现了塔什干与安集延的直接联系，也实现了乌属费尔干纳盆地三个州与主体领土的联系。这一隧道通车也为边境走私者提供了便利。① 火车、汽车、飞机与铁路、公路、航线的建设加强了费尔干纳盆地与外界的联系，同时也方便了人员、资金、物资等风险要素的流动。这些要素得以以更快的速度、更多的数量输入或输出，带动安全风险的内外联动。通信设备及工具的手段则更加直接地突破了现实意义上的边界，使得费尔干纳盆地内部与外部人员可以直接联系，远程组织、指挥恐怖活动和犯罪活动成为可能，安全风险的隐蔽性大大提升。大众传媒的发展则大大拓展了相关活动的覆盖范围和受众，极端主义组织可以通过报纸、宣传册、广播、电视、网络更便捷地传播极端主义思想、散布恐怖主义信息、组织极端主义活动、招募和联系相关人员。卓越的网络宣传配以强有力的恐怖活动，恐怖主义获得更大的行动力和影响力。②

---

① 《两名走私者欲携逾 150 万美元逃避乌海关检查被捕》，中国新闻网，2019 年 4 月 4 日，http：//www. chinanews. com/gj/2019/04 －04/8799963. shtml。（上网时间：2020 年 8 月 30 日）

② 陈明、李本先、吴树银：《“瓦济里斯坦——费尔干纳”区域恐怖主义对我国跨境反恐情报保障机制的挑战及其应对策略》，《北京警察学院学报》2018 年第 1 期，第 36 页。

四、费尔干纳盆地微区域安全风险态势的应对策略

微区域安全风险的内外联动态势加大了安全风险治理的难度，对域内国家、域外大国及多边机制都提出了更高要求。应对这种态势，必须双管齐下，一方面要管控安全风险内外联动的关键链条，遏制内外联动态势，另一方面要在内外联动态势下进行常态化安全风险治理。

（一）对内外联动态势的管控

微区域安全风险内外联动以要素和途径为关键链条。在费尔干纳盆地微区域安全风险内外联动态势的生成机制中，要素流动和途径利用是两大关键。对安全风险内外联动的态势进行管控时，需要当地政府与中央政府从要素和途径两方面着手，共同合作，加强管控。

在安全风险要素中，人员、资金和物资是实体要素，思想也需要借助一定的载体进行传播，因此对这些要素的管理可以通过借鉴现代科技手段监控其流动实现。首先要建档立案。对于域内常驻要素，要实行建档政策，对人员、资金、物资、相关组织等进行明确登记。对于活动要素，要实行立案政策，备案其负责人信息、资金流动信息等，对域内因素做到心中有数。其次要精确识别。对于入境及出境人员、资金和物资需要认真审查，明确其来源、去向和用途，在域内实行动态监督。结合人脸识别、指纹识别、DNA 识别与车辆抓拍、电子围栏、智能预警等技术，推进“大数据”管控信息系统建设。① 精确识别要做到区别对待，对待域内常驻因素可以简化审查程序，对于流动要素则要强化审查程序。最后要创新管理模式。地方政府要纯洁队伍，确保政策落实到位。地方政府间应该推进数据合作，实现数据共享，既能有效控制风险因素，也方便合法要素的流动。

在要素流动途径中，交通途径是传统途径，需要穿越实体地理边界，网络和大众传媒则具有虚拟性，监管难度更大。针对前者，需要地方政府与中央政府加强边界管理，严格审查出入境流动要素。尤其是在未设立岗

① 吴剑明、刘寒雁、马啸：《“微区域合作”架构下的中缅跨境流动人口治理研究》，《云南行政学院学报》2019 年第 6 期，第 53 页。

哨的山头、树林、河流等地区，要实行巡逻制度。既防止内部因素输出，保证在境内解决，也要防止外部因素输入，与内部因素联动。针对后者，一方面要合理利用网络平台和大众传媒，采取民众喜闻乐见的方式传播正确思想，引导民众树立正确思想，抵制极端思想；另一方面要利用专职部门，监督网络平台和传媒集团，不定期开展“净网”活动，挤压极端思想在网络和大众传媒上的生存空间。针对资金流，还需要对金融机构进行审查，把控资金来源与去向。

（二）内外联动下的安全风险治理

微区域安全风险内外联动作为一个可能长期存在的态势，根治具有一定难度，为此还需要在内外联动态势下对安全风险进行治理。费尔干纳盆地微区域内部的行政主体是各国的地方政府，但是主权的存在限制了地方政府独立开展外交活动的能力，内外联动的态势也需要在更高的层次开展安全合作。因此需要在国家和区域层次展开安全合作，进行安全治理。

在国家层次，要提升中央政府治理能力和治理水平。乌、塔、吉三国的治理能力和水平与内部安全风险关系密切。米尔济约耶夫的社会经济改革能够起到稳定经济社会的作用，吉尔吉斯斯坦的政治精英、政党和议会制也深刻影响着该国的社会稳定性。① 同样，政策制定的科学性也成为影响吉塔边境关系的重要变量。② 解决费尔干纳盆地微区域安全风险的问题，需要各国提出切实可行的社会方案。这一社会方案要能够切实提升居民生活水平，解决居民关切的就业、住房、医疗、教育等社会问题，平息民众的不满情绪，增强其对现政府的认可度。中央政府要兼顾主体领土与飞地

---

① 参见王林兵、雷琳：《精英、政党与制度：吉尔吉斯斯坦独立以来的政治发展逻辑》，《俄罗斯东欧中亚研究》2019 年第 5 期，第 123—141、158 页；张琰：《米尔济约耶夫总统领导下乌兹别克斯坦的社会经济改革》，《欧亚经济》2018 年第 6 期，第 103—122 页；周明：《乌兹别克斯坦新政府与中亚地区一体化》，《俄罗斯研究》2018 年第 3 期，第 76—105 页；王林兵、雷琳：《吉尔吉斯斯坦“低态化”政党政治形成的制度性因素分析》，《新疆社会科学》2017 年第 4 期，第 94—99 页。

② Kemel Toktomushev, “Understanding Cross - Border Conflict in Post - Soviet Central Asia: The Case of Kyrgyzstan and Tajikistan”, Connections: The Quarterly Journal, Vol. 17, No. 1, 2018, pp. 35—37.

的关系、飞地内不同民族的关系、政治改革与经济改革的关系，利用公平的政策倾向消除主体领土与飞地的、飞地内不同民族的心理及现实隔阂，消除离心力的地区主义，[①] 利用大选后相对稳定的政治环境推动经济改革和经济发展。通过提升中央政府治理能力与水平，提升和保障民众的生活水平，消除各种安全风险产生的社会根源，才能够解决内部安全风险，避免与外部安全风险产生联动。

在区域层次，域内三国要加强安全合作，同时也要与周边国家及大国进行安全合作。域内三国的安全合作可以推动各国地方政府在费尔干纳盆地成立专门的组织机构，用以负责微区域内部安全事务，在地方政府间的情报合作、管理协调、跨境打击犯罪和域内事务协商等方面发挥作用，遏制内部恐怖主义、极端主义的发展，协商处理边境事务。域内三国与周边国家的安全合作则要利用现有机制，如上合组织、亚信峰会、集安组织，通过议程设置和组织设置，成立相关小组负责费尔干纳盆地微区域安全治理。同时，要整合各方力量，在周边区域打击三股势力，构建良好稳定的周边态势。跨境经济合作对跨境安全合作有一定的正面作用。[②] 乌、塔、吉三国可以与周边国家成立经济合作组织，利用各方落实“一带一路”倡议的契机，既为本国经济发展寻求外生动力，也为区域安全合作奠定良好基础。中、美、俄等域外大国则需要协调立场，要以维护费尔干纳盆地稳定安全为总目标，三国协调在该区域的政策，充分尊重对方的主权利益。中、美、俄三国在费尔干纳盆地具有共同利益，三方均需遏制费尔干纳盆地安全风险外溢，中俄有边疆安全风险，而外溢至阿富汗等国则会影响美国国家利益。中、美、俄三国需要建立以具体议题为主导的对话磋商机制，同时为乌、塔、吉三国纠纷提供仲裁平台，避免费尔干纳盆地出现巨大的安全危机。[③] 上述安全合作的成效有赖于各方是否坚持合作理念、遵守合作协议、践行合作行动。各方必须在相关机构的领导下才能够对费尔干纳盆地微区域安全内外联动的态势进行有效应对。

---

① Vişne Korkmaz, “Fergana Valley: The Heart of Central Asia”, Ankara: SETA Foundation for Political, Economic and Social Research, 2012, p. 214.

② 郑先武、李峰：《东南亚微区域合作与跨境安全》，《南洋问题研究》2016 年第 3 期，第 5 页。

③ 王梦霓：《“一带一路”背景下费尔干纳盆地问题研究》，华东师范大学硕士学位论文，2018 年，第 46 页。

五、结论

费尔干纳盆地微区域作为“一带一路”倡议沿线的重要地区之一，其安全稳定对于推进“一带一路”倡议意义重大。同时，由于该区域与中国新疆地区相近，费尔干纳盆地安全稳定也是对中国新疆地区安全稳定的一种保障。当前，费尔干纳盆地微区域的主要安全风险包括领土争端和划界争议、恐怖主义、跨境犯罪、族群冲突。同时，费尔干纳盆地微区域内部安全风险的外溢和外部安全风险的内渗并存，共同形成了安全风险内外联动的态势。这种态势以人员、资金、物资和思想等风险要素的流动为主线，以微区域内部与外部相似的社会背景为基础，以交通、通信和大众传媒等为途径。安全风险内外联动的态势大大提升了安全治理的难度，应对这一局面，一方面需要对安全风险的内外联动进行管控，通过对安全风险要素和传播途径的科学化、现代化、严格化的管控，斩断内外联动的关键链条。另一方面也需要乌、塔、吉三国提升治理能力与水平，提出科学的社会方案，解决内部风险产生的社会根源，加强三国间及三国与周边国家、域外大国的安全合作，营造良好稳定的外部环境，共同打击安全风险源头。双管齐下，既可破解安全风险的内外联动困境，也可实现内部与外部安全风险治理的难题，从而维护费尔干纳盆地微区域的安全稳定。

“东向行动”背景下印度参与俄罗斯远东发展分析*

杨胜兰**

2019 年 9 月，印度总理纳伦德拉·莫迪（Narendra Modi）对俄罗斯远东地区①进行了访问并在港口城市符拉迪沃斯托克（Vladivostok）参加了第五届东方经济论坛（Eastern Economic Forum）。莫迪在其主旨演讲中正式提出了“远东行动政策”（Act Far East Policy），以实际行动的方式正式加入到俄罗斯远东地区的发展之中。印度自 20 世纪 90 年代提出“向东看政策”（Look East Policy），2014 年莫迪政府上台升级为“东向行动政策”（Act East Policy），再到 2019 年推出的“远东行动政策”，在 20 多年的发展中，随着印度经济的不断发展，在世界舞台上的不断展现，印度在印度洋—太平洋的地区的活跃程度、参与程度不断增强。

随着“远东行动政策”的提出，印度与俄罗斯的双边关系发展在地理空间和领域空间的合作范围进一步扩展，为两国“久经考验的战略伙伴”关系增添了不少成色。然而，作为传统“盟友”的印俄两国，“远东行动政策”作为印度“东向行动”的延伸，印度希望达到的目的是多方面的。

---

* 本文系华东师范大学 2019 年优秀博士研究生学术能力提升项目（YBNLTS2019—035）研究成果之一。

** 杨胜兰，华东师范大学国际关系与地区发展研究院博士研究生。

① “远东”在俄罗斯使用较多的是政治学范畴的概念——指行政区划的含义，即俄罗斯现有的八个联邦区之一的远东联邦区。而地理学意义上的“远东”是指从西伯利亚到俄罗斯太平洋沿岸地区以及贝加尔湖沿岸地区的广大地理空间。参见崔珩：《远东西比利亚开发的国际政治经济学》，《俄罗斯研究》，2018 年第 4 期，第 63 页。目前，莫迪提出的“远东行动政策”并没有明确地对“远东”进行界定，但根据印度媒体和有关专家学者的分析，印度参与合作开发的“远东”是指地理学意义上的“远东”。

同时，作为印度参与俄罗斯远东地区发展与合作的重要体现，"远东行动政策"的价值也不可小觑，其主要内容也涉及经济、能源和安全等领域。当然，一项政策的出台并落实并非易事，尤其是像印度这样的国家，且又是在充满大国力量"暗博弈"的俄罗斯远东地区，因而其影响、局限和挑战也是值得重点关注的。因此，在"东向行动政策"背景下分析印度与俄罗斯在远东地区的合作具有重要意义。

一、印度从"东向行动政策"延伸到"远东行动政策"的背景

尽管印度与俄罗斯远东地区相距甚远，但随着印度的经济发展以及大国心态的使然，印度对俄罗斯远东地区的发展在 21 世纪以来给予了更多的关注，并且积极参与到远东地区的发展中。其实，就印度与俄罗斯远东地区的交往历史而言，可以追溯到苏联解体前。在苏联时期，当远东地区对其他外国人采取限制时，符拉迪沃斯托克也对印度人开放。① 苏联解体后，印度于 1992 年在俄罗斯远东城市符拉迪沃斯托克设立了领事馆，是第一个在该城市设立领事馆的国家。② 不过，整体看来，近年来印度对俄罗斯远东地区关注度增加既有着较长的历史联系的延续，也有着现实的利益考量；既有其国内经济社会等因素的推动，也有深化印俄传统关系、服务自身国际战略等原因的驱动。

（一）印度国内经济的快速发展

20 世纪 90 年代以来，随着世界经济的重心向亚太地区转移，处于亚太地区的东盟已成为世界最具活力的、力量强大的经济集团之一，因而印度在冷战后的外交支柱之一就是积极推行其"东向政策"——接近东盟并

---

① Shubhra Ranjan IAS Study, "PM unveils 'Act Far East' policy", https://shubhraranjan.wordpress.com/2019/10/18/pm-unveils-act-far-east-policy/.（上网时间：2020 年 7 月 12 日）

② Ajay Kamalakaran, "In Russia's Far East Lies India's New El Dorado", 26 Aug 2019, https://openthemagazine.com/special/russian-far-east-indias-new-el-dorado/.（上网时间：2020 年 8 月 28 日）

与其发展全面合作关系。① 同时，自 1991 年实行经济改革以来，印度经济实现持续增长，已成为新的世界经济“发动机”。② 较快的经济发展为印度开展对外交往活动，特别是开展对外经济合作奠定了坚实的基础。自 90 年代以来的近 30 年发展中，印度经济展现了强劲的发展态势。根据世界银行数据，1991 年以来，印度经济增长率绝大多数年份一直高于世界经济的增长率。

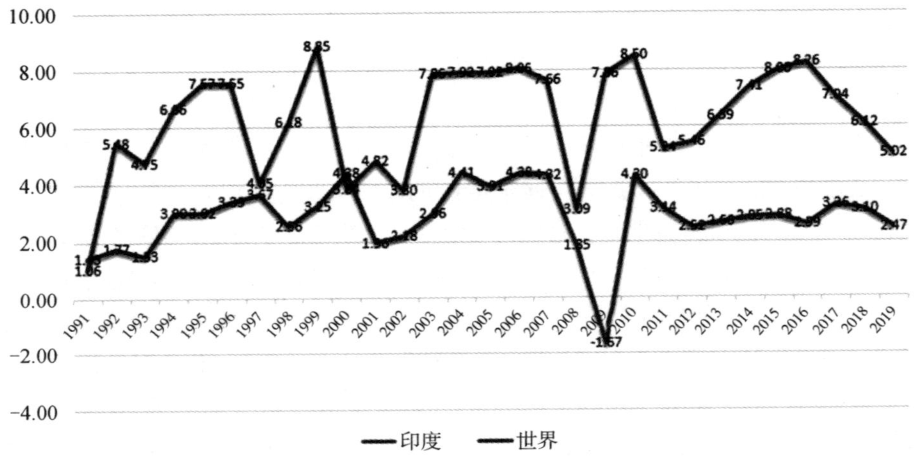

图 6—1 印度与世界经济增长率（1991—2019 年）

资料来源：“GDP growth（annual %）– World，India”，https：//data. worldbank. org/indicator/NY. GDP. MKTP. KD. ZG? end = 2019&locations = 1W – IN&start = 1991.

当然，印度在俄罗斯远东地区的存在，特别是印度“远东行动政策”的推出，与莫迪政府政策有着密不可分的联系。③ 不过，印度“远东行动政策”的重要基石还是其国内的经济发展。2014 年莫迪政府上台以来，印度在国内经济发展方面更是提出一系列的改革措施，以增强其经济发展的

① 尹锡南：《论冷战后印度的“东向政策”》，《南亚研究季刊》2003 年第 2 期，第 9 页。

② 杨胜兰：《印度参与全球治理的动因、模式与限度》，《学术探索》2020 年第 6 期，第 65 页。

③ Hari Vasudevan, “India's ‘Look Far East’: The Vladivostok Moment in Indo—Russian Relations”, Observer Research Foundation Occasional Paper 249, 2020, pp. 21.

“源动力”。总体来看，莫迪上台执政后，印度经济发展战略发生了重大变化，这些变化是积极且进展显著的，未来印度发展潜力将会持续迸发，发展前景总体看好。① 正是因为莫迪政府在其任内实行的众多经济改革措施，印度经济维持了较高的增长速度。单从经济发展角度而言，在一国经济发展具有一定的基础时，其渴望能够向域外扩展，从而获取更多的发展机会和利润来源。在此背景下，印度加强与俄罗斯远东地区的合作也就是应有的题中之义了。

（二）印俄传统关系的进一步深化和加强

印度与俄罗斯作为世界主要大国，在世界上有着举足轻重的地位，也有着重要的影响力。印度独立70多年来，印俄（苏）总体保持积极的、相互友好的双边关系，尽管在1991年两国关系发生了质的变化，但两国关系仍保持着相互友好和政治信任的特点。② 自2000年俄罗斯总统普京访问印度并签订《印度共和国与俄罗斯联邦战略伙伴关系宣言》以来，印俄关系在政治、安全、经贸、防务、科技、文化等几乎所有双边关系领域的合作水平都有所提高，具有了新的性质。③ 正是基于两国之间友好的传统关系，印度加入俄罗斯远东地区发展的合作队伍也是自然。不过，尽管印俄之间在诸如政治、安全、防务、科技等领域进行了友好而深入的合作，但双方之间的经贸领域合作显得乏力难长。因此，在莫迪提出的“远东行动政策”中，加强印俄之间的经贸关系是其重中之重，是为在2030年实现两国之间贸易和投资都达到300亿美元目标而开辟的另一条“新路”。

在俄罗斯举办的第五届东方经济论坛中，莫迪成为“座上宾”和耀眼的“新星”之一。此次峰会的重点是贸易和投资，而在莫迪的此次远东之

---

① 梅冠群：《莫迪执政后印度经济发展战略选择及我国应对之策》，《南亚研究季刊》2017年第2期，第37页。

② Katherine Foshko，“Re – energising the India – Russia Relationship：Opportunities and Challenges for the 21th Century”，Gateway House Research Paper，No. 3，September 2011，p. 19.

③ Ministry of External Affairs，“Government of India：India – Russia Relations”，New Delhi，2017，pp. 1. http：//mea. gov. in/Portal/ForeignRelation/Russia_ August_ 2017. pdf.（上网时间：2020年7月30日）

行中，双方签署了15份谅解备忘录和35份商业文件，其中远东和北极地区能源领域的投资占据大部分内容。① 作为印俄传统关系的薄弱环节，印度加强在俄罗斯远东地区的发展合作不仅有利于扩大双边投资贸易，还大大有利于深化和加强印俄之间的传统关系。而对于印俄之间的经济发展前景，双方有着良好的基础条件，将不断推动双方经济合作与贸易关系的改善与提高。其一，两国在经济上存在较明显的互补性；其二，印俄之间存在着非竞争、少冲突、密切的经贸联系史。②

（三）大国地位和大国形象的孜孜以求

印度——一个拥有着几千年古老文明和巨大人口数量的国家，无论是其普通民众，还是其国家领袖，一直以来都认为印度是世界大国。③ 尤其较为突出的代表是印度开国总理贾瓦哈拉尔·尼赫鲁（Jawaharlal Nehru）在其书籍《印度的发现》中提出的：印度要么做一个有声有色的大国，要么就销声匿迹，任何中间地位都是不可能的④。正是基于如此心态的存在，再加上印度与俄罗斯之间的传统友好关系，因此印度积极参与俄罗斯远东地区的合作也不乏其“大国心态”的使然。作为“东向行动政策”的延伸，印度参与俄罗斯远东地区发展合作的“远东行动政策”也说明了其对外发展的雄心正在扩大。另外，2003年、2009年和2015年的印度海事战略文件中，对“印度—太平洋”的引用不断增加，这体现了印度对外野心的不断扩大，最引人瞩

---

① Satyajit Mohanty & Rajan Kumar：“Turn to East：India and Russia draw closer in the Far East and the Arctic”，Financial Express，September 11，2019，https：//www. financialexpress. com/defence/turn－to－east－india－and－russia－draw－closer－in－the－far－east－and－the－arctic/1703172/.（上网时间：2020年7月12日）

② 李渤、闵淑范：《俄罗斯与印度经贸关系评析》，《东北亚论坛》2002年第1期，第19—21页。

③ 杨胜兰：《印度参与全球治理的动因、模式与限度》，《学术探索》2020年第6期，第63—75页。

④ 贾瓦哈拉尔·尼赫鲁著，齐文译：《印度的发现（上册）》，世界知识出版社2018年版，第60页。

目的是印度在俄罗斯远东地区的"崛起"。① 当前，印度作为现代多极国际体系中的重要发展中国家，在全球政治和经济上具有一定影响力的国家，积极拓展海外合作领域、参与地区发展，已成为其追求大国地位、展现大国形象的重要途径。

二、印度与俄罗斯在远东地区的主要合作内容

冷战结束以来，尽管印度与俄罗斯关系在20世纪90年代初期经历过一段趋于"冷淡"的发展阶段，但是随后双边关系及时的得到了恢复。21世纪以来两国关系在稳定发展的基础上不断开拓新的合作领域，特别是两国建立"战略伙伴关系"以来，以年度首脑会议的形式将印俄关系提升到了新的高度。虽然印度自苏联解体以来就已经开始在俄罗斯远东地区"布局"，但莫迪提出的"远东行动政策"为印度在俄罗斯远东地区的存在提供了新的发展机遇，同时也将印俄在远东地区的合作水平推向了新的高度。其实，早在莫迪访问俄罗斯远东之前，印度工商业联合会（Federation of Indian Chambers of Commerce and Industries，FICCI）就对该地区进行了访问和考察。而且，该联合会还提出了一份关于俄罗斯亚洲区域、远东和北极地区的发展机会的全面报告《发现印度与俄罗斯的新机会》（India—Russia Identifying New Opportunities），该报告指出了印度与俄罗斯在远东地区合作的潜在领域。一共包括六个领域：农业及农产品加工、木材加工、石油天然气和可再生能源、矿物资源和采矿业、旅游业和制药。② 不过，当前印度参与俄罗斯远东地区开发合作的领域并没有完全覆盖到上述领域，而且很大部分领域的合作还处于潜在合作阶段和合作的初期阶段，合作成效还有待观察。

---

① Anita Dkha："India appears in Russia's Far East：'Act East' policy implications"，International political science association，https：//wc2021. ipsa. org/wc/paper/india - appears - russias - far - east - act - east - policy - implications - 0.（上网时间：2020年8月28日）

② Federation of Indian Chambers of Commerce and Industries，"INDIA - RUSSIA Identifying New Opportunities"，2017，http：//fcci. in/spdocument/20977/India - Russia - Identifying - New - Opportunities. pdf. p. 12.（上网时间：2020年8月31日）

（一）农业合作

自印度独立以来，印俄（苏）双边关系发展的良好基础就已建立，在冷战期间两国甚至还发展到了具有同盟性质①的关系。苏联解体后，虽然两国间的同盟性质的关系发展已经解除，但在“战略伙伴关系”框架下的印俄关系依然紧密且不断向前发展。不过，尽管两国在国防军售、能源、核能合作以及在国际领域的合作成效显著，但在农业领域的合作范围依然有限。然而，“远东行动政策”的提出，恰好为印俄之间的农业合作提供了难得的机遇。此前，印俄间农业合作的产品贸易方面进行了长期的对话。2018 年，在新德里举办第 19 届印俄双边年度峰会期间，印度外交部长斯瓦拉吉（Swaraj）与俄罗斯联邦副总理尤里·鲍里索夫（Yuri Borisov）共同主持了第 23 届印俄政府间技术和经济合作委员会，双方都希望获得农业领域的市场准入，特别是小麦、牛肉等谷物产品和热带水果。② 另外，印俄之间的农产品贸易方面也有合作。根据俄罗斯动植物防疫检疫局负责人谢尔盖·丹克维特（Sergey Dankvert）与印度驻俄大使拉加万（P. S. Raghavan）会谈时表示，俄罗斯从印度进口蛋粉、鱼类产品和水牛肉，同时向印度出口家禽产品和加工食品。而印度也渴望向俄罗斯供应水牛肉，作为最大的水牛肉出口国，印度目前每年出口 190 万吨水牛肉。③

当前以及今后一段时期，印度在俄罗斯远东地区与俄罗斯开展的农业合

① 1971 年 8 月，印苏两国签订《和平友好合作条约》，其中第九条规定：缔约双方每一方保证不向参加与另一方发生武装冲突的第三方提供任何援助，在任何一方遭到进攻或受到进攻威胁时，缔约双方印礼记共同协商，以便消除这种威胁并采取适当的有效措施来保证两国的和平与安全。这使得改条约的军事同盟性质是很明显的。参见吴瑕：《俄罗斯与印度——影响世界政局的大国关系》，解放军出版社 2004 年版，第 134—135 页。

② Huma Siddiqui, “India Russia seek deeper cooperation in Space, Agriculture and Pharma”, Financial Express , Sep. 19, 2018, https://www.financialexpress.com/economy/india-russia-seek-deeper-cooperation-in-space-agriculture-and-pharma/1319467/.（上网时间：2020 年 9 月 5 日）

③ Sergei Ivanov, “India, Russia to step up agricultural cooperation”, Russia Beyond, March 31, 2014, https://www.rbth.com/economics/2014/03/31/india_russia_to_step_up_agricultural_cooperation_34141.（上网时间：2020 年 9 月 5 日）

作主要集中在三个方面。第一，印度提供海外劳动力，为俄罗斯远东地区农业发展提供人力资源。目前，印度是俄罗斯远东地区最大的农民移民国之一。而且，近年来，在俄罗斯的印度人呈增长趋势，在增进印俄两国人与人之间交往的同时也为俄罗斯带去了大量的劳动力。在这些劳动力人口中，他们主要是畜牧工人、园艺工人和农业基础服务专业人员。同时，印度农民在该地区为俄罗斯生产进口需求替代品，比如大豆生产、水果、蔬菜和其他远东农产品等。①

表 6—1　海外印度人在俄罗斯的数量

年份	2012	2015	2018
人数（人）	15007	15630	30560

资料来源：印度外交部网站，https：//www. mea. gov. in/oia – publications. htm。

第二，农产品贸易。印度是世界主要的农产品出口国之一，其在俄罗斯对外进口也占有重要地位，是继中国、东盟、日本和韩国之后的第五大进口来源地。2009 年，俄罗斯从印度进口额为 100 亿美元，2013 年为 170 亿美元，2016 年为 220 亿美元。其主要进口的农产品包括植物油、蔬菜、水果、糖类、咖啡/茶叶、食品饮料、谷物、饲料、油料种子和可可粉等。② 在 2017 年 1 月至 2018 年 6 月期间，印度也在俄罗斯远东地区对外出口的前五之列。

表 6—2　俄罗斯远东地区对外出口前五的国家

出口国家	出口额（十亿美元）	占总出口额比重
韩国	9. 6	28%
中国	7. 8	23%

① Chandra Rekha，“Russia’s Agricultural Ambitions in the Far East：How can India Engage?”，Indian Council of World Affairs，June 21，2019，https：//icwa. in/show _ content. php? lang = 1&level = 3&ls_ id = 3318&lid = 2557&kval = rekha. （上网时间：2020 年 8 月 31 日）

② “Investment Opportunities in the Russian Far East”，Ministry for the Development of the Russian Far East，Far East Investment and Export Agency，2018，p. 13.

续表

出口国家	出口额（十亿美元）	占总出口额比重
日本	7.6	22%
比利时	3.7	11%
印度	1.2	3%

资料来源：Deloitte CIS Research Center：Business and Financial Climate in the Far Eastern region，Moscow 2018，p. 12。

第三，开展相互间农业技术人员培训。相互间农业技术人员培训在印度与加拿大、澳大利亚之间得到了良好的合作，这可以成为印度与俄罗斯之间的农业技术培训合作方式。① 以卢迪亚纳（Ludhiana）为基地的旁遮普邦农业大学（Punjab Agricultural University）帮助准备未来移民加拿大的农民进行农场实践，向他们提供短期课程培训。该课程向未来的印度农民讲授印度和加拿大农业方法的异同、气候条件、蔬菜和切花种植、虫害管理、西方食品营销方法、现代农业机械的实践培训和基本计算机技能，以及机械装备等知识。同样，印度与俄罗斯之间也可就该项目进行试点。印度的农业大学如潘特农业技术大学（G. B. Pant University of Agriculture and Technology）、喜马偕尔邦农业大学（Himachal Pradesh Agricultural University）和俄罗斯的季米利亚泽夫农业研究院（Timiryazev Agricultural Academy）、新西伯利亚州立农业大学（Novosibirsk State Agrarian University）等学校可以为印度农民开设短期课程，使其适应使用现代技术和获得其他必要的专门知识，根据气候条件在远东地区生产农产品。更为重要的是，喜马偕尔邦的农民已经或多或少地适应了远东地区类似的气候条件，因为在印度的喜马偕尔邦具有和俄罗斯远东地区类似的气候条件。

（二）能源与矿物开采合作

能源合作是印度与俄罗斯之间较为传统的合作领域，有着长期合作的良好基础。在“东向行动政策”背景下，印度参与俄罗斯远东地区的开发合作

① Chandra Rekha，“Russia’s Agricultural Ambitions in the Far East：How can India Engage?”，Indian Council of World Affairs，June 21，2019.

不仅为印度能源来源多元化开辟了渠道，同时也为印度进入北极地区与俄罗斯进行能源合作奠定了基础。苏联解体后，印俄两国在20世纪90年代末就开始了在能源领域的合作谈判，21世纪初两国正式开启了能源合作的进程。远东地区是俄罗斯能源较为丰富且开发较少的地区，因而该地区的能源开采还有很大的潜力。据估计，库页岛的碳氢化合物储量为140亿桶石油和2.7万亿立方米天然气。①

关于印俄之间在远东地区的能源合作，其实早在2001年就已经开始进行。2001年，印度石油和天然气公司（India's Oil and Natural Gas Corporation）就收购了库页岛1号石油储备项目20%的股份，且在过去几年里印度的公司就已开始对俄罗斯远东地区进行能源投资。② 此后，印度海外旗舰公司——石油天然气公司（ONGC Videsh Limited）收购帝国能源公司（Imperial Energy）在西伯利亚的万科尔油田（Vankor oilfield）约30%的股份。③ 2018年，俄罗斯石油公司（Rosneft）以129亿美元收购了印度爱萨石油公司（Essar Oil）的多数股权。另外，印度最大的国有天然气加工和分销公司盖尔（GAIL）也与俄罗斯天然气工业股份公司（LNG from Russia's Gazprom）签订了为期20年、每年250万吨的液化天然气的合同。④ 除石油和天然气方面的合作之外，印度还积极在俄罗斯远东地区加强煤矿资源的开采。2017年12月，印度塔塔电力公司（Tata Power）表示，它在堪察加半岛（Kamchatka peninsula）获得了价值470万美元的热力煤矿开采许可证，而堪察加彼得罗

---

① John Daly, “Russia's Far East – Rising Energy Superpower”, Mar. 29, 2012, https: //oilprice. com/Energy/Natural – Gas/Russias – Far – East – Rising – Energy – Superpower. html.（上网时间：2020年9月5日）

② Sudha Ramachandran, “What's India Doing in Russia's Far East?” The Diplomat, October 9, 2019, https: //thediplomat. com/2019/10/whats – india – doing – in – russias – far – east/.（上网时间：2020年7月9日）

③ “PM unveils ‘Act Far East’ policy”, Shubhra Ranjan IAS Study, Oct. 18, 2019, https: //shubhraranjan. wordpress. com/2019/10/18/pm – unveils – act – far – east – policy/.（上网时间：2020年9月5日）

④ Balasubramanian C, “Act Far East Policy: India's Bear Hug”, Oct. 25, 2019, https: //www. c3sindia. org/geopolitics – strategy/act – far – east – policy – indias – bear – hug – by – balasubramanian – c/.（上网时间：2020年9月5日）

巴甫洛夫斯克（Krutogorovsky）的矿产储量估计为3.8亿吨。① 在莫迪宣布“远东行动政策”之后不久，印俄双方的政府、商业界主要代表就两国在远东地区的合作投资等问题开展了协商。2019年11月，印度石油和天然气部部长（Minister of Petroleum and Natural Gas）和钢铁部部长（Minister of Steel）达尔门德拉·普拉丹（Dharmendra Pradhan）会见了俄罗斯代表，双方讨论了在远东地区的投资问题。同时，印度国有企业和私营企业的代表会见了俄罗斯同行，以解决进口煤炭的各种问题进行了协商。②

（三）其他合作领域

俄罗斯远东地区除拥有丰富的农业和能源资源外，还储藏着丰富的其他资源，如木材、稀土、钻石、黄金等资源。其中，俄罗斯98%的钻石和50%的黄金储藏资源都在远东地区。③ 印度在俄罗斯远东地区的参与合作尽管当前还处于初期阶段，但这项行动不仅得到了印度政府的大力支持，同时也得到了俄罗斯政府方面的支持。因此，两国在远东地区的潜在合作将在可预见的未来得以继续。在其他潜在的合作领域中，以钻石开采和加工为例，有着两个方面的优势。

其一，印俄两国政府对在远东地区的合作开发表现出极大的兴趣并以实际行动给予支持。2019年6月，俄罗斯副总理兼总统驻远东特使尤里·特鲁涅夫在孟买举行的活动中强调了印度与俄罗斯远东地区的合作领域。他说：“我们可以扩大在采掘业、钻石加工、木材、渔业和基础设施发展等领域的合作。”同时，印度工商业联合会代表团在当年5月也前往了俄罗斯远东地区进行洽谈，该代表团总干事钱德拉吉特·班尔吉（ChandrajitBanerijee）在此

---

① Ajay Kamalakaran, “In Russia's Far East Lies India's New El Dorado”, Aug. 26, 2019, https://openthemagazine.com/special/russian-far-east-indias-new-el-dorado/.（上网时间：2020年9月5日）

② Aayush Mohanty, “Act Far East Policy: Strengthening relations between India and Russia”, VIF, February 7, 2020, https://www.vifindia.org/article/2020/february/04/act-far-east-policy-strengthening-relations-between-india-and-russia.（上网时间：2020年9月5日）

③ “India's ‘Act Far East’ Policy: Prospects and Challenges”, https://www.printfriendly.com/p/g/nbFnMZ.（上网时间：2020年7月31日）

次活动中也表示“看到了双方在煤炭、钻石切割和制药等行业的合作潜力”。[①] 其实，早在2014年12月，普京参加在德里举行的世界钻石大会上发表讲话后，印度的钻石加工商就开始对俄罗斯远东地区表现出了更加积极的兴趣。2017年，普京还为印度从事有色宝石、钻石和珠宝采购、制造和销售的KGK集团公司（KGK Group）的钻石切割和抛光工厂进行了揭幕。[②]

其二，印度的部分邦与俄罗斯远东的部分地区和主要城市建立了良好的合作关系，同时人与人之间也建立了互联关系，为印度参与俄罗斯远东地区的合作奠定了人文基础。目前，新德里和莫斯科已经同意通过半独立外交（Para Diplomacy）[③] 在州与省或地区之间的关系上进行合作，即印度各邦培养与俄罗斯各省或地区以及主要城市的关系，以增进在各个领域的理解与合作，同时也包括人与人之间的互联（people to people connectivity，P2P）合作。[④]

关于印度与俄罗斯在远东地区正在开展的和潜在的合作领域当前不仅只局限于钻石的开采和加工，上述提到的其他领域也在有条不紊地洽谈或合作中。总之，基于印俄两国良好的传统关系的基础，再加上俄罗斯转向亚洲后对远东地区开发的重视，印俄在该地区的合作正逐步发展起来。

三、印度“远东行动政策”在“东向行动政策”框架下的价值

“远东行动政策”作为印度“东向行动政策”的延伸，其对印度的价值也必须纳入整个“东向行动”的框架之下。莫迪之所以提出“远东行动政策”，加强在远东地区存在，不仅仅是基于前述的动力原因，更多的是该地区对于印度而言有着重要的价值。

（一）拓展印度的地缘政治空间

政治学意义上的“‘空间’并非是自然形成或给定的东西，而是人们在

① Ajay Kamalakaran, “In Russia's Far East Lies India's New El Dorado”, Aug. 26, 2019.

② Ajay Kamalakaran, “In Russia's Far East Lies India's New El Dorado”, Aug. 26, 2019.

③ 半独立外交是指国家以下或地区政府为促进其自身利益而自行处理的国际关系。

④ Balasubramanian C, “Act Far East Policy: India's Bear Hug”, Oct. 25, 2019.

某种意义上发明的社会性建构”。① 然而，地缘政治意义上的空间并非人为的建构，而是在地缘政治实体存在的基础上的客观反映，也是主体对地缘政治范围的全面、综合的认知与利益需求。依据地缘政治学的主要研究对象和主题，地缘政治空间包括安全空间、制度空间、认知空间和权力空间等主要内容。其中，安全空间用以维持基本生存，制度空间用以实现社会、经济等的组织和发展，认知空间用以形成行动的规范和观念，权力空间用以形成排异的、独有的领域范围。② 当然，印度在俄罗斯远东地区的地缘政治空间主要包含制度和认知空间，权力空间并不占据优势（尽管印度是最早在俄罗斯远东地区设立领事馆的国家，但其一直以来在该地区的影响力甚小，更谈不上排他或独有），安全空间则更小。

从地缘政治的制度空间、认知空间和权力空间来看，印度在俄罗斯远东地区的合作参与的重中之重为寻求认知空间，次之为制度空间，最后为权力空间。首先，印度对俄罗斯远东地区的认知空间的拓展可以从冷战后的印俄关系算起。1992 年，印度在俄罗斯远东符拉迪沃斯托克设立领事馆，从此印度便开始了在该地区的认知空间拓展。不过，印度在俄罗斯远东地区的存在以及一切行动的规范和观念都离不开两国有着良好的传统关系的基础，特别是冷战后的两国关系发展。印俄之间在国际事务和国际合作中都建立了良好的合作规范：相互支持、在共同的框架下开展共同议题的合作等。在俄罗斯远东地区的合作中，印度参与性合作也是这种规范和观念的延续。

其次，拓展地缘政治的制度空间是印度近年来参与俄罗斯远东地区发展合作的主要原因之一，特别是俄罗斯远东地区的能源资源对促进印度国内经济社会发展，实现对外能源来源多元化具有重要价值。尽管印度经济在 21 世纪以来的发展中以较快的速度成为新兴发展中国家的主要代表，但要实现长久而有效的发展还面临着较大的困难。根据世界银行数据，2019 年印度经济

---

① John Ruggie, “What Makes the World Hang Together? Neo – Utilitarianism and the Social Constructivist Challenge”, in Peter Katzenstein, Robert Keohane and Stephen Krasner (eds.), Exploration and Contestation in the Study of World Politics, Cambridge: MIT Press, 1999, p. 235.

② 刘晓凤、葛岳静、胡伟等：《非国家行为体的地缘政治空间影响及实现路径》，《地理科学进展》2019 年第 11 期，第 1735—1746 页。

增长率为5.02%，比国际著名债券评级机构穆迪（Moody）预测的5.6%①还要低近0.6个百分点。受突如其来的新冠肺炎疫情影响，世界银行预测印度在2020年和2021年的经济增长率分别为-3.2%、3.1%。② 与此相应的印俄之间贸易额在2018—2019年为106.9亿美元，而2019—2020年为90.97亿美元③，同比下降了近15%。同时，能源供应在印度国内往往达不到需求水平。因此，加强在俄罗斯远东地区的存在，积极参与其发展合作，将在一定程度上缓解印度能源供不应求的压力。

表6—3　2015—2020年度印度能源供需数据（单位：百万）

年度	供应量	需求量	供需差额
2015—2016年	1090850	1114408	-23558
2016—2017年	1135332	1142928	-7596
2017—2018年	1204697	1213326	-8629
2018—2019年	1267526	1274595	-7069
2019—2020年	1284444	1291010	-6566

资料来源：Energy News Monitor，Volume XVII，Issue 10，August 22，2020. https：//www. orfonline. org/research/energy - news - monitor - 10/. 供需差额为作者计算而得。（供需差额=供应量—需求量）

最后，积极参与俄罗斯远东地区发展合作对印度拓展在该地区的地缘政

① "Moody's cuts India's GDP growth forecast for 2019 - 20 to 5.6% from 5.8%", Hindustan Times, Nov. 14, 2019, https：//www. hindustantimes. com/business - news/moody - s - cuts - india - s - gdp - growth - forecast - to - 5 - 6 - percent - for - 2019/story - dZ0KwU6RM4sd3F2LcUcxmM. html.（上网时间：2019年11月15日）

② The World Bank，"Global Economic Prospects - Forecasts"，https：//data. worldbank. org/country/india.（上网时间：2020年9月28日）

③ Chandra Rekha，"The Russian Far East：India's Approach and the Expanding Chinese Footprint"，Indian Council of World Affairs，Issue Briefs，November 13，2019，https：//icwa. in/show_ content. php? lang=1&level=3&ls_ id=4778&lid=2845（上网时间：2020年9月28日）；TRADE MAPE，"Bilateral trade between India and Russian Federation" https：//www. trademap. org/Bilateral_ TS. aspx? nvpm=1%7c699%7c%7c643%7c%7cTOTAL%7c%7c%7c2%7c1%7c1%7c2%7c2%7c1%7c1%7c1%7c1%7c1.（上网时间：2020年9月28日）

治权力空间也具有重要价值。从当前发展状况来看，尽管印度在俄罗斯远东地区形成“排他性”权力还任重而道远，但是印度正在为加强其在该地区的存在而积极努力。有学者就提出，印度可以利用它的一些潜在因素，特别是用软实力来增强印度在该地区的存，以形成自己的“权力”——在该地区的影响力。① 印度是世界上劳动力移民最多的国家之一，因此劳动力移徙是一个潜在的有利因素，② 而且这已被证明是印度的一项海外资产来源。考虑到印度在农业和农业移民方面的巨大潜力，印度在俄罗斯远东地区的重点之一是加强印度在该地区的劳动力优势。特别是2016年《俄罗斯宅地法》（Russian Homestead Act）的出台，已成为印俄扩大在该地区农业合作的重点政策之一，这将增加印度农业劳动力在俄罗斯远东地区的影响力。③ 此外，该地区仍存在基础设施缺口，如旅游基础设施的现代化、扩建和毗邻火车站和港口基地设施等④。从扩大影响力的角度来看，印度加强在该地区的投资也不无这方面的价值考虑。

（二）拓展和延伸印度的“印太战略”立足点

自“印太”成为新的地缘政治代名词以来，美国就极力拉拢印度并且将印度作为其“印太战略”的重要支轴点和战略前沿。尽管印度积极参与到美国主导的“印太战略”中，但其与美国的“印太战略”还存在相异的地方，而且在某些观念上还存在不小的分歧。同时，虽然“美日印澳”四边机制作为驱动“印太”的核心，但相互间对于“印太”的理解、地理范围和功能定

---

① Chandra Rekha，“The Russian Far East：India's Approach and the Expanding Chinese Footprint”，Indian Council of World Affairs Issue Briefs，13 November 2019，https：//icwa. in/show_ content. php？ lang = 1&level = 3&ls_ id = 4778&lid = 2845.（上网时间：2020 年 3 月 10 日）

② Chandra Rekha，“The Russian Far East：India's Approach and the Expanding Chinese Footprint”.

③ Chandra Rekha，“Russia's Agricultural Ambitions in the Far East：How can India Engage？”，Indian Council of World Affairs，21 June 2019，https：//icwa. in/show_ content. php？ lang = 1&level = 3&ls_ id = 3318&lid = 2557&kval = rekha.（上网时间：2020 年 3 月 10 日）

④ Chandra Rekha，“The Russian Far East：India's Approach and the Expanding Chinese Footprint”.

位都存在着很大的分歧。① 相对而言，印度的"印太战略"更倾向于日本提出的涵盖"两洋两洲"——印度洋和太平洋、亚洲和非洲。② 莫迪也在多个场合介绍了印度的"印太"主张：即印度致力于一个和平、开放和包容的印度—太平洋地区愿景。③

如果说"印太战略"是"东向政策"的逻辑发展结果，那么莫迪政府的"东向行动政策"就是"印太战略"的逻辑延伸。④ 因此，作为"东向行动政策"的延伸，印度在俄罗斯远东地区的"远东行动政策"也是其"印太战略"的一部分，甚至可以说是印度"印太战略"的北向延伸和拓展。基于俄罗斯远东地区属于东北亚范畴，而印度与该地区的韩国、日本双边关系发展较为密切，因而加强在俄罗斯远东地区的存在一方面可以继续深化和日韩的双边关系，另一方面也可以拓展其"印太战略"的立足点，进而继续北向发展。

虽然印度并没有清晰的"印太战略"文件，但是莫迪政府围绕其"印太战略"所采取的一系列举动在一定程度上展现出了印度"印太战略"的目标追求。主要包括博得世界大国认可、实现多极化世界秩序、实施"东进"政策和确保印度洋是"印度之洋"等四个方面。⑤ 从服务于印度"印太战略"的主要目标的角度来看，在"东向行动政策"背景下加强与俄罗斯远东地区的发展合作，对印度来说主要有着以下几个方面的价值。第一，凸显印度大国地位。印度认为，在世界体系等级中，印度理所当然地应该处于等级的最

---

① 龙兴春：《美国的"印太战略"及印度的考量》，《人民论坛·学术前沿》2019 年第 4 期（下），第 71 页。

② Mahesh Langa："Japan calls for 'Free and Open Indo – Pacific Strategy'", The Hindu, Sep 14, 2017, https://www.thehindu.com/news/national/japan – calls – for – free – and – open – indo – pacific – strategy/article19685817.ece#!.（上网时间：2020 年 3 月 10 日）

③ "Modi calls for inclusive Indo – Pacific", The Hindu, Nov 15, 2018, https://www.thehindu.com/news/national/modi – calls – for – inclusive – indo – pacific/article25509626.ece#!.（上网时间：2020 年 5 月 7 日）

④ 王丽娜：《印度莫迪政府"印太"战略评估》，《当代亚太》2018 年第 3 期，第 94 页。

⑤ 师学伟：《印度"印太"战略：逻辑、目标与趋向》，《太平洋学报》2019 年第 9 期，第 27—31 页。

上层。[①] 另外，“东向行动政策”也是莫迪政府希望利用其有利的国际环境，构建“印度世纪”的一项重要举措。[②] 大国地位一直是印度孜孜以求、不断追求的梦想，也可以说是印度历届政府一以贯之的主要外交目标之一。莫迪提出“远东行动政策”也是印度在实践其“印太战略”，将触角拓展至印度—太平洋边缘、展现其大国风范的重要体现。比较19世纪以来的主要世界大国，其影响范围无不触及大洲大洋的边缘地带。俄罗斯远东地区的热度是在普京政府将俄罗斯重点发展方向转向亚洲后才一度而起的，之前俄罗斯远东地区尽管蕴藏着丰富的资源，但其被重视的程度远不及现在。因此，印度加强在俄罗斯远东地区的开发合作，与其极力证明自己的大国身份地位、获得大国认可不无关联。

第二，继续维护和实现其多极化世界秩序的愿景。2019年9月莫迪出席在俄罗斯远东城市符拉迪沃斯托克举行的第五届东方经济论坛，足显其对俄罗斯远东地区开发合作的重视。这不仅源于印俄之间的传统伙伴关系，还源于俄罗斯是印度维护和实现其多极化世界秩序愿景的合作伙伴。印俄有着共同的世界愿景：建构一个多极的世界，而建构这个愿景中的印度、俄罗斯都不可或缺。[③] 实现印度的多极化世界秩序，其中重要的一个方面就是推动与“印太”大国的合作与共识。无论从“印太”的地区层面，还是全球层面来分析，俄罗斯都是印度最长久、最忠实的合作伙伴。[④] 而加强与俄罗斯在其远东地区的开发合作，正是扩大和深化印俄合作，助推印度“印太战略”实施，实现多极世界秩序的重要途径之一。

第三，进一步增强印度在“印太”地区的地缘经济利益。20世纪90年代印度政府提出并实施“向东看”政策，其目的就是为了促进其国内经济发展，同时也向外扩展其经济联系，以增强其发展动力。莫迪政府上台以来，印度的“东向行动政策”也由原来集中聚焦于东盟地区扩展到整个太平洋地区，近年来更是拓展到了俄罗斯远东地区，其中原因之一与其在“印太”地

---

① Agha Z. Hilali, “India's Strategic Thinking and Its national security policy”, Asian Survey, Vol. 41, No. 5, 2001, p. 742.

② 李莉：《印度东进战略与印太外交》，《现代国际关系》2018年第1期，第42页。

③ Anuradha M. Chenoy, “India – Russia Future Strategic Trends”, in V. D. Chopra (ed.), New Trends in India – Russian Relations, Delhi: Kalpaz Publications, 2003, pp. 103.

④ 师学伟：《印度“印太”战略：逻辑、目标与趋向》，《太平洋学报》2019年第9期，第28页。

区的地缘经济考虑有着密切的联系。一方面，经贸合作本来就是印俄关系之间的薄弱环节，而在“远东行动政策”下的远东地区发展合作正好在一定程度上能弥补这一弱项，同时，在俄罗斯远东地区的开发合作又将进一步促进印度在“印太”地区的存在，为其“印太战略”服务。另一方面，远东地区将是促进印度利益的关键，因为它完全可能成为“印太”地区商业、贸易和创新的主要支点之一。① 与此同时，尽管加强与美国的关系是印度增强在“印太”地区立足点的重要依靠，但随着俄罗斯转向亚洲，注重对远东地区的开发与发展，因而加强与俄罗斯在其远东地区的合作对印度拓展和延伸其“印太战略”的立足点也越发重要。

（三）为印度积极参与北极事务提供便利

由于俄罗斯远东地区是印度从太平洋进入北冰洋的必经之地，进而在该地区的积极参与及合作为印度积极参与北极事务提供了便利。在印度大国之梦的目标追求下，随着全球气候变暖，北极地区日益成为世界的关注焦点，同时也成为了印度的关注区域。由于全球变暖导致北极的冰帽融化而出现了许多新机遇和新挑战，而印度也一直密切关注着北极地区的事态发展。② 在“东向行动政策”大背景下，以“远东行动政策”为抓手的印俄远东地区合作在多个方面为印度参与北极事务做好了铺垫。

首先，印度在俄罗斯远东地区的参与、合作为其开展与俄罗斯在北极地区的进一步合作提供政治支持。作为俄罗斯的传统伙伴，印度积极参与俄罗斯远东地区的发展合作，对于印度而言，体现出的不仅是在国际政治中的支持，还体现出了印度是一个北极地区的相关利益者。虽然远离北极，但印度非常关注北极地缘环境的变化，希望能参与北极事务并发挥关键性作用。③参与北极事务并发挥关键性作用的条件之一是需要更多的北极周边国家特别

---

① Chandra Rekha, “Relevance of Russia’s Far East in India’s Geo – Economic Interests”, Centre for Air Power Studies（CAPS）, Expert View, Dec. 1, 2017, pp. 4, http://capsindia. org/files/documents/CAPS_ ExpertView_ CR_ 04. pdf.（上网时间：2020 年 9 月 4 日）

② Ministry of External Affairs, Government of India, “India and the Arctic”, June 10, 2013, https://mea. gov. in/in – focus – article. htm? 21812/India + and + the + Arctic.（上网时间：2020 年 9 月 4 日）

③ 时宏远：《试析印度的北极政策》,《南亚研究季刊》2017 年第 3 期，第 51 页。

是大国的支持与肯定，出于美国“印太战略”中印度的重要地位，美国对印度参与北极事务表示积极的支持，如果再加上俄罗斯的支持，将对印度参与北极事务如“如虎添翼”。而在这一方面，俄罗斯转向亚洲和将远东地区作为发展重点为印度提供了机会。

其次，印度积极参与俄罗斯远东开发，为其开展北极地区的能源开发与合作提供了接入路径。由于油气资源匮乏，印度近80%的能源依赖进口，且主要来自中东，随着经济发展，其能源进口还将持续增加。① 而俄罗斯是北极最大的能源储藏国家，其储量占整个北极的52%。② 根据相关学者粗略估计，俄罗斯在北极地区有1060亿吨当量的储藏能源，其中还包括约69.5万亿立方米的天然气。③ 另外，印度在俄罗斯远东地区的能源合作有着较好的基础和较长的历史，同时也有着较强的优势。从印度在北极的能源利益全局来看，其积极参与俄罗斯远东地区的开发有重要的路径价值。其一，俄罗斯远东地区作为印度加入北极“前哨阵地”，为其参与北极能源开采提供了北上的“踏板”。本来俄罗斯远东地区的能源开发已在印俄的合作之列，基于在该地区的友好合作将为两国在北极地区的能源合作提供信任与支持。其二，俄罗斯远东地区可作为印度在北极能源合作的“后方仓库”，便于印度储存从北极地区获得的能源，然后用大运量的船只直接从远东地区起航运输至印度。再加上从符拉迪沃斯托克到金奈的航线开通，这将大大缩短俄罗斯远东地区到印度的距离，既节约成本，也降低了风险。

再次，从长远眼光看，积极参与俄罗斯远东地区的合作开发有利于为印度未来的北极航线运输提供有力的安全保障。随着全球气候的变暖，永久冰

---

① 郭培清、董利民：《印度北极政策及中印北极关系》，《国际论坛》2014年第5期，第16页。

② Alert Buixade Farre, “Commercial Arctic Shipping through the Northeast Passage: Routes, Resources, Governance, Technology, and Infrastructure”, Polar Geography, Vol. 37, No. 4, 2014, p. 302.

③ Nadezhda Filimonova: “Prospects for Russian - Indian Cooperation in the High North: Actors, Interests, Obstacles”, Maritime Affairs: Journal of the National Maritime Foundation of India, Vol. 11, No. 1, 2015, p. 101.

冻的北极地区正在以越来越快的速度融化，预计到2060年将无冰。① 届时，北极航道将完全具备大型运输船只的航行，而且该航线在运输成本和运输时间上将远远超越经过苏伊士运河和巴拿马运河等传统航线。因而，通过北极航道船只的维修、补给以及安全等问题将成为优先考虑的对象。印度加强在俄罗斯远东地区的存在，在与俄罗斯合作建立自己的能源中转、农业生产以及矿产和木材等加工基地的同时，重要的是与俄罗斯在其远东地区的良好合作将为印度从北极到本土的海上运输提供补给“基地”并提供一定的安全保障。毕竟，从北极地区出发的海运经过俄罗斯远东地区到达印度比从大西洋、地中海经苏伊士运河到达印度要近得多。

最后，通过积极参与俄罗斯远东地区发展合作，为印度在北极进行科学考察和研究提供有力保障。印度外交部在其公布的《印度与北极》(India and the Arctic) 文件中，提出了印度在北极具有包括科学、环境、商业和战略在内的利益。② 另外，也有印度学者表示，虽然印度不是北极国家，在北极没有领土主张，但作为一个“负责任的大国”，印度有必要在促进北极地区的和平与安全、可持续发展以及科学研究等方面发挥引领作用。③ 早在2007年，印度就已经启动了在北极地区的科考活动。目前，印度在北极地区的主要科考和研究目的主要有四个方面。一是通过分析来自北极冰川、北冰洋的沉积物和冰芯记录，研究北极气候和印度季风之间的远程关系；二是利用数据来评估全球变暖对北极地区的影响；三是重点研究冰川对海平面变化的影响；四是评估北极地区动植物对人类活动的反应。④ 从为科考研究提供保障支持的角度看，印度在北极所从事的这些活动都是非常必要的，在俄罗斯远东地区的合作在一定程度上增强了印度在北极地区的补给保障能力，能够为

---

① Dinakar Peri, “Arctic sea route not possible even if it is ice free: Finnish official”, The Hindu, June 2, 2018, https: //www. thehindu. com/news/national/arctic – sea – route – not – possible – even – if – it – is – ice – free – finnish – official/article24069146. ece#! (上网时间: 2020年9月15日)

② Ministry of External Affairs, Government of India, “India and the Arctic”, June 10, 2013.

③ Priya Kumari, “Assessing India’s Need for a polar Icebreaker”, in Vijay Sakhuja and Gurpreet S Khurana (eds.), Arctic Perspectives 2015, New Delhi: National Maritime Foundation, 2015, pp. 40.

④ Ministry of External Affairs, Government of India, “India and the Arctic”, June 10, 2013.

其加强科考研究提供有力保障。

四、印度参与俄罗斯远东发展合作的局限与挑战

2019 年莫迪正式提出“远东行动政策”后，印度对俄罗斯远东地区的关注力度进一步加大，从总理到民间个人、从政府到个体企业，都加强了相互往来与合作，印度参与俄罗斯远东开发合作的“行动”已成为印俄关系中的又一项重要内容。但从当前印度参与俄罗斯远东发展合作的情况来看，印度还面临诸多方面的局限与挑战，这些因素将影响印度参与发展合作的深度延伸和广度拓展。

首先，印度当前的经济发展趋势难以支持其对俄罗斯远东地区投入更多的资本，从而使得印度参与俄罗斯远东地区合作开发的能力不足。自 2016 年以来，印度经济增长率一路下滑。尽管在 2019 年的东方经济论坛上，莫迪宣布了向俄罗斯远东地区提供 10 亿美元的信贷额度，以促进印度对该地区的投资。但是，自 2014 年乌克兰危机以来，许多西方国家对俄罗斯进行了国际经济制裁，这可能会影响印度给予的这 10 亿美元的信贷额度的转移支付。[①] 另外，印度是发展中经济体，对外投资能力还相对有限。[②] 据联合国贸发会议发布的《世界投资报告 2020》（World Investment Report 2020）[③] 显示，2019 年印度对外直接投资（FDI）存量为 121.04 亿美元，相比同期中国的对外直接投资 1171.20 亿美元，美国的对外直接投资 1248.99 亿美元，印度还存在较大的差距，明确展现了印度对外投资的能力不足。更为重要的是，受新冠肺炎疫情影响，根据世界银行预测数据，2020 年印度经济数据年度增长率为 -3.2%，2021 年为 3.1%。此外，根据印度国家统计局于 2020 年 8 月 31 日发布的数据显示，印度的 GDP 在第二季度惊人地下降了 23.9%，这一收缩比

---

① IT's Video Summary Team, "India's Far East Policy", Sep. 13, 2019, https://www.iastoppers.com/rstv-big-picture-indias-far-east-policy/.（上网时间：2020 年 7 月 31 日）

② 吴兆礼：《印度“连接中亚政策”：推进路径与成效》，《国际问题研究》2019 年第 6 期，第 81 页。

③ UNCTAD, "World Investment Report 2020", New York, 2020, pp. 238—239.

彭博社（Bloomberg）对经济学者的调查所预测的 19.2% 还要大。① 因此，尽管印度基于印俄之间的传统关系以及期望在两国间的经贸投资等领域予以加强而对俄罗斯远东地区的发展合作报以极大的热情，但由于印度自身经济发展体量的不足，将会严重影响印度参与俄罗斯远东地区发展合作的程度。

其次，虽然印度视俄罗斯为“特殊关系”的战略伙伴，但目前印度的对外战略重点并不在俄罗斯远东地区，因而参与该地区的合作开发成为其次要战略。印度著名战略学家拉贾·莫汉曾将印度的大战略分为三个同心圆，由内而外依次是南亚次大陆（Immediate neighborhood），印度洋和亚洲（Extended neighborhood），直至全球。② 依据这一战略重要次序，俄罗斯位于印度对外战略重点的第二层次。但是，从近期印度的对外战略表现来看，积极参与美日印澳四边机制，响应及配合美国的“印太”概念，实现“东向行动”政策与美国“印太”概念的对接，将成为未来一段时间印度对外政策的重要内容。③ 推行多边主义，实现大国平衡，保持战略自主是印度积极参与全球治理的外交动力，④ 同时也是印度推动其对外政策的主要方向。因此，在“战略自主”的指引下，印度保持与美国发展良好关系的同时也与俄罗斯保持着良好的关系，但不会将自己的战略依托完全依附于任何一方。由此，在印度战略次要方向的俄罗斯远东地区，其参与发展合作的进程和力度将大打折扣。

最后，印度参与俄罗斯远东地区的发展合作面临着与中国、日本、韩国等已经与俄罗斯远东地区建立良好合作关系的国家之间的竞争，而明显的是印度在与这些国家的竞争方面还处于劣势。第一，就地缘优势而言，中国、日本、韩国与俄罗斯远东地区的距离明显比印度要近。尽管在符拉迪沃斯托克到金奈之间开通了直达海上运输航线，但这也远远高于中日韩到俄罗斯远东地区的航线距离，因而印度的运输成本将高于中日韩等国。第二，在全球

---

① “Staggering contraction: Announce a fiscal stimulus, resolve the GST dispute”, Hindustan Times, Sep. 1, 2020, https: //www. hindustantimes. com/editorials/staggering - contraction - announce - a - fiscal - stimulus - resolve - the - gst - dispute/story - BbzpYvQQ4dogRm7xlAi7FO. html. （上网时间：2020 年 9 月 4 日）

② C. Raja Mohan, “India and the Balance of Power”, Foreign Affairs, Vol. 85, No. 4, 2006, p. 18.

③ 叶海林：《当代中印关系研究：理论创新与战略选择》，社会科学文献出版社 2018 年版，第 147 页。

④ 杨胜兰：《印度参与全球治理的动因、模式与限度》，《学术探索》2020 年第 6 期，第 66 页。

竞争力方面，世界经济论坛（World Economic Forum）的《全球竞争力报告 2019》（Global Competitiveness Report 2019）① 数据显示，2019 年印度的全球竞争力分数为 61.4 分，排名第 68 位，而中日韩分别位于第 28 位、6 位、13 位，明显优于印度。第三，基于中国等在俄罗斯远东地区已经具有的良好合作基础，印度国内部分人员持消极观点，认为印度参与俄罗斯远东地区的发展合作将是一条坎坷之路。印度世界事务委员会（Indian Council of World Affairs）的钱德拉·瑞卡（Chandra Rekha）认为，由于中国在俄罗斯远东地区已经获得优势，因此对于印度来说，要想在远东获得影响力并加强接触，前方的道路显然将是崎岖不平的。② 另外，也有观点认为，适度的增长特征弱化了远东地区不发达的总体轮廓，而印度只是看着“孤独”的数字觉得自己在受益。③

总之，莫迪政府的“东向行动政策”背景下，印度参与俄罗斯远东合作的“远东行动政策”正在进行之中。作为与俄罗斯有着“特殊和特权”的伙伴关系（“special and privileged” partnership）的印度，在参与俄罗斯远东发展的合作中不仅仅是出于对印俄传统伙伴关系的强化，更是有着自身的战略利益和价值考量。

当前，逆全球化浪潮正在兴起并有不断加强的趋势，区域合作也因此受到或多或少的影响。印度在既定的“东向行动政策”指引下，尽管还在继续参与俄罗斯远东发展合作的进程，但由于受到国际变局的大环境和俄远东地区本身所处的国际环境影响，再加上印度自身的原因，其参与俄远东发展的合作在一定程度上也会受限。未来，“印太战略”的持续推进必将持续助推印度对俄远东地区的关注和参与。更重要的是，尽管印度的参与会受到诸多因素的影响，但其逐渐增长的影响力不容忽视。

---

① Klaus Schwab (ed), “Global Competitiveness Report 2019”, World Economic Forum, 2019, p. Xiii.

② Chandra Rekha, “The Russian Far East: India’s Approach and the Expanding Chinese Footprint”.

③ Hari Vasudevan, “India’s ‘Look Far East’: The Vladivostok Moment in Indo – Russian Relations”, ORF Occasional Paper # 249, May 2020, p. 8.

俄罗斯北极开发与地区秩序

俄罗斯开发北方海航道的主要目标和优先方向

朱　燕　王树春*

现有文献就俄罗斯北方海航道开发政策进行了深入分析,① 为本文进一步研究奠定良好基础。但分析俄罗斯开发北方海航道的目标时，现有研究脱离了俄官方文件《北方海航道发展构想草案》和《2020年前俄罗斯联邦交通战略》对这一问题的明确规定，对文件中体现的船舶垄断思想未能给予充分重视。此外，现有文献较少涉及各诉求之间的内在联系及其轻重缓急。为了在中俄共建“冰上丝绸之路”的过程中更好地做到“知己知彼”，找准特定时期合作的利益契合点和突破口，把握好合作重点，认清合作风险，我们有必要对相关问题作进一步研究。

一、俄罗斯开发北方海航道的目标

（一）官方文件中的目标

苏联解体后，船公司和港口被私有化，国家对航道的资助停止，地区交通和技术体系受到破坏，北方海航道原有的统一的经济机制瓦解，曾经

---

* 朱燕，广东警察学院侦查系讲师。

王树春，广东外语外贸大学国际关系学院教授。

① 参见：韦进深、舒景林：《北方航道与俄罗斯的北极发展战略评析》，《东北亚学刊》2013年第6期；赵宁宁：《当前俄罗斯北方海航道的开发政策评析》，《理论月刊》2016年第8期；钱宗旗：《俄罗斯北极、远东开发——“北方海航道”建设与东北亚物流网络体系》，《山东工商学院学报》2016年第6期。

运行几十年的交通运输体系崩溃，北方海航道进入萧条期。为了振兴北方海航道，俄罗斯发起国际北方海航道研究项目（INSROP，The International Northern Sea Route Program），力推北方海航道的国际利用，但未能挽救北方海航道的衰落。进入21世纪，随着北极气候变暖，经济全球化的发展和世界油气需求的剧增，俄政府确立了新的航道发展政策。

2004年俄罗斯政府制定了《2015年前北方海航道发展构想》，① 该构想从以下七个方面确立了俄罗斯发展北方海航道的目标：一是确保北方海航道作为俄罗斯北极地区国家统一的交通干线；二是巩固俄罗斯在北极的国家安全；三是为开发包括大陆架在内的矿产地和出口油气资源提供交通保障（以下简称“保障能源开发和出口”）；四是使用俄罗斯的交通船发展大规模的出口、过境和沿岸运输以及“北方运送”；② 五是建立自负盈亏的北极海运体系；六是提高北方海航道对北方人民社会条件的正面影响；七是预防海洋环境污染。以上目标在《2020年前俄罗斯联邦交通战略》中得到确认，③ 并在2008年俄总统签署的《2020年前及更长期内俄罗斯联邦在北极地区国家政策原则》以及2020年签署的同类文件有所体现。

---

① 《2015年前北方海航道发展构想》草案包括总则、现状、发展目标和任务、综合发展北方海航道的主要方向和实施步骤七大部分，确立了市场经济条件下恢复、发展和商业化利用北方海航道的目标、任务和主要方向。目前，国内暂未发现有人使用该文件。俄联邦政府2015年6月批准的《2015—2030年北方海航道发展综合规划》对研究俄航道战略和北极战略具有重要意义，但俄政府网上指出，受内容所限，该文件不予公布。从俄政府官网和官员透露的信息来看，《2015—2030年北方海航道发展综合规划》是在《2015年前北方海航道发展构想》的基础上制定，二者发展目标和实施方向上具有一致性。

② “北方运送”是指俄罗斯在冬季前夕向极北地区和西伯利亚远东地区运输重要物品（主要是食品和燃料）的国家行动，开展这一行动的主要原因在于以上地区天寒地冻，且离工农业基地遥远，交通基础设施薄弱，以个人名义难以获取某些生活必需品。

③ Приказ Минтранса РФ от 12.05.2005 N 45 “Об утверждении Транспортной стратегии Российской Федерации на период до 2020 года”. https://legalacts.ru/doc/prikaz-mintransa-rf-ot-12052005-n-45/。（上网时间：2020年6月27日）注：《2020年前俄罗斯联邦通战略》提及俄罗斯发展北方海航道的目标时，集中列举了六个目标，这六个目标的主要内容和出现的先后顺序与《北方海航道发展构想草案》一致。尽管交通战略没有将“预防海洋环境污染”直接作为发展北方海航道的目标，但交通战略确立俄罗斯发展海洋交通的目标时提到“预防海洋环境污染”。

以上七个目标中，后三个目标在很大程度上是前四个目标的结果，如果前四个目标得到有效实现，后三个目标则迎刃而解。俄罗斯科学院生产力研究委员会指出，1991 年前在运量超过 400 万吨的情况下，北方海航道的运营是盈利的。① 当今实现盈利的运量起点有所增加，但随着能源和其他产品运输需求增多，北极海运体系相应将实现自负盈亏。而运输的增加、航道的建设和统一交通体系的维持无疑将增加就业，方便出行，扩大本地与外界的经济、文化、教育和医疗卫生等方面的联系，进而改善北方人民的生活条件。根据北极监测与评估规划组（AMAP）研究的结果，未来对北极海洋环境的最严重威胁是持久性有机污染物以及油田开发和石油运输。可见，第三个目标与第七个目标密不可分。确保北极能源开发和运输严格遵循环保标准，做好各项预防措施，保障应急反应机制能够随时发挥作用，这是预防北极海洋环境污染的重要条件。以下拟主要讨论前四个目标。

（二）对目标的解读

1. 确保北方海航道作为俄罗斯北极地区国家统一的交通干线

“确保北方海航道作为俄罗斯北极地区国家统一的交通干线”这一目标有两个要点，即“国家”和“统一”。

“国家”表明“交通干线”的属性，强调在俄罗斯的管控下开发利用北方海航道，在这一指导思想下俄罗斯从法规机制方面采取了一系列措施强化对北方海航道的垄断性管辖，并利用这一特权保护本国造船业的发展。② 2012 年 7 月，俄罗斯总统普京签署《国家管理北方海航道水域商业航行的个别俄联邦法律修正案》（又称《北方海航道法》），该文件对 1999 年通过的《俄罗斯联邦商业航行法》进行了修订，增加了“北方海航道水

---

① Совет по изучению производительных сил РАН. Проблемы Северного морского пути. ЦНИИМФ. – М.: Наука, 2006. С. 15.

② 注：《2020 年前俄罗斯联邦交通战略》是在第一个目标中设置使用俄籍船只这一限定条件，其表述如下：“使用俄企制造的俄籍船只和浮动装置确保北方海航道作为俄罗斯北极地区国家统一的交通干线”。《北方海航道发展构想草案》则在第四个目标中强调在北方海航道开展航运要使用“俄罗斯的交通船”。

域”这一概念，明确规定了北方海航道水域的范围。① 2013 年 1 月，俄罗斯交通部通过了新版《北方海航道水域航行规则》，新规则要求所有计划在北方海航道航行的船只须先向北方海航道管理局提出申请，获得申请许可证方可航行，并规定仅俄罗斯破冰船和俄籍引航员有权在北方海航道水域提供引航服务。② 同时，新规则还把此前的破冰船强制领航制度改变为许可证制度，给出了具体的、可操作和可预期的独立航行的条件。③ 2013 年 3 月，俄罗斯政府根据《北方海航道法》成立了北方海航道管理局，该管理局主要负责组织北方海航道水域的船舶航行，确保航行安全和保护海洋环境免受污染。④ 2014 年 3 月，俄联邦关税局通过了《关于批准俄罗斯国家原子能破冰船公司在北方海航道水域的引航收费标准》⑤ 和《关于批准北方海航道水域破冰船引航收费标准的适用规则》⑥，进一步明确了引航服务费的计算方法和费用上限。2017 年 12 月，俄罗斯通过第 460 号联邦法对《商船航行法》进行修订，修订后的《商船航行法》规定从 2019 年 1 月 1 日起在北方海航道上只能使用俄籍船舶运输从俄罗斯开采的石油、天然气、凝析气和煤炭，但该要求不适用于 2018 年 12 月 30 日以前缔结的条

---

① Закон о Северном морском пути《О внесении изменений в отдельные законодательные акты Российской Федерации в части государственного регулирования торгового мореплавания в акватории Северного морского пути》（28 июля 2012 года N 132 – ФЗ）. http：//www. nsra. ru/ru/ofitsialnaya_ infor matsiya/zakon_ o_ smp. html. l.（上网时间：2020 年 6 月 27 日）

② Приказ Министерства транспорта Российской Федерации Об утверждении правил плавания в акватории Северного морского пути. // Иванов И. С.（гл. ред.）Арктический регион：Проблемы международного сотрудничества. Хрестоматия т. 3 применимые правовые источники/ РСМД. – М.：Аспект Пресс，2013. С. 315.

③ 张侠、屠景芳、钱宗旗等：《从破冰船强制领航到许可证制度——俄罗斯北方海航道法律新变化分析》，《极地研究》2016 年第 2 期。

④ 2018 年俄政府决定将北方海航道管理局并入国家原子能集团公司，由后者统一管理原子能破冰船队，并负责发展地区基础设施。

⑤ Тарифы на ледокольную проводку судов，оказываемую ФГУП《Атомфлот》в акватории СМП. 22. 04. 2014. http：//www. nsra. ru/ru/ofitsialnaya_ informatsiya/tarrifs_ for_ icebreaker_ escort_ atomflot. html.（上网时间：2020 年 6 月 27 日）

⑥ Правила применения тарифов на ледокольную проводку судов в акватории Северного морского пути. 28. 04. 2014. http：//www. nsra. ru/ru/ofitsialnaya_ informatsiya/rules_ icebreaker_ escorting_ nsr. html.（上网时间：2020 年 6 月 27 日）

约所产生的法律关系。[①] 俄罗斯副总理鲍里索夫（Борисов Ю. С.）指出，上述规定是俄罗斯保护造船业的自然措施，目的是为俄罗斯船厂增加订单。[②] 2019 年 3 月 14 日俄罗斯公布第 435 – r 号政府令对上述规定作出进一步补充：2043 年 12 月 30 日之前，部分外籍船舶在定期租船合同期限不少于 15 年的条件下，有权在萨贝塔港装上从俄罗斯开采的天然气和凝析气开展国际航运。这部分获特许权的外籍船只共计 28 艘，在 435 – r 号政府令中以附件形式逐个列举出来。未列入清单的外籍船舶在定期租船合同期限不超过 6 个月的条件下，可在 2021 年 12 月 30 日之前使用。[③] 第 435 – r 号政府令并非放松第 460 号联邦法中对外籍船只的限制，而是要减少相关限制对北极液化天然气项目实施的影响，保护液化天然气的发展，并为国内尚不成熟的造船业提供过渡。2019 年 3 月，俄罗斯规定外国军舰欲穿越北方海航道须提前 45 天向俄当局通告，莫斯科保留拒绝穿越的权利。如果外国军舰未经授权擅自通行，俄武装力量保留对其采取紧急措施的权利，包括扣押或销毁。[④]

通过以上措施，俄罗斯拟达到以下三个目标：强化俄罗斯对北方海航道的管辖权，并确立俄籍船舶在北方海航道的优先地位，以保护本国造船业；保障北方海航道的航行安全并保护海洋环境；提高北方海航道在航行和收费方面的可预测性以增强该航道的吸引力，为俄罗斯增加运输服务出

---

① Кодекс Российской Федерации от 30. 04. 1999. № 81 – ФЗ（в редакции от 08. 06. 2020）. http：//ips. pravo. gov. ru：8080/document/639/.（上网时间：2020 年 6 月 27 日）注：本文出现的“从俄罗斯开采”在《商船航行法》等法律文件的准确表述是“从俄罗斯领土和（或）在包括俄罗斯大陆架在内的俄罗斯管辖的领土开采”，本文出现“俄籍船只”在《商船航行法》等法律文件的准确表述是“悬挂俄罗斯联邦国旗的船只”，以下皆同。为了表达方便，下文皆使用“外籍船只”代指船旗国不是俄罗斯的船只。

② Вице – премьер Борисов поддержал ограничения на Севморпути для иностранных судов. 15. 09. 2018. https：//tass. ru/ekonomika/5568800.（上网时间：2020 年 6 月 27 日）

③ Распоряжение Правительства Российской Федерации от 14. 03. 2019 г. № 435 – р. 14. 03. 2019. http：//government. ru/docs/all/120969/.（上网时间：2020 年 6 月 27 日）

④ Арктика на замке：Россия ограничила проход по Севморпути. 06. 03. 2019. https：//www. gazeta. ru/army/2019/03/06/12226447. shtml.（上网时间：2020 年 6 月 27 日）

口、赚取外汇收入奠定基础。

“统一”则强调利用北方海航道的整合作用，打造集铁路、公路、河流和航空网为一体的北极交通体系。北方海航道西起喀拉海峡东到普罗维杰尼亚湾，绵延5600公里，与诸多纵贯俄罗斯内陆的大江大河相连，整合了俄罗斯近70%的空间。[①] 早在19世纪末，海军元帅马卡洛夫和学者门捷列夫已经对把北方海航道纳入俄罗斯统一的交通体系进行研究，在他们的设想中，这一体系南部和北部分别以跨西伯利亚大陆桥和北方海航道为主线，中间通过大河将南北两条干线连接起来。[②] 随着近代科技的发展，这一交通体系将引入航空网，同时补充更多铁路线，使曾经碎片化的交通基础设施实现互联互通成为可能。

建立北极统一交通体系的主要动力在于打破交通对地区经济发展的限制。俄专家认为，北方海航道与中西伯利亚内陆的联系使俄罗斯得以重新定位西伯利亚地区在世界市场中的地位，最主要的是克服中西伯利亚顽固的内陆性，使之不再仅仅面对俄罗斯内部市场，而是融入全球经济进程。[③] 2008年，俄政府将包括“别尔科穆尔”“巴伦支科穆尔”和“北纬通道—1”在内的北极铁路建设项目纳入《2030年俄罗斯联邦铁路运输发展战略》，以期将西北地区与乌拉尔地区和西伯利亚连接起来，并为相关地区的货物找到出海口。“别尔科穆尔”项目拟修建和升级“阿尔汉格尔斯克—瑟克特夫卡尔—索利卡姆斯克”铁路，进而将阿尔汉格尔斯克州、科米共和国和彼尔姆边疆区连接起来，并在此基础上落实包括阿尔汉格尔斯克深水港在内的一系列投资项目。铁路建成后将使西伯利亚和乌拉尔到白海的距离缩短800公里，能够快捷地把沿线的煤炭、石油、木材、钾肥、钢铁

---

① Хейфец Б. А. Северный морской путь – новый транзитный маршрут “Одного пояса – одного пути” Международная жизнь. 2018. № 7.

② Проблемы Северного морского пути. ЦНИИМФ. – М.: Наука, 2006. С. 11.

③ Макаров И. А. (отв. ред.) Поворот на Восток: Развитие Сибири и Дальнего Востока в условиях усиления азиатского вектора внешней политики России – Москва: Междунар. отношения (МО), 2015. С. 396.

等货物运送至阿尔汉格尔斯克深水港，然后通过北方海航道出口。① “巴伦支科穆尔”铁路几乎与“别尔科穆尔”平行，两条铁路分别与现行的北方铁路在索斯诺戈尔斯和米昆交汇。“巴伦支科穆尔”预计建设“因迪加—索斯诺戈尔斯—特罗伊茨科—伯朝拉斯克—苏尔古特”铁路，建成后将明显缩短西西伯利亚到巴伦支海的距离。该铁路贯穿油气田和煤矿，能源公司将是其主要客户，这些公司将利用该路线运送资源开发所需的建筑机械和设备，也需要使用因迪加港口转运出口。以上两个项目皆有其战略重要性，但受资金和能源开发进程等因素的影响，其实施一拖再拖，至今悬而未决。2019 年 12 月俄罗斯政府批准的《2035 年前北方海航道基础设施发展规划》提出对“别尔科穆尔”和“巴伦支科穆尔”项目重新规划，并评估是否需要提升“北纬通道—1”和“北纬通道—2”的运力以确保签署两个项目执行不力的情况下进行运输转移。② 相比之下，“北纬通道—1”和“北纬通道—2”项目因亚马尔—涅涅茨自治区油气资源的开发得以优先实施。

2. 巩固俄罗斯在北极的国家安全

北方海航道在巩固俄罗斯国家安全方面具有举足轻重的作用，这主要体现在以下三个方面：

第一，服务军事运输，提高边防能力。进入 21 世纪，北极气候进一步变暖，北冰洋冰雪加速融化，俄北部边界曾经的天然冰障难以为继，俄罗斯越来越清楚地感觉到北部边界“开放”的危险性。③ 在气候变暖的背景

---

① 别尔科穆尔铁路有一百多年的历史，早在 1912 年已有政府文件提到建立连接乌拉尔和白海的铁路干线，但是直到 1947 年才开始落实这一项目，至 1954 年共修建了阿尔汉格尔斯克—卡尔波戈雷和文金加—米昆长达 400 公里的路段。1995 年项目正式命名为“别尔科穆尔”（名称源于白海、科米和乌拉尔三个单词的首字母，БЕЛКОМУР：БЕлое море – КОМи – УРал）。1996 年成立“别尔科穆尔”跨区域股份公司负责该项目的运营。2015 年，“别尔科穆尔”公司与中国保利科技有限公司签署了合作协议。2020 年 3 月，“中国铁建”表示有意向参与该项目。

② Утверждён план развития инфраструктуры Северного морского пути до 2035 года. 30. 12. 2019. http：//government. ru/docs/38714/.（上网时间：2020 年 1 月 7 日）

③ Песцов С. К. Стратегия и политика России в Арктике//Национальные стратегии освоения Арктики и будущее Арктического региона（По материалам круглого стола），выпуск информационно – аналитического бюллетеня《У карты Тихого океана》№45（243）. ИИАЭ，ДВО，РАН. 2016. С. 8.

下，北极地区的能源、航运和科考价值凸显，北极地区引起域内外国家的关注，相关国家或团体在该地区的活动增加。为了捍卫边界安全，强化对北方海航道的控制，也为了保护俄罗斯北极地区（包括大陆架）的资源和海上浮动设施（钻井平台、浮动船坞等），俄罗斯决定在北方海航道沿岸建立边防机构和军事基地。2013 年以“彼得大帝”号巡洋舰为首的 10 艘军舰在 4 艘核动力破冰船的引航下向北极投送大量军用装备和材料，在此基础上开建多处军事基础设施。上述军事建设所需材料设备及人员的运送需要通过北方海航道完成。此外，俄罗斯北极地区陆上交通基础设施极其薄弱，其北极水域漫长广袤而又冰障重重，这为边防带来巨大挑战。俄罗斯开发北方海航道，加大对相关水域的监控，布置通讯导航设施，保障航道常年通行，有助于提高边防军的机动性，增强边防实力，提高边防效率。

第二，维持地区军事优势，保持俄美战略平衡。无论对于俄罗斯，还是对于其他环北冰洋国家，北冰洋上厚实的冰层皆是该地区海军或者海岸警卫队开展活动的重大障碍，但俄罗斯通过发展破冰船队（尤其是核动力破冰船队），能够在很大程度上克服这些障碍。当前，俄罗斯有 40 多艘现役破冰船，其中核动力破冰船有 5 艘（“亚马尔”“泰梅尔”“万加奇”“胜利 50 年”和“北极”）。凭借世界独一无二的破冰船队和航道沿岸相对完善（与其他北极航道相比）的基础设施，俄罗斯可以保障其海军在北冰洋的活动，利用北极作为“世界屋脊”的地缘优势和北方海航道的巨大空间范围增加俄海军在该地区的军事优势和威慑力。在俄美竞争加剧、美国加大对俄施压的背景下，这一优势对俄罗斯愈加重要。近年，俄罗斯倾向优先向北方舰队配置最先进的核潜艇和水面战舰。2014 年 4 月，普京总统在安全委员会扩大会议上强调，俄罗斯应在北极地区建立一个基于最新水面舰艇和潜艇的统一系统。①

2020 年 5 月，改进型核潜艇 955A“弗拉基米尔大公”号列装北方舰队。继首艇“北德文斯克”号于 2014 年加入北方舰队后，改进型 855M“喀山”号和“新西伯利亚”号目前皆进入最后测试阶段，有望今年交付北方舰队。22350 型号护卫舰未来将成为俄罗斯远洋水面作战主力，该型

---

① Заседание Совета Безопасности по вопросу реализации государственной политики в Арктике. 22 апреля 2014 года. http：//kremlin. ru/events/president/news/20845.（上网时间：2020 年 6 月 27 日）

号护卫舰前两艘已于2018年和2020年交付北方舰队，第三艘已经于2020年6月下水，近年内将交付北方舰队。① 22350型护卫舰配备了通用型反舰导弹发射器，可以发射“口径”巡航导弹、“缟玛瑙”反舰导弹和“锆石”高超音速导弹，是一种具有隐身功能的多用途军舰，可以有效地应对水面、空中和水下敌人，并能对距地面和沿海目标超过1.5千公里的区域进行打击。结合北极作为“世界屋脊”的地缘优势和北方海航道建设赋予的机动性，22350型号护卫舰的打击范围和威慑区域将显著扩大。近年俄罗斯开始打造23550型战斗型破冰船。2019年10月，首艘破冰巡逻舰“伊万·帕帕宁”号在圣彼得堡下水，预计2023年交付。该舰配有AK-190型自动火炮、反舰导弹、舰载直升机位和高速巡逻艇等，兼备战舰、拖船、巡逻船、科考船和破冰船之功能，主要用于北极科考，护送和拖拽滞留船只到港，保护通过北方海航道的船只，参与救援和运输特殊货物。② 俄罗斯还决心打造新一代“领袖”型超级核动力破冰船以扩充核动力破冰船队，实现北方海航道全年全段通航。目前，“领袖”型首舰已在远东“红星”船厂开工，拟于2027年12月交付使用。③ 第二艘和第三艘分别拟于2030年和2032年交付。④ 在必要条件下，“领袖”型破冰船不仅能够为军舰引

---

① Фрегат “Адмирал Касатонов” в июле примут в состав ВМФ. 06. 07. 2020. https: //ria. ru/20200706/1573926805. html. （上网时间：2020年7月20日）注：俄罗斯计划建造8艘22350型护卫舰，其中部分护卫舰将编入太平洋舰队和黑海舰队。前三艘已确定编入北方舰队。第四艘“伊萨科夫海军元帅”号预计2021年交付，也将编入北方舰队，由此可见俄罗斯对北极军事安全的重视。第五艘和第六艘于2019年4月在普京的见证下举行奠基仪式，第七艘和第八艘预计今年年底动工。参见 Приказ “Адмиралам”: фрегаты с “Цирконами” усилят Тихоокеанский флот. 04. 06. 2020. https: //iz. ru/1019812/aleksei - ramm - roman - kretcul - bogdan - stepovoi/prikaz - admiralam - fregaty - s - tcirkonami - usiliat - tikhookeanskii - flot. （上网时间：2020年6月27日）

② В Петербурге спустили на воду головной корабль проекта 23550 “Иван Папанин”. 25. 10. 2019. https: //tass. ru/armiya - i - opk/7045321. （上网时间：2020年1月28日）

③ Атомный ледокол проекта 10510 “Лидер”. 27. 01. 2020. https: //aif. ru/politics/russia/atomnyy_ ledokol_ proekta_ 10510_ lider_ infografika. （上网时间：2020年1月28日）

④ Утверждён план развития инфраструктуры Северного морского пути до 2035 года. 30. 12. 2019. http: //government. ru/docs/38714/. （上网时间：2020年1月28日）

航，还能够安装带有反潜、导弹或大炮武器的集装箱，作为战舰使用。①

第三，联通两大舰队，增强国防实力。历史上日俄战争的失败给俄罗斯沉痛的教训。当年，由于北方海航道尚未打通，俄罗斯北方舰队为了配合远东作战，不得不费尽周折绕行至好望角，经过长途跋涉辗转到太平洋时已精疲力竭，贻误战机，最终在对马海峡惨败。当前，鉴于俄罗斯正在借力能源开发助推北方海航道全年全段通航，且北方海航道冰况总体出现好转，联通东西两大舰队的成本和难度不断下降。在这种情况下，俄学者越来越多地谈论，在控制和利用北方海航道的条件下确保俄海军自由进入大西洋和太平洋。

3. 保障能源开发和运输

能源对俄罗斯国家经济发展、财政收入和外交运筹具有举足轻重的作用，但传统能源产地日益枯竭对能源安全提出挑战，而俄罗斯北极地区能源储量十分丰富，俄政府决定将北极地区打造成国家主要战略能源基地，为此必须解决大规模能源开发和能源销售的交通问题，考虑到北极交通的历史与现实状况，这一问题只有通过进一步开发北方海航道方能有效解决。鉴于欧洲曾经在技术、资金和市场方面具有相对优势，且欧洲与俄罗斯北极地区相距较近，东北航道西部通航条件较优越，历史上北极能源出口几乎“一边倒”地面向欧洲。在当前国际能源贸易重心东移的背景下，俄罗斯北极能源出口不得不相应转移，北方海航道作为目前俄北极能源出口亚太市场的唯一路径，其作用凸显。特别是随着国际能源市场由卖方市场向买方市场转变，能源出口商面临的竞争更加激烈，而利用北方海航道这一运输捷径将为能源出口节约成本，增强俄罗斯在国际能源市场上的竞争优势。

随着北极能源开发的推进，北方海航道的运量取得突飞猛进的发展。2019 年北方海航道的运量达到 2011 年的 10 倍之余，增量主要源于亚马尔 LNG 项目和新港油田。北极 LNG—2 项目和帕亚哈油田及泰梅尔煤炭项目投产后，北方海航道运量还将迎来新的飞跃。据此，俄政府确信可以完成

① Елена Березина，Евгений Гайва. Лед тронулся. Северный морской путь ждет грузов. Российская газета – Федеральный выпуск № 266（8024）, 2019.

总统规定的“2024 年使北方海航道的运量增至 8000 万吨”① 这一重要任务。根据俄罗斯自然资源和生态部的数据，2024 年将有 8200 万吨货物需要利用北方海航道完成运输，其中能源占 7550 万吨（油气 5270 万吨，煤炭 2280 万吨），占比超过 90%。②

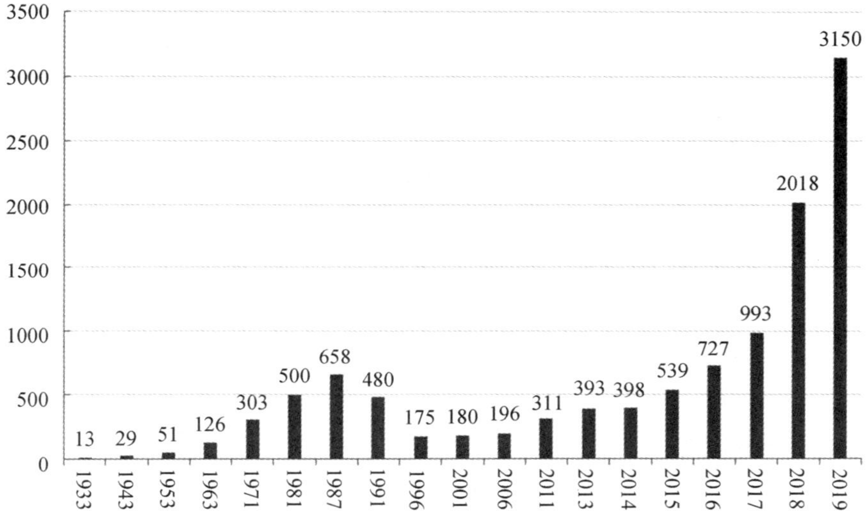

图 7—1 1933—2019 年北方海航道运量（单位：万吨）

资料来源：笔者根据北方海航道管理局官网信息和俄文专著③自制。

4. 使用俄罗斯的交通船发展大规模的出口、过境和沿岸运输以及“北方运送”

第四个目标特别提示“使用俄罗斯的交通船”这一限定条件，其目的

---

① Указ Президента Российской Федерации от 07. 05. 2018 г. № 204 О национальных целях и стратегических задачах развития Российской Федерациина периоддо 2024 года. 07. 05. 2018. http：//www. kremlin. ru/acts/bank/43027.（上网时间：2020 年 3 月 27 日）

② Минприроды нашло способ выполнить указ Путина по загрузке Севморпути. https：//www. rbc. ru/business/13/03/2019/5c87d7af9a7947460fcfc78e? from = materials_ on_ subject.（上网时间：2020 年 3 月 27 日）

③ Лукин Ю. Ф. Многоликая Арктика в потоке времени и смыслов. – Архангельск，2019. С. 93.

是支持俄罗斯造船业的发展，这一点上文已论及，在此不再重复。

鉴于发展北方海航道的第三个目标聚焦北极能源的大规模出口，故第四个目标的“大规模的出口”应该指除能源以外的其他产品的出口，主要包括金属矿产、木材、农产品等。俄罗斯 90% 的镍和钴、60% 的铜、96% 的铂金、约 100% 的重晶石和磷灰石精矿皆开采于俄罗斯北极地区。① 早在 20 世纪，俄罗斯北极地区已经开启了向欧洲出口镍矿的历史。当前，俄罗斯远东与北极发展部欲利用北方海航道的运输优势大力开发楚科奇半岛贝姆矿区的佩斯强卡铜矿项目，该项目已列入《2025 年远东和贝加尔地区社会经济发展战略》。2018 年 9 月 11 日，俄罗斯远东开发部，楚科奇自治区政府、哈萨克矿业公司和贝姆矿业公司②签署了实施贝姆矿区投资项目的协议。项目预计 2024 年投产，投产后俄罗斯铜矿产量将增加 20% 。③ 19 世纪末门捷列夫提交给政府的呈报《关于北方海航道研究》已经表达了通过北方海航道出口食品和木材的愿望，他写道：“俄罗斯在北冰洋的海岸线最长，途经俄罗斯帝国大部分领土的大河注入北冰洋，俄罗斯不够强大与其说是因为气候条件，不如说是由于缺乏北冰洋出海口。战胜北冰洋的海冰是俄罗斯欧洲东北乃至整个西伯利亚未来的经济问题之一。因为通过有利的海运交通，偏远地区的木材、食品和原材料可以销售到全国各地和整个世界。”④ 2018 年 9 月，俄罗斯赛格扎集团公司（Segezha Group）的锯材从莱索西伯斯克沿叶尼塞河通过驳船运至杜金卡港，在此换装大船起航，经由北方海航道运抵埃及亚历山大港，次年，该公司决定沿着同样路线继

① Карпов В. П. Северный морской путь——прошлое и будущее российской Арктики. См. Государственная политика России в Арктике: Стратегия и практика освоения в XVIII – XXI вв. – Новосибирск: Сибирское науч. изд – во, 2012. С. 112.

② 贝姆矿业公司（GDK Baimskaya LLC）现已被哈萨克矿业公司（KAZ Minerals PLC）收购。

③ Чукотская шарада, Или интриги вокруг Баимского ГОКа. 02. 03. 2020. http://www. moscow – post. su/economics/chukotskaya_ sharada_ ili_ intrigi_ vokrug_ baimskogo_ goka31980/.（上网时间：2020 年 3 月 27 日）

④ Тимошенко А. И. Трансформации в Российской Государственной Политике Ламин В. А.（Отв. ред.）Государственная политика России в Арктике. Стратегия и практика освоения в XVIII – XXI вв. Новосибирск : Сибирское науч. изд – во, 2012. С. 5 –6.

续向埃及提供木材。[①] 这是通过新方式出口木材的尝试，未来该运输方式将常态化。2020 年 3 月普京总统签署的新版北极政策原则提出，“加强植树造林，促进林业基础设施的发展和森林资源的深加工。”[②] 未来俄罗斯将利用北方海航道加大木材及其加工品的出口。科米共和国正在规划粘胶和纤维素等林产品加工业，并通过北方海航道实现出口。秋明州希望通过北方海航道出口本地区的谷物。当然，以上产品的出口不仅依靠北方海航道，还有赖于上文提到的通往北方海航道的铁路。

至于沿岸运输以及“北方运送”，不难理解，故以下主要讨论过境运输。北方海航道的过境运输价值主要在于其地缘优势：北方海航道是连接俄罗斯欧洲部分和远东的捷径，是连接欧洲与亚洲、北美西部的最短航线。横滨和汉堡之间取道苏伊士运河为 11400 海里，而取道北方海航道只有 6600 海里，这意味着航程减少了 42%。[③] 横滨和摩尔曼斯克之间取道北方海航道节约的路程则更多。2016 年夏，中国商船从天津出发经由北方海航道至萨贝塔港的航程为 6097 海里，比取道苏伊士运河节约航程 7550 海里。[④] 在无冰或少冰的条件下，航程缩短不仅节约航行时间，提高运输效率，还能节约燃油成本和人工费。此外，在俄罗斯强大的军事威慑下，恐怖主义和海盗活动在北方海航道发生的概率很小，就此意义而言，该航道比传统航线更加安全。在气候变暖和经济全球化的推动下，北方海航道的过境运输远景十分广阔。未来北方海航道大规模的国际化利用不仅能够为俄政府带来丰厚的过境收入，还将强化俄罗斯的贸易地位，增强其地缘经济优势，进而提高其在国际社会的影响力。但受多种因素的影响，中短期

---

① Первая партия пиломатериалов отправлена из Красноярского края в Египет по Севморпути. 05. 09. 2018. https：//news. rambler. ru/africa/40727804 – pervaya – partiya – pilomaterialov – otpravlena – iz – krasnoyarskogo – kraya – v – egipet – po – sevmorputi/. 注：杜金卡港位于叶尼塞河沿岸，是克拉斯诺亚尔斯克边疆区北部城市。（上网时间：2020 年 3 月 27 日）

② Владимир Путин подписал Указ “Об основах государственной политики Российской Федерации в Арктике на период до 2035 года”. 5 марта 2020. http：//www. kremlin. ru/acts/news/62947. （上网时间：2020 年 3 月 27 日）

③ Willy Østreng，“The northern sea route：A new era in soviet policy?”，Ocean Development & International Law. Vol. 22，Iss. 3，1991：p. 261.

④ 蔡梅江：《近三年北极东北航道航行探索实践》，《世界海运》2017 年第 3 期，第 15—19 页。

内北方海航道的过境运输潜力难以发挥。

二、主要目标的相互关系与轻重缓急

（一）保障能源开发和运输是实现其他目标的基础

从俄罗斯北极地区的开发史来看，该地区的开发首先是航道开发，航道开发是资源开发的先决条件。当今，北极能源开发也须建立在对北方海航道开发利用的基础上。但值得一提的是，俄联邦继承了苏联时期建立起的北极海运体系并在一定程度上维持其运营。在北方海航道开发上，俄罗斯当前面临的主要问题不是使其初步具备运输功能，而是在维持现有运力的基础上对其进一步开发和升级（以下简称发展北方海航道）。当前，俄罗斯发展北方海航道的最主要动力是北极能源开发和出口，离开能源开发，北方海航道的振兴和发展无从谈起。就此而言，北极能源开发成为发展北方海航道的先决条件，能源开发与航道发展形成了相互依赖、相互决定的关系。

一方面，能源为北方海航道提供庞大的货源，为其盈利带来可能性，奠定了其可持续性发展的基础。目前，能源约占北方海航道运量 80%。如上文所述，至 2024 年这一比例将达到 90% 以上。没有能源开发的驱动，北方海航道的运量在市场经济条件下不得不回到 20 世纪 90 年代的停滞倒退状态。北极问题权威专家科目科夫和谢林指出，20 世纪 90 年代北海航道运输体系的“失败”，是国家经济体制由国家统筹向经济效率原则的转变导致的。相应的，国家对北方海航道的支持急剧减少，根据市场效率原则发展交通体系必须大幅增加货源。① 经过多年讨论和 20 世纪 90 年代吸引国际社会过境运输失败的教训，俄罗斯认识到经济全球化背景下的能源开发将能够保障北方海航道的货源。另一方面，能源开发推动了与航道利用相关的基础设施建设，这既包括海港、破冰船、油轮、救援船、补给船，

---

① Комков Н. И. , Селин В. С. , Цукерман В. А. , Горячевская Е. С. Сценарный прогноз развития Северного морского пути. Проблемы прогнозирования, №2, 2016, С. 87—98.

也包括通往航道沿岸港口的铁路网。考虑到北极能源项目的实施将推动北方海航道的运量急剧上升，如上文所述，俄原子能公司近年增订了2艘22220型核动力破冰船。为了保障对亚太地区能源的供应和北方海航道全年全段通航，俄罗斯还计划建造三艘“领袖”型超级核动力破冰船。随着亚马尔LNG项目和新港油田项目的推进，交通基础设施建设成为当务之急，萨贝塔港、萨贝塔机场、“北极之门”油气终端等基础设施得以快速建成并投入使用。随着北极LNG—2项目和帕亚哈油田项目的确立以及和东方煤炭公司新规划的推出，建设“清晨”（утренний）终端、北湾（северный）码头和海鸥（Чайка）码头势在必行。目前阿尔汉格尔斯克海港的现代化建设已经启动，佩维克港口的现代化升级基本完成。为了带动乌拉尔和西伯利亚内陆的能源出口，当前，俄罗斯正在规划讨论因迪加港的建设。能源公司自身也参与北方海航道和相关交通基础设施的开发。“诺瓦泰克”分别为亚马尔LNG项目和北极LNG—2项目订购15艘冰级油轮。该公司还计划建造四艘以LNG为动力的破冰船。“俄气”承担了“北纬铁路—1”和“北纬铁路—2”部分路段的建设。“北纬铁路—1”和“北纬铁路—2”在实施上之所以取得相对于“别尔科穆尔”和“巴伦支科穆尔”的优先权，正源于亚马尔地区能源项目的快速进展。

由此可见，在北极能源开发的驱动下，北极交通基础设施取得重要进展。在俄罗斯现有的经济条件下，没有大规模的能源开发，北方海航道的发展无从谈起，通往北方海航道的陆上基础设施建设难以有效推进。航道开发和通往航道的地区基础设施建设在很大程度上受制于能源开发。具体而言，大型能源基地的位置在很大程度上决定了港口和码头的选址，也决定了铁路、公路的走向与分布。大型能源项目的实施进程和产量在很大程度上决定了包括破冰船、港口、公路和铁路等基础设施建设的进程和规模。进一步讲，能源项目所瞄准的市场决定了航道的开发方向，当前俄大力开发北方海航道东段与亚太地区能源需求的迅猛增长与未来潜力密切相关。

事实上，北方舰队海上威力的维持也与能源开发密不可分。和平时期，主要依靠军事需求维持北方海航道耗资庞大的航运体系显然行不通：不仅国家财力也不允许，而且难以保障基础设施的持续运作。而发展军民两用物质和能源运输可以明显降低维持军事需求的成本。能源公司不仅为北方舰队提供廉价燃料，还直接出资建设部分破冰船、部分港口基础设施和通往港口的铁路，这为国防部节约了相关预算。能源开发和运输过程中必然利用破冰船、港口、水文气象、通信、导航、监控设备和搜救中心等基础设施，并支付相关服务费，这为相关设施的建设提供动力，为其持续运转提供保障。没有商业运输的持续开展，耗资庞大的北方海航道交通体系难以维持，俄北极海军的机动性难以保证，提高边防效率和联合两大舰队难以有效实现。此外，只有在民用部门的参与下，俄罗斯恢复和壮大北极军工建设的愿望才能实现。在20世纪90年代，包括北德文斯克和塞夫马什等军工综合体的军事订单下降了95%。2005年，塞夫马什造船厂33%的订单来自国防部，30%来自油气行业，25%来自外国公司。① 主要海军军工综合体皆希望通过满足民用需求使其订单多样化以维持企业的可持续发展。2017年，普京总统在一次关于液化天然气项目的会议上建议，在国防工业综合体多元化的框架内，考虑国防企业参与本地化项目并供应天然气公司所需高科技产品的可能性。② 当前和未来15年内，北极油气项目和北方海航道开发需要大量钻井平台、油轮、辅助船、核电站和其他浮动设施，俄罗斯显然不希望与外国分享订单，而是打算以此充实军工企业的订单和发展本国造船业。

尽管开发北方海航道对于国家安全有重要意义，但随着2017年以来北极大规模军事建设的基本完成，俄罗斯在该地区的安全基本得到保障，且军事安全作用的发挥有赖于经济诉求的实现。就此而言，俄罗斯当前对北方海航道的经济诉求在上升。

（二）建设通往北方海航道的铁路成为开发北方海航道的优先任务

在一系列因素的推动下，打造以北方海航道为主体的北极交通体系具备了实施条件，并成为俄罗斯实施北极政策的优先方向。

乌克兰危机后，为了适应“东转”战略实施的需要，俄罗斯更加重视北方海航道及与之相连的交通体系的发展。普京在2014年的国情咨文中指出，北方海航道不仅是有效的过境路线，还应该刺激俄罗斯太平洋沿岸的商业活

---

① Marlene Laruelle, “Russian Military Presence in the High North: Projection of Power and Capacities of Action,” In: Stephen J. Blank, “Russia in the Arctic,” Strategic Studies Institute, 2011, pp. 78—81.

② Путин заявил, что вторую и третью очереди “Ямал СПГ” могут запустить раньше срока, ТАСС (8 декабря 2017). 30. 12. 2017. http://tass.ru/ekonomika/47972-64.（上网时间：2020年3月27日）

动和北极地区的开发。① 在2017年度的国情咨文中普京再次提到北方海航道在地区经济发展中的作用："北方海航道将成为俄北极地区和远东地区发展的钥匙。"② 萨哈共和国政府计划使用北方海航道向欧洲和亚洲运输煤炭，为此建造了河海联运驳船和牵引船。2019年普京在瓦尔代国际会议上宣布，俄罗斯正在谋划建立一条富有前景的欧亚路线"北极—西伯利亚—亚洲"，将北方海航道沿线的港口与太平洋和印度洋的港口连接起来。③

北极能源项目的确立和相关基础设施建设的完成为建立北极交通体系奠定基础。考虑到北极地区的交通状况和北方海航道作为主干线的运输地位，没有北方海航道的复兴和发展，北极统一的交通体系难以运转。相反，随着萨贝塔港投入使用，周边地区的产品找到了通往外界的"跳板"。"北纬通道—1"和"北纬通道—2"在这种情况下成为优先项目。其中东西走向的"北纬通道—1"途经奥布斯卡亚—萨列哈尔德—纳德姆—霍列伊—潘戈德—新乌连戈伊—科罗特恰耶沃，将连接北部铁路和斯维尔德洛夫斯克铁路，建成后将为北方海航道增加2300万吨运量（主要是沿线地区生产的凝析油和石油货物）。南北走向的"北纬通道—2"途经奥布斯卡亚—波瓦年科沃—萨贝塔，将连接"北纬通道—1"和萨贝塔港，进而把乌拉尔、俄罗斯西部和中部的货物引向北方海航道。在利用萨贝塔港口的基础上，北方海航道—鄂毕河—额尔齐斯河航线打通，从2016年起，利用这一河海联运的方式已完成多次国际运输。④

此外，鉴于西方制裁给俄北极大陆架开发设置的技术限制以及国际能源格局变化带来的油气价格低迷状态，俄北极油气开发由近海大陆架转向开采

① Послание Президента Федеральному Собранию. 4 декабря 2014 года. http：//www. kremlin. ru/events/ president /news/47173. （上网时间：2020年3月27日）

② Послание Президента Федеральному Собранию. 1 марта 2018 года. http：//kremlin. ru/events/president/news/569573. （上网时间：2020年3月27日）

③ Заседание дискуссионного клуба "Валдай"——Владимир Путин выступил на итоговой пленарнойсессии XVI заседания Международного дискуссионного клуба 《Валдай》. 03. 10. 2019. http：//kremlin. ru/events/president/news/61719. （上网时间：2020年3月27日）

④ В декабре в Сабетту придут пять судов. 07. 11. 2016. http：//morvesti. ru/detail. php? ID =59268；По сибирским рекам через Арктику идут новые грузы. 14. 07. 2017. https：//thebarentsobserver. com/ru/arktika/2017/07/po – sibirskim – rekam – cherez – arktiku – idut – novye – gruzy. （上网时间：2020年3月27日）

成本较低的北极陆地，尤其是亚马尔半岛和腾达半岛。故需要建设陆上交通设施实现陆陆以及陆海之间的互联互通，这有力地推动了亚马尔—涅涅茨自治区内陆交通基础设施的发展。

（三）中短期内过境运输并非优先目标

尽管随着气候变暖和通航窗口期的延长，北方海航道作为欧亚之间运输捷径的优势将进一步发挥，但是中短期内过境运输并非俄罗斯开发北方海航道的优先目标。北方海航道的过境运量在2013年达到135万吨峰值后陷入惨淡期（2014年至2017年过境运量未曾突破30万吨）。[①] 2019年，在总运量高达3150万吨的情况下，过境运输不足70万吨。2013年过境运量的上升与当年高油价密不可分，而中短期内，油价难以走出低迷状态，与途经苏伊士运河的南部航线相比，经由北方海航道的航行所节约的燃料费并不可观。在北方海航道冰况加重的情况下，引航费和航行时间会相应增多，北方海航道的经济性难以保障。[②] 此外，航行于北方海航道的船舶需要特别加固，船务人员需要特殊培训，且船舶航行限于个别月份（目前为7月中旬至11月），这些皆增加利用北方海航道的成本。除了成本问题，北方海航道的利用还存在其他缺陷，包括基础设施和各种保障系统不足，受天气影响难以按照准确的时间表开展航行等[③]。2019年，法国达飞集团、德国赫伯罗特和瑞士地中海航运三家欧洲航运巨头先后宣布不会使用北极航线开展集装箱运输。[④] 尽管这些公司自称环保因素是其作出这一选择的主要原因，但背后真正的因素恐怕是北极航线的适航性和经济性。中短期内过境运输是北方海航道开发利用的"副业"。正如俄罗斯专家所言，当前俄罗斯的主要任务并非把北方海

---

① Хейфец Б. А. Северный морской путь – новый транзитный маршрут "Одного пояса – одного пути" Международная жизнь. 2018. № 7.

② 2017年8月"莲花松"轮从连云港出发，取道北方海航道至丹麦埃斯比约港，航行7670海里，用时31天。与经过苏伊士运河的南部航线相比节约航时4天，节省航程3390海里，但所需费用多出38000美元左右。详见封安全：《商业视角下北极东北航道问题研究》，《西伯利亚研究》2020年第1期，第5—15页。

③ 集装箱运输是成品货物运输中最常见的形式，它需要准确的时间表，北方海航道当前的情况不适合集装箱运输。

④ 李振福：《北极航线：放弃还是前行》，《中国水运报》2019年10月25日第7版。

航道作为南方贸易路线的替代方案来发展，对北方海航道的投资旨在满足国防部和大型企业的需求。①

根据俄远东发展部副部长亚历山大·克鲁蒂科夫（Александр Крутиков）和北方海航道管理局副局长马克西姆·库林科（Максим Кулинко）提供的消息，俄罗斯计划使北海航线成为具有全球竞争力的运输走廊，但实现船舶全年商业通航是将国际货物转移到北方海航道的必要条件。预计2030年北方海航道将实现全年全段通航，届时过境运量相应增长，但2035年前过境运量不超过300万吨（届时总运量高达1.6亿吨）。②

三、结语

综上所述，确保北方海航道作为俄罗斯北极地区统一的国家交通干线是总体目标，该目标强调了国家的垄断关系和北方海航道的整合作用两个要点。俄罗斯在确立北方海航道管辖制度和俄籍船只优先权方面先后出台多项措施，取得突出成绩。但在发挥北方海航道的整合作用建立北极交通体系方面，须以大批能源项目的有效实施为基础。近年随着亚马尔涅涅茨自治区能源开发的推进和萨贝塔港投入使用，建设通往北方海航道的陆上基础设施成为优先任务。巩固俄罗斯在北极的国家安全是俄罗斯开发北方海航道的首要目标，该目标体现在巩固边防、保持地区军事优势和联通东西两大舰队三个方面。随着北极大规模军事建设的基本完成和军事优势的树立，俄罗斯对北方海航道的经济诉求上升。能源是北方海航道最主要的货源，北方海航道本质上是欧亚之间的能源走廊，保障北极能源开发和运输是俄罗斯开发北方海航道最迫切、最现实的目标，相比之下，过境运输并非开发北方海航道的主要考量。

如上所述，北方海航道的发展动力在于能源开发。当前，中俄共建“冰

① Алексей Заквасин. Арктика близко: каких результатов достигла Россия в освоении Северного морского пути. 28 декабря 2017, https://russian.rt.com/russia/article/465433 - severnyi - morskoi - put.（上网时间：2020年6月27日）

② Елена Березина, Евгений Гайва. Лед тронулся. Северный морской путь ждет грузов. Российская газета - Федеральный выпуск № 266 (8024), 2019; Максим Кулинко: “Впервые утверждены этапы создания круглогодичной навигации на Севморпути”. 13.01.2020. http://pro - arctic.ru/13/01/2020/expert/38778.（上网时间：2020年6月27日）

上丝绸之路”取得重要进展与俄罗斯北极能源开发进程的推进息息相关。中俄在北方海航道建设方面的合作是中俄北极能源合作的延伸，并随着俄罗斯北极能源开发的推进而深化。2019 年 6 月，“诺瓦泰克”“现代商船”与中远海运集团以及丝路基金有限责任公司签署《关于北极海运有限责任公司的协议》，根据该协议，四方将建立长期伙伴关系，为俄北极区向亚太区运输能源提供全年物流安排，并组织亚洲和西欧之间经东北航道的货物运输。这一海运合作正是受到了北极液化天然气开发进程的影响：预计到 2030 年，“诺瓦泰克”每年将出口 5500 万吨天然气，为了更好地解决大规模运输问题，该公司于 2018 年 5 月成立了“北极海运”有限责任公司。为了便捷地吸引中国融资建设新型天然气运输船，俄方邀请中方加入前述海运公司。在中俄帕亚哈油田合作协议框架下，中国将承建与北方海航道开发利用相关的工程，其中包括原油装运码头“北湾”（年吞吐量为 5 千万吨，距离迪克森 40 公里），连接港口和油田的输油管道（长约 400 公里）。① 因此，推进中俄共建“冰上丝绸之路”要着眼于航道发展的动力——北极能源开发，并根据北极能源开发进程把握航道合作节奏，积极利用能源合作带动航道开发利用。

---

① Запасы Пайяхи привлекли китайцев. 06. 06. 2019. https：//oilcapital. ru/news/companies/06 – 06 – 2019/zapasy – payyahi – privlekli – kitaytsev. （上网时间：2020 年 6 月 27 日）注：帕亚哈油田是普京签署总统令支持的大型石油项目，是北极地区储油量最丰富的油田之一。合作项目涉及金额 50 亿美元，工期 4 年。

区域人力资本视角下俄罗斯北极发展困局

曹　亮*

无论是《到2020年前俄罗斯联邦北极国家政策基础与远景规划》还是《2035年前俄联邦北极基本政策》，都将俄罗斯北极区域（Russian Artic Zone：RAZ，后文均采用此缩写）作为俄罗斯国家安全和地缘利益的发展重点，但自2008年提出《到2020年前俄罗斯联邦北极国家政策基础与远景规划》至今，RAZ的地区发展虽谈不上急速恶化，但是地区发展水平还是远低于苏联时期。在2020年7月，俄政府出台了《关于2030年前俄罗斯联邦国家发展目标的法令》，又称“七月政令”，将俄罗斯实现突破性发展、增加国家人口、提高公民生活水平、创造舒适生活条件以及发掘个人才能列为疫情后国家发展主要任务，相对于之前的“五月政令”而言，将“人口”“教育”“住宅和城市环境”“劳动生产率和就业支持”等完整的保存下来，以上说明俄政府有意愿也有规划从人力资本的角度促进国内经济的发展，如古典现实主义大师摩根索所言，人力资本是构成一国实力的重要组成部分，结合当前俄罗斯国内经济发展方向，从人力资本的角度解读当前俄罗斯的北极开发有助于了解其内生性瓶颈，并对俄罗斯未来在北极地区的地缘实力做出合理判断。而要实现以上目标，需要对人力资本的定义及其和地区经济发展的关系进行解读，以苏联留在北极的人口遗产为基础，分析人力资本以何种方式限制RAZ的开发进程，以期为将来问题的解决提供有益的参考。

---

* 曹亮，教育部人文社科基地华东师范大学俄罗斯研究中心2019级博士研究生。

一、区域人力资本的概念及维度

区域人力资本是地区整体发展的重要驱动力之一，[①] 然而，学界对区域人力资本的定义并不具备统一的认知，所以对区域人力资本进行细节上的量化是几乎不可能的事情，[②] 尽管如此，从宏观上对区域人力资本的相关定义进行梳理，总结出各定义间的共同属性，并以此为基本判断标准则是可行的。

要明确区域人力资本的定义，首先需要对人力资本的概念进行界定。对人力资本的研究起始于20世纪60年代前后，当时美国经济学家T. W. 舒尔茨提出教育就是对人的投资，其所产出的成果可以被认为是人力资本，是体现在人身体上的健康、能力和知识，之后大量学者在此基础上给出了自己对人力资本的理解和定义。[③] 就国际组织而言，亚洲开发银行将人力资本定义为人们将原材料通过生产过程转换为商品和服务的能力和效率；[④] 世界银行则认为，人力资本包含人类通过生活所积累的健康、技能和知识，并赋予他们作为社会生产性成员实现自身目标的能力。[⑤] 在1998年的报告中，经济合作与发展组织将人力资本定义为“与经济活动相关并蕴含在个体内的知识、技能、能力和其他属性”，[⑥] 在2001年又将该定义修改为“能促进个体、社会和经济发展并蕴含在个体内的知识、技能、能力和其他属

---

① Gennaioli Nicola, et al, “Human capital and regional development”, The Quarterly journal of economics, 2013, Vol. 128, No. 1, pp. 105—164.

② Baron Angela, “Measuring human capital”, Strategic HR Review, 2011, Vol. 10, No. 2, pp. 30—35.

③ 兰玉杰、陈晓剑：《人力资本的概念界定及其性质研究》，《科学学与科学技术管理》2003年第4期，第80—81页。

④ “Human Capital Development”, 2020, https://www.adb.org/sites/default/files/publication/28427/economics-wp225.pdf.（上网时间：2020年8月12日）

⑤ 世界银行对人力资本的定义，https://www.worldbank.org/en/publication/human-capital/brief/about-hcp。（上网时间：2020年8月12日）

⑥ OECD在1998年出版名为《Human capital investment: an international comparison》的报告，http://hdl.voced.edu.au/10707/111683。

性”。[①] 这一定义也得到了联合国欧洲经济委员会的认同,[②] 因此，无论是从哪个角度出发，人力资本必然包含个体的知识和能力（技能），然而这些属性的存在都必然以人的存在为前提，即人是以上属性的载体，人如果不能健康的存活，那么其个体所蕴含的知识、能力（技能）对社会整体发展的促进作用也必然会大打折扣。

对于区域人力资本的定义，国外学界一般将人力资本（Human capital）等同于一个国家或者地区所拥有人力资本的总和，并没有区域人力资本（Regional human capital）的专门描述。而在国内学界，李建民认为有必要在宏观层面对人力资本进行分类，即将人力资本分为个体和群体两个层面，就后者而言，是指存在于人体之中，后天获得的具有经济价值的知识、技术、能力和健康等质量因素之和；王金营在此定义之上做了扩展，将群体人力资本定义为总体人力资本，即一个国家或地区中每个人具有的知识、能力、健康等个体人力资本构成因素的整合，并能够物化于商品和服务，提高商品和服务产出效应的价值;[③] 张一力则明确提出了区域人力资本的概念，其指的是在一个特定的区域内，每一个人通过投资所获得的，具有经济价值的知识、能力、健康等质量因素的整合。[④] 虽然学者们对区域人力资本的定义各不相同，但均提到了“和”“整合”及“每个人”的概念，即区域人力资本具有数量的维度，而 Winters 的研究也表明，区域人口总量的变化与区域人力资本的总量在某种程度上是正相关的。[⑤]

综上所述，区域人力资本在宏观层面上具有数量和质量两个维度，前者

---

① OECD 在 2001 年出版名为《The Well - being of Nations: the role of human and social capital》的报告，http://www.oecd.org/education/innovation - education/1870573. pdf。（上网时间：2020 年 8 月 12 日）

② UNECE 在 2016 年出版名为《Guide on Measuring Human Capital, United Nations》的报告，https://www.unece.org/fileadmin/DAM/stats/publications/2016/ECECESSTAT20166 _ E.pdf。

③ 王金营：《中国经济增长与综合要素生产率和人力资本需求》,《中国人口科学》2002 年第 2 期，第 13—19 页。

④ 张一力：《从人力资本结构看区域经济发展模式的选择》,《经济学动态》2005 年第 7 期，第 57—60 页。

⑤ Winters John V, “Human capital and population growth in nonmetropolitan US counties: The importance of college student migration”, Economic Development Quarterly, 2011, Vol. 25, No. 4, pp. 353—365.

与地区人口总量的变化紧密相关，而后者则以健康、能力和知识为主要评判标准，这两个维度为宏观上衡量一个地区的区域人力资本状况提供了参考依据。因此，本文将以上述维度对苏联时期和当前 RAZ 的区域人力资本状况进行对比，分析苏联解体对后续 RAZ 区域人力资本及未来该地区整体发展的影响。

二、苏联时期北极区域人力资本状况

苏联为实现从农业国向工业国的转变，制定了第一个五年计划（1928—1932 年），在短短的 5 年内，苏联建立了大量具备现代化生产能力的设施，工业产值和发电量远超其 20 世纪初的水平，由于现代化的工业体系需要大量自然资源的供应，例如煤炭、木材、矿石等，富含这些资源的北极地区则成为苏联近代工业化的原料供应基地，在此背景下，大量人口迁徙至北极地区。

（一）苏联时期北极人口呈上升趋势

苏联将北极地区定位为欧洲地区工业化生产的原材料供应地，并基于此制定了相应的开发计划。由于北极气候和地理条件恶劣，本不适合大量人口长期定居从事相关资源的开采工作，但是苏联人民和政府秉持着“对新生社会主义国家的热情和对国家工业化的渴望”,① 克服了极端气候条件，以大规模城市建设为基础，围绕着资源开采地对北极地区进行开发，苏联政府在 1920—1939 年期间在西伯利亚和远东地区的城市化率要高于苏联其他地区,② 但第二次世界大战对苏联造成了巨大的经济和人力损失，卫国战争中直接死于战争的人数大致在 2700 万人左右，而苏联在 1940 年左右的人口总数才 1.6 亿—1.8 亿人口。此外，战死的多为青壮年，直接影响战后苏联在北极地区的开发与建设，因此，战后苏联采取了必要的政策激励国内家庭生育，同时

---

① Fitzpatrick Sheila, “Ascribing class: The construction of social identity in Soviet Russia”, The Journal of Modern History, 1993, Vol. 65, No. 4, pp. 745—770.

② Dybbroe Susanne, Jens Dahl, and Ludger Müller - Wille, “Dynamics of Arctic urbanization”, Acta Borealia, 2010, Vol. 27, No. 2, pp. 120—124.

重启北极开发的进程，该地区的人口总量也随之改变。①

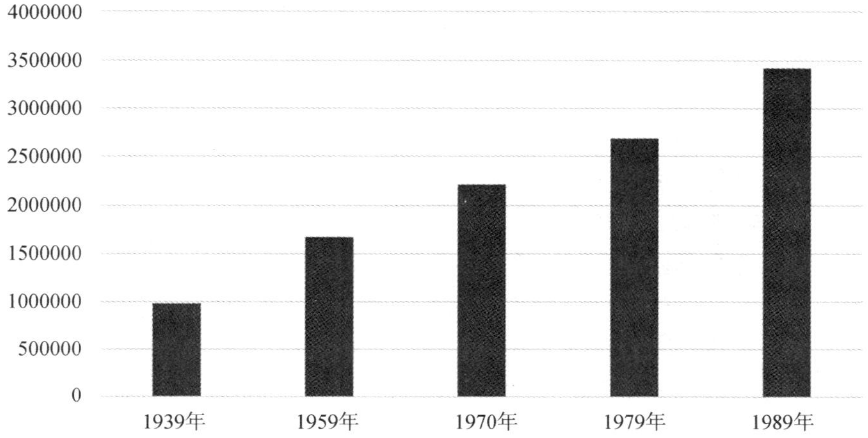

图 8—1　苏联时期北极地区人口总数变化

资料来源：Fauzer Viktor V，et al，"Methodology for Defining Pivotal Settlements in the Russian Arctic"，Economic and Social Changes：Facts，Trends，Forecast，2019，Vol. 12，No. 5，pp. 25—43.

根据相关数据显示，在苏联卫国战争爆发前，北极地区人口总量为 10 多万人，在二战结束后，苏联经济慢慢趋于恢复，鉴于北极重要的资源和战略地位，苏联加大了对该地区军事和民用设施的投入，与之配套的人员迁徙数量也呈逐年上升趋势，从 1959 年的 160 多万人，到达 1979 年的近 270 多万人，在苏联解体前，北极地区人口已接近 350 多万人，这个数量远超北极其他国家，给予了苏联在北极地区毫无争议的巨大地缘战略优势。

（二）区域人力资本质量逐步提升

伴随着区域人口数量的上升，苏联北极的区域人力资本质量也逐步得到

① 根据 1989 年 4 月 22 日苏联部长会议国家北极事务委员会决议和 1926 年 4 月 15 苏联中央执行委员会主席团决议的相关文件，苏联时期北极领土行政区的划分范围和稍后俄罗斯联邦 RAZ 所覆盖的范围整体保持一致。

改善。在苏联北极开发早期，由于恶劣的气候条件，初期基础设施建设条件艰苦，没有公民自愿迁入北极进行生活与工作，因此，在苏联政府的强制干预下，大量囚犯、底层手工业者、破产农民等人群被人为迁徙至北极地区从事资源的开采工作,① 以上人群并不具有完备的职业技能，也没有接受现代化的基础教育，区域人力资本质量较低。

在丘吉尔发表著名的铁幕演说之后，伴随着“杜鲁门主义”的出台，世界进入了以美苏为主导的冷战时代。作为北美大陆和欧亚大陆之间最近的地理区域，苏联加大了对北极的军事和民用设施的投入，随着苏联政府在北极地区给予国有企业在资金和政策上的倾斜，在北极的国有企业工资和福利待遇明显高于苏联其他地区，随之而来的溢出性效应也蔓延至北极其他产业，大量人口因经济性因素而进入北极，在各大型国有企业内工作，其中不仅有大量常规劳动力，还存在具有特殊技能的劳动力，例如医生、工程师、教师等,② 为北极地区的开发提供全方位的人力资本支持，较高的区域人力资本质量为 20 世纪 70 年代在亚马尔地区发现新的油田及其后续的基础设施建造提供了大量并且熟练的技术工人，加快了相关项目的进程和地区开发的速度。③

在专业人力资本富裕的模式下，苏联在巩固了其在北极地区地缘优势的同时，也为整个国家在欧洲和世界其他地方的军事和经济扩张提供了必要的能源、矿石、木材和其他重要的战略资源，这在一定程度上使北极地区成为了苏联国家机器中不可缺少的重要组成部分，而随着苏联的解体，俄罗斯继承了苏联在北极地区巨大的军事和经济遗产，这对俄罗斯而言既是一个祝福，同时也是一个枷锁。从当前来看，RAZ 庞大的资源储备成为俄罗斯对外执行地缘战略和军事行动的资本，但 RAZ 自身区域开发的滞后却成为了限制俄罗斯未来国力发展的枷锁，而作为区域开发重要载体的区域人力资本也因苏联的解体在数量和质量上出现了大幅度的下滑。

---

① Wheatcroft Stephen G, “On assessing the size of forced concentration camp labor in the Soviet Union, 1929 – 56”, Soviet Studies, 1981, Vol. 33, No. 2, pp. 265—295.

② Laruelle, Marlene, “The three waves of Arctic urbanization. Drivers, evolutions, prospects”, The Polar Record, 2019, Vol. 55, No. 1, pp. 1—12.

③ Laruelle, Marlene, “The three waves of Arctic urbanization. Drivers, evolutions, prospects”, The Polar Record, 2019, Vol. 55, No. 1, pp. 1—12.

三、苏联解体对 RAZ 区域人力资本的负面影响

对苏联而言，从国家生存和整体发展的角度来审视，北极区域的开发是成功的，它将落后并且不适合居住的冰冻荒野变成了俄罗斯北方最大的工业和资源基地，并为居住在其中的人口配备了各方面的生活设施。俄罗斯继承了苏联在北极的成就，但随着后者的解体，前者几乎不可能再重新塑造后者在北极地区曾经的辉煌。苏联解体后，俄罗斯仓促地对国内资产实行私有化，推行市场经济体制，这对极端依靠国家干预和支持来维持自身发展的北极地区而言是一个巨大的冲击，[①] 对当地的人力资本和俄罗斯往后 20 多年的北极区域开发产生了深远影响。

（一）苏联解体降低 RAZ 人口总量

北极地区气候和地理条件恶劣，大城市和中小型定居点的存在主要依靠苏联政府在北极建立的工业、制造、交通等生产和基础设施，而这需要不计成本的巨额前期投入和后期维护费用。苏联可以利用计划经济体制来实现以上目标，而采用市场经济体制的俄罗斯则难以为继，在失去国家大规模财政支持之后，建设于苏联时期各类基础设施已经出现了年久失修的现象。[②] 除去自然死亡之外，基础设施的落后从各个方面加速了 RAZ 人口的流失。

交通及物流设施的老化使 RAZ 的物流成本变高，居民生活和就业受到影响。苏联开发北极的基本思路是将人群聚集在资源开采和工业生产中心周围，实现一定程度上的自给自足，而北极城市间及域内和域外间的物流和人流主要通过有限的铁路和道路来实现。[③] 这种布局模式在失去国家财政补贴之后，

---

① 高子平：《人力资本视角下的俄罗斯人才流失》，《俄罗斯研究》2005 年第 4 期，第 47—51 页。

② Instanes, Arne, et al, "Changes to freshwater systems affecting Arctic infrastructure and natural resources", Journal of Geophysical Research: Bio Geosciences, 2016, Vol. 121, No. 3, pp. 567—585.

③ Egan, Dennis M and David W. Orr, "Sea Control in the Arctic: A Soviet Perspective", Naval War College Review, 1988, Vol. 41, No. 1, pp. 51—80.

铁路和道路在极端气候下出现了老化和腐蚀的现象，运载能力下降，[①] 导致物流成本的上升，提高了 RAZ 地区整体的物价水平。不仅如此，交通及物流设施的老化还增加了 RAZ 能源集中供应的难度。在 RAZ 地区长期存在这样一个很矛盾的现象，即作为能源富裕的 RAZ 地区却经常遭受能源供应不足的困扰，[②] 这主要因为 RAZ 的能源供应主要依靠煤、木材、石油等传统化石能源，而定居点之间相对遥远的距离加上落后的交通物流设施提升了能源成本。根据相关调研显示，能源运输成本占据了北极地区能源总成本结构的 70%，[③] 而这一现象并没有伴随着俄罗斯天然气和石油产量的提升而有所改变，目前能够完全实现能源集中供应的只存在于摩尔曼斯克和阿尔汉格尔斯克地区境内。在交通物流系统落后和能源供应短缺的情况下，私人资本在 RAZ 的投资意愿必然受到影响，在联邦和地方政府缺乏资金投入的情况下，当地新生就业岗位的数量远不能满足现有的人口规模，大量人口为了生计而离开 RAZ 地区，即经济类因素是主导 RAZ 地区人口外迁的主要原因，[④] RAZ 人口总量从苏联解体前的 350 多万下降至 2002 年 270 多万并持续减少，大致等于苏联 1979 年的水平，而 2002 年至 2019 年，数据整体呈缓慢递减的趋势，再也没有超过 2002 年的 RAZ 人口水平。

（二）RAZ 区域人力资本质量下降

RAZ 人口数量的下降相应地降低了 RAZ 区域人力资本的总量，不仅如此，RAZ 区域人力资本的质量也在苏联解体后受到冲击。按照区域人力资本的定义，RAZ 区域人力资本的质量是域内具有经济价值的健康、能力、知识等因素的整合，在苏联解体后受到了极大的冲击，区域人力资本质量下降严

---

① Brunner Ronald D et al, “An Arctic disaster and its policy implications”, Arctic, 2004, pp. 336—346.

② Leksin Vladimir, Boris Porfiryev, “Socio – economic priorities for the sustainable development of Russian arctic macro – region”, Economy of Region, 2017, Vol. 1, No. 4, pp. 985—1004.

③ Smolentsev D. O, “Development of the Arctic energy sector: problems and capabilities of low – power generation”, Arctic: Ecology and Economy, 2012, Vol. 3, No. 7, pp. 22—29.

④ Sokolova Flera H, “Migration processes in the Russian Arctic”, Arctic, 2016, Vol. 25, p. 137.

重。具体而言，由苏联解体导致的RAZ地区投资大规模缩水和基础设施长期年久失修使RAZ面临粮食和饮用水安全恶化、地区去工业化进程加快等问题，加之从事北极研究与开发的高等教育机构严重不足，RAZ区域人力资本质量大幅度下滑。

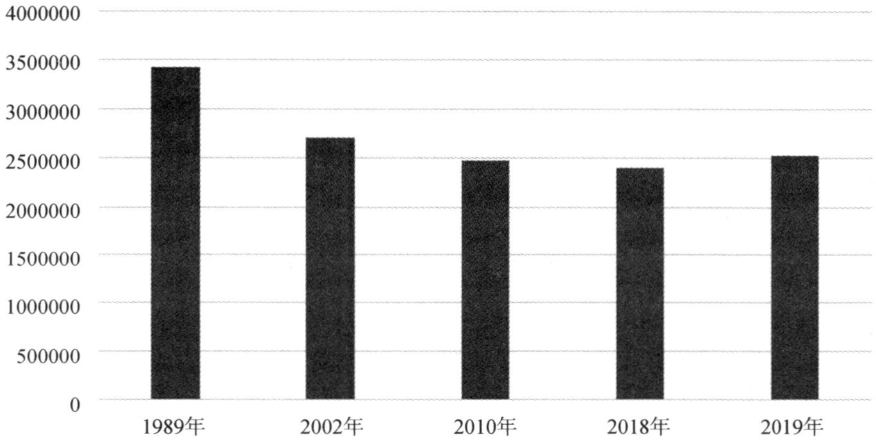

图8—2 俄罗斯联邦RAZ人口总数变化

资料来源：Fauzer Viktor V, et al, "Methodology for Defining Pivotal Settlements in the Russian Arctic", Economic and Social Changes: Facts, Trends, Forecast, 2019, Vol. 12, No. 5, pp. 25—43.

营养不良和食物污染威胁RAZ居民身体健康。① 具体而言，RAZ地区的人口可选择的食物种类单一并长期处于营养不良的状态，大部分人口所进食的食品中只有鱼类、谷类、糖类及植物油，同时大部分家庭对于奶制品、鸡蛋、蔬菜、土豆、水果、浆果类的消费较低，摩尔曼斯克、阿尔汉格尔斯克、亚马尔—涅涅茨州、克拉斯诺亚尔斯克边疆区、萨哈共和国的人口都存在乳制品摄入不足的状况；科米共和国、萨哈共和国、亚马尔—涅涅茨州自治区存在缺乏维他命和矿物质的状况；萨哈共和国，堪察加边疆区存在硒缺乏的

① Nilsson Lena Maria, et al, "Indicators of food and water security in an Arctic Health context – resultsfromaninternationalworkshop discussion", https://www.tandfonline.com/doi/pdf/10.3402/ijch.v72i0.21530? needAccess = true.（上网时间：2020年9月12日）

状况，阿尔汉格尔斯克、克拉斯诺亚尔斯克边疆区、萨哈共和国、堪察加边疆区存在缺乏碘的状况。① 老旧的能源供应体系使各个北极定居点不得不大量采用传统化石燃料来提供能源，在热电厂中，煤、石油和木材被大量使用，② 这不仅破坏环境，也成为污染 RAZ 地区食物的来源。作为 RAZ 地区蛋白质主要来源的鱼类受到工业污染就较为严重，③ 而位于 RAZ 东北角的楚克奇，其食物遭受到化学污染的程度远高于 RAZ 的其他地区，同时，阿尔汉格尔斯克、萨哈共和国、楚科奇也在不同程度上存在食物来源污染问题。④

供水体系落后威胁 RAZ 居民饮水安全。从全国角度出发，水污染对俄联邦来说是一个急迫的问题，俄罗斯全境约 70% 人口的饮用水来自于地表，其中 40% 的饮用水来源不符合卫生标准，同时，输水管道和净水设备污染严重。⑤ 在 RAZ 地区，阿尔汉格尔斯克、亚马尔—涅涅茨自治区、楚科奇、萨哈林州均存在饮用水污染的现象，其中，水质最差的是阿尔汉格尔斯克，⑥

---

① Dudarev Alexey A, et al, "Food and water security issues in Russia III: food - and waterborne diseases in the Russian Arctic, Siberia and the Far East, 2000—2011", https://www.tandfonline.com/doi/pdf/10.3402/ijch.v72i0.21856? needAccess = true.（上网时间：2020 年 9 月 12 日）

② Zhigalov V. M, N. V. Pakhomova, "Contemporary system of strategic planning in energy saving and increase of energy efficacy in Russia in the context of the new climate politics (Russia, St. Petersburg)", Problems of Modern Economics, 2015, No. 3, p. 55.

③ Dietz, Rune, et al, "Current state of knowledge on biological effects from contaminants on arctic wildlife and fish", https://reader.elsevier.com/reader/sd/pii/S0048969719337337?token = 72B40EEF51A347189A49290A66BFEAB75C0681DCC0251A6EAFF1297F2F775D8BD4-F3E9F3065D53477A130C1B656163AB&originRegion = us - east - 1&originCreation = 20220616-044732.（上网时间：2020 年 9 月 12 日）

④ Ji Xiaowen, Evgeny Abakumov and Vyacheslav Polyakov, "Assessments of pollution status and human health risk of heavy metals in permafrost - affected soils and lichens: A case - study in Yamal Peninsula, Russia Arctic", Human and Ecological Risk Assessment: An International Journal, 2019, Vol. 25, No. 8, pp. 2142—2159.

⑤ Gorbanev S, et al, "Problems of providing Russian Arctic population with high quality drinking water", IOP Conference Series: Earth and Environmental Science, 2020, Vol. 539, No. 1.

⑥ Koronkevich N. I, et al, "Anthropogenic Impacts on the Water resources of the Russian Arctic Basin Rivers", Geography and Natural Resources, 2019, Vol. 40, No. 1, pp. 22—29.

楚克奇的饮用水存在汞超标、亚马尔—涅涅茨自治区饮用水存在氟超标等现象。① 从地方角度出发，水资源出现污染现象的原因在农村和城市地区存在不同的表现。在农村地区，主要存在以下几个问题：首先，由于 RAZ 冻原地形的特征，当地无法通过水井或者其他设施来获取地下水资源，因此，RAZ 居民大量饮用未被处理的地表水；其次，RAZ 严峻的气候使居民在冬天存在用水困难，没有可用的露天蓄水池来维持居民的日常用水，所以大量水资源在夏季由俄罗斯其他地区向 RAZ 进行运输，并集中存放至冬季使用，以上运输和蓄水过程对水资源的污染程度较高；最后，由于地方和联邦的资金缺乏，政府没有足够的资金用于解决以上困境。② 而在 RAZ 城市地区，城市地下输水网络的老化是导致城市饮用水污染的主要原因，③ 其中以寄生虫和微生物污染为主，容易造成肠胃传染性疾病的爆发和流行；④ 其次，饮用水当中矿物质含量超标，极易让人体产生心脏类疾病、尿石症和龋齿等。⑤

去工业化进程降低区域人力资本的质量。苏联解体之后，在 RAZ 的城市中心和工业区，因失去政府在资金和政治上的支持，这意味着大量国有企业很难维系旧有的规模，出现了大规模去工业化的现象，⑥ 这种去工业化反而进一步加剧了 RAZ 经济对于初级能源利用和开采的依赖，⑦ 这对于 RAZ 的区域人力资本的质量是一个巨大的冲击。首先，从技能层面而言，大量从事重工业制造的工人面临再就业的困难，要么从事与自己原本行业无关的领域，

---

① Toropushina, E. E, "Social infrastructure of the Arctic regions", ECO, 2009, Vol. 8, p. 120.

② Onishchenko G. G, "Hygienic assessment of supply of drinking water of Russian Federation population, and measures to improve it", Hyg Sanit, 2009, Vol. 2, pp. 4—13.

③ Onishchenko, G. G, "Status of drinking water supply in the Russian Federation", Health Care of Russian Federation, 2005, Vol. 3, pp. 3—7.

④ Onishchenko, G. G, "On the state and measures to ensure the safety of drinking water in the Russian Federation", Hyg Sanit, Vol. 3, 2010, pp. 4—7.

⑤ Orlov, A. A, "Hygienic peculiarities of rural water supply in modern conditions." Hyg Sanit, Vol. 4, 2010, pp. 25—27.

⑥ Vagramenko, Tatiana, "Sustaining Russia's arctic cities: resource politics, migration, and climate change, de Robert W. Orttung." AIBR: Revista de Antropología Iberoamericana, 2018, pp. 463—467.

⑦ Vagramenko, Tatiana, "Sustaining Russia's arctic cities: resource politics, migration, and climate change, de Robert W. Orttung." AIBR: Revista de Antropología Iberoamericana, 2018, pp. 463 —467.

要么离开 RAZ 去俄罗斯南边或者欧洲寻找再就业的机会，根据相关研究显示，整个俄罗斯只有不到 25% 的人口具备适应社会结构的巨大改变并重新回到就业市场的能力，而这个比例在 RAZ 更低，大量有用的技术知识会在时间的流逝中消失。其次，随着俄联邦政府更加强调生态保护，关闭对环境有危害的资源开采点，那些因去工业化失业而不得不从事低端体力劳动的人群失去了谋生的出路，联邦和当地政府也没有解决这些居民的就业问题，① 由此导致的劳动力剩余极有可能使当地酗酒和暴力犯罪的比例上升。②

高等教育机构数量较少限制区域人力资本的发展潜力。高等教育体系的质量对提升区域人力资本的质量具有十分重要的作用，由于北极地区自然环境存在不可逆的特征，而 RAZ 传统的能源、军工、制造产业对其的负面影响又是巨大的，因此，RAZ 亟须环境友好、技术密集型的创新技术来促进地区资源型经济发展，同时，也要保护好当地的生态环境，这离不开掌握此类高新技术的人才和培养这些人才的科研院所和高校的支持。③ 当前俄联邦境内设立北极研究或者与之相关的北极项目的高校总量大概有 29 所左右，分布在 16 个地区。根据以上资料显示，开设北极研究或者相关项目的高校数量在俄联邦境内是不均匀的，在莫斯科、圣彼得堡、阿尔汉格尔斯克较多，其他地区较少，而位于 RAZ 范围内的高校数量则更少，摩尔曼斯克、新西伯利亚地区虽然有所高校开设相关专业，但是数量也就维持在 2 所左右，结合摩尔曼斯克和新西伯利亚的领土面积，这个数量并不高，同时还可能存在本专业的学生将来不会去 RAZ 工作或者在 RAZ 也不会从事与专业相关的工作，因此，从供应方的角度来看，很大程度上限制了 RAZ 区域人力资本的未来发展。

在苏联解体的冲击下，RAZ 失去了以往政府大规模的资金补贴和政策性倾斜，在基础设施年久失修的情况下，RAZ 居民的粮食和饮水安全受到了巨大的威胁，其健康状况和平均寿命远低北极圈其他国家，大量居民迁离

---

① Korchak, E. A., et al., "Human capital of the Arctic: problems and development prospects", IOP Conference Series: Earth and Environmental Science, Vol. 302, No. 1, IOP Publishing, 2019.

② Brenner, M. Harvey, "Mental illness and the economy", Harvard University Press, 1973, pp. 75—92.

③ Carayannis, Elias G., Alexey E., Cherepovitsyn, Alina A. Ilinova, "Sustainable development of the Russian arctic zone energy shelf: the role of the quintuple innovation helix model", Journal of the Knowledge Economy, 2017, pp. 456—470.

RAZ，前往其他地方谋生。作为俄罗斯经济的主要命脉，RAZ 的开发不能随着人口外迁的趋势而有所停滞，但 RAZ 的开发不仅需要高校提供知识支持，也需要产业提供能力储备，不幸的是，苏联的解体让高校和产业都受到了不同程度的影响。作为区域人力资本的三个主要维度，RAZ 人口的健康、能力和知识都远低于苏联时期。

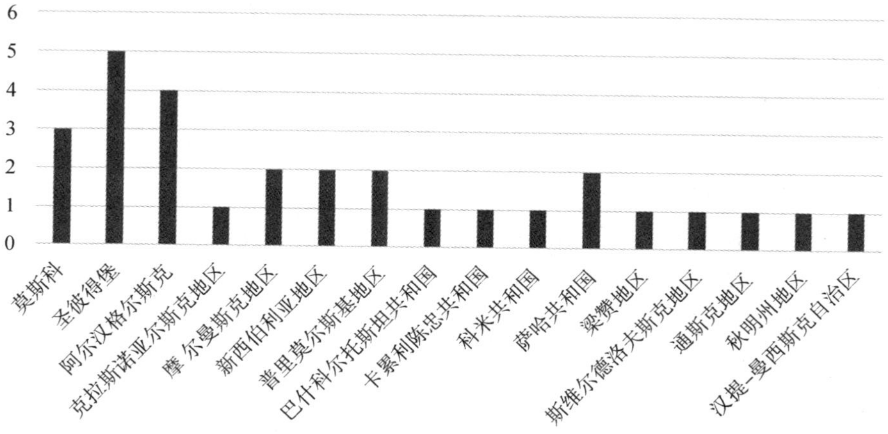

图 8—3　俄罗斯开设北极研究或相关项目的高校数量

资料来源：Gorokhov, Alexander M, et al, "Analysis of Scientific and Educational Space of the Arctic Zone of the Russian Federation and Its Contribution to Social and Economic Development", European journal of contemporary education, 2018, Vol. 7, No. 3, pp. 485—497.

四、区域人力资本限制 RAZ 未来发展

《2035 年前俄联邦北极基本政策》（后文简称"2035 北极基本政策"）在宏观和微观层面上为俄罗斯政府将来的 RAZ 开发规划做出了详细的部署，给 RAZ 区域未来的发展制定了具体的目标。具体而言，该政策从俄罗斯在 RAZ 的国家利益出发，分析了 RAZ 现状和所面临的挑战与威胁，以国家政策的角度对 RAZ 未来的主要发展方向和需要完成的任务制定了六个领域涵盖数十个

词条的具体目标，[①] 是未来 RAZ 开发的纲领性文件。虽然“2035 北极基本政策”覆盖面广，但是各领域发展目标之间存在共同特点，即突出基础设施建设和区域创业创新，而区域人力资源则在很大程度上影响以上既定目标的落实。就 RAZ 现有的区域人力资本而言，RAZ 未来的可持续发展还面临很大的挑战。

（一）“2035 北极基本政策”突出基建与创新

“2035 北极基本政策”强调基础设施的建设。在社会民生领域，俄联邦将“加速人类住宅区的基础设施建设，为边远地区居民的燃料、食品输入提供必要的支持”；在经济领域，“对北方航道的后勤物流中心的基础设施进行改造，鼓励当地工业生产”；在基建领域，“在北方航道和其他海上运输通道沿线建造新的现代化港口并对现有的港口进行升级和改造，修建铁路连接北方航道的欧洲和亚洲出口处，扩大机场的建设”；在科学技术领域，“建设先进的垃圾处理设施”。[②]

产业和技术创新是“2035 北极基本政策”的规划方向。在经济领域，政府将“加大对中小型实体企业的支持，提升创业氛围”“提高水产品的开发和开采效率，提高产品附加值”；在农业生产领域，“提高中等职业教育和高等教育从业人员标准和水平”；在基建领域，“在 RAZ 建立航行安全和交通流量管理系统，涵盖水文、航行等方面”“开发不受外国技术和信息管理的北极永久性综合空间检测系统和设施”“升级信息和通信技术基础设施，通过在北方航道铺设光缆来为地区居民提供优质的通信服务”“发展可再生能源在 RAZ 的使用比例”；在科学技术领域，“加强重点领域的基础研究、应用研究及应对自然灾害的研究”；在环境安全领域，“改进环境监测系统、充分利用现代化信息通信技术，以卫星、海洋平台、科考船、科研站和天文台为依托进行观测”“建设先进的垃圾分类和处理系统”。

相比《到 2020 年俄联邦北极基本政策》，《到 2035 年俄联邦北极基本政

---

① 其中还涉及到国际合作与国际安全，而本文主要聚焦于 RAZ 地区内部发展，因此不在此提及。

② 《到 2035 俄罗斯联邦北极基本政策》，https：//portnews. ru/upload/basefiles/2203_0001202003050019. pdf。（上网时间：2020 年 9 月 12 日）

策》就地区发展目标而言没有太明显的差异性，只是在前者的基础上对各项地区发展目标进行了细化，这说明大多数目标还没有充分实现，也反映出RAZ开发存在大量长期不能解决的问题。

（二）区域人力资本落后限制RAZ未来发展

现有区域人力资本无法满足RAZ未来大规模的基础设施建设。随着科技的进步，世界上基础设施的建设很大程度上正经历从劳动密集型向技术密集型的转变，然而，北极特殊的冻土结构和严寒的气候使一些大型的施工设备和材料无法运输到预定的施工地点，① 因此，RAZ的基础设施建设依旧保持着劳动密集型的特征。同时，RAZ特殊的地理和生态条件要求地区开发必须在环境保护和资源开发间保持平衡，这需要一定的知识和产业技术创新作为先决条件，② 然而，RAZ的区域人力资本在苏联解体之后不仅总量逐年呈现震荡下滑的趋势，其质量也因前文所提到的各类因素出现大幅度下降，在健康、知识和能力三个标准上都明显低于苏联时期的水平，无法满足未来RAZ地区的对区域人力资本的要求。

RAZ区域人力资本总量的不足延缓地区开发进度。苏联解体后，RAZ总体人口呈下降趋势，在2019年降至250多万人，相对于俄罗斯总人口的1.4亿而言，只占总人口的1.7%左右，同时并不是所有人口都能被归于区域人力资本，所以用如此少的人力资本总量去开发占俄罗斯国土面积近1/3的RAZ对俄政府而言是一个巨大的挑战。“2035北极基本政策”对RAZ的地区开发规划要求后者在机场、航道、能源运输等方面进行基础设施的建造与升级，这对于RAZ区域人力资本而言是一个近乎难以实现的目标。首先，北方航道作为连接东北亚与欧洲北部最近的航道，全长5500多公里，沿线穿过包括摩尔曼斯克州、涅涅茨自治区、亚马尔—涅涅茨自治区、楚科奇、科米共和国、萨哈共和国、克拉斯诺亚尔斯克和阿尔汉格尔斯克等地区，在以上地

---

① Frolov Igor E, “Development of the Russian Arctic zone: Challenges facing the renovation of transport and military infrastructure”, Studies on Russian Economic Development, 2015, Vol. 26, No. 6, pp. 561—566.

② Romashkina, G. F., N. I. Didenko, D. F. Skripnuk, “Socioeconomic modernization of Russia and its Arctic regions”, Studies on Russian Economic Development, 2017, Vol. 28, No. 1, pp. 22—30.

区中，只有摩尔曼斯克和阿尔汉格斯克具有相对丰富的人力资本储备，前者的人口为70万左右，后者则为35万左右，两者总和占据整个RAZ人口总量的近乎一半，但离北极点较近的其他地区则人口稀少，如果在以上地区的海岸建立北方航道的中转港口将面临区域人力资本不足的现实；其次，由于RAZ各地区的定居点相对固定，而彼此间又距离遥远，在各定居点之间实现能源的集中供应需要架设很长的电缆或者能源管道，横跨整个RAZ地区，其施工难度不亚于19世纪修建跨西伯利亚铁路，无论是施工周期还是施工设备都需要巨大的人力资本投入，而RAZ的区域人力资本储备很难满足以上要求。总体而言，RAZ的区域人力资本总量还远远不能满足俄罗斯政府对RAZ未来的基础设施建设规划，即使从其他国家和地区引进额外的人力资源储备也面临诸如成本、国家安全等问题，地区开发进度将会受到很大的限制。

RAZ区域人力资本质量低下限制地区发展潜力。如前文所述，区域人力资本的质量主要体现在健康、能力和知识这三个标准上，但当前RAZ的区域人力资本质量并不能适应未来北极长期开发与建设的需求。就健康而言，在RAZ地区工作的人群容易受到极地压力综合征的影响，即北极地区的低温、强风、短暂并且寒冷的夏天、高湿度、极昼或极夜、缺乏太阳辐射、地磁活动、气压的突然变化等会影响人的身心健康，① 在面临远高于其他地区的高工作强度的情况下，需要相应的从业人员具备良好的健康条件以适应北极地区工作的特殊要求，但由于基础设施的落后，RAZ大多数居民面临营养不均衡、食物和饮用水污染等现象，身体健康严重透支，这将无法为RAZ未来可持续发展提供有效的人力资本。就能力而言，RAZ开发需要施工者具备必要的技能，例如，RAZ铁路系统的施工需要建设者掌握热稳定理论在实际情况下的运用，能采取具体措施预防土壤温度升高及冻土永久性退化对铁路的影响，同时能解决铁轨附近积水的问题；② 机场的施工需要克服低温、积雪、

---

① Færevik, Hilde, et al, "Arctic weather protection, health effects, monitoring systems and risk assessment", SINTEF, 2013.

② Fazilova, Zulfiya T, Vladimir V. Shapran, "Operation of civil and linear facilities of railway transport in Arctic zone", 2018 IEEE International Conference "Quality Management, Transport and Information Security, Information Technologies", IEEE, 2018.

大风对飞机跑道的影响，以确保航班的安全起降；① 新港口的建造和旧港口的翻新也需要施工队伍对附近的地理和地貌条件进行分析和调查，并结合相关数据同时运用合理的建造材料进行施工。② 而 RAZ 区域人力资本在去工业化进程的冲击下，无论是理论知识还是技能实践远远落后于 RAZ 未来的发展需求。就知识而言，高素质人才的缺乏限制了 RAZ 经济发展的多样性，从而降低了北极可持续发展的质量，RAZ 地区由于收入水平较低和交通落后导致区域内适龄儿童得不到高质量的基础教育，甚至部分地区缺乏必要的教育基础设施，③ 此外，如前文所述，设置与北极项目相关的大学和研发机构数量较少，在缺乏政府资助和私人资本投资的情况下，许多适合当地环境的科研项目并不能得到必要的资金支持，严重影响了区域内可持续发展的质量。

在区域人力资本总量和质量都呈现明显下滑趋势的情况下，RAZ 整体的发展受到了极大的限制。作为俄罗斯国家发展的核心利益区域，RAZ 如果不能通过基础设施建设的更新与创新产业的发展来转变当前粗犷型的地区开发模式，那么在未来面临北极冰层日益消融所带来的各种地缘政治挑战时，俄罗斯将很大程度上处于不利的地位。

结　语

综上所述，苏联解体后，RAZ 的区域人力资本的变化情况大致如下。

相对于苏联时期的北极区域人力资本状况，俄联邦时期的北极区域人力资本在总量和质量两个维度均出现大幅度的下滑，苏联解体对于俄属北极地区的区域人力资本的冲击是巨大的。在苏联时期，北极地区人口总量基本呈现逐年大幅度上升趋势，而俄联邦时期的北极地区人口总量则呈现震荡下降的趋势，同时，俄联邦时期的区域人力资本质量在健康、能力和知识三个维

① Ingeman - Nielsen Thomas, et al, "Kangerlussuaq Airport Deformations and construction failures in Arctic Permafrost areas", ARTEC International Conference AIC 2018: Transportation Infrastructure Engineering in Cold Regions, 2018.

② Romanenko, Fedor, et al, "Geological and geomorphological conditions for the construction of seaports in the Arctic in the first half of the twentieth century", Geophysical Research Abstracts, 2019, Vol. 21, pp. 1—2.

③ Bolsunovskaya, Yulia, Arkady E. Sentsov, "Human potential as a strategic resource of the Russian Arctic sustainable development", RPTSS, 2016, Vol. 28, pp. 1—4.

度均远低于苏联时期的水平，当地居民的身体不仅因营养不良而且因饮水污染而长期处于亚健康状态，域内居民大多从事低技术含量的简单体力劳动，同时，开设与北极相关的专业及科研项目的高校较少，无法为本区域的开发提供合格的人才。

表 8—1　苏联和俄联邦时期区域人力资本在数量和质量上的对比

<table>
<tr><th colspan="2"></th><th>苏联时期单位：人</th><th>俄联邦时期单位：人</th></tr>
<tr><td colspan="2" rowspan="5">人口数量变化</td><td>980800（1939 年）</td><td>2707000（2002 年）</td></tr>
<tr><td>1671200（1959 年）</td><td>2480600（2010 年）</td></tr>
<tr><td>2209400（1970 年）</td><td>2406400（2018 年）</td></tr>
<tr><td>2690600（1979 年）</td><td>2530000（2019 年）</td></tr>
<tr><td>3420200（1989 年）</td><td></td></tr>
<tr><td rowspan="3">人力资本质量</td><td>健康</td><td>享有丰富的食物和水供应</td><td>食物和水资源污染严重，居民营养不良</td></tr>
<tr><td>能力</td><td>拥有大量中高级技术人才</td><td>人才外流严重，简单体力劳动者居多</td></tr>
<tr><td>知识</td><td>配备大量科研院所和实验设备</td><td>开设与北极相关专业和项目的高校较少</td></tr>
</table>

资料来源：Fauzer Viktor V，et al，“Methodology for Defining Pivotal Settlements in the Russian Arctic”，Economic and Social Changes：Facts，Trends，Forecast，2019，Vol. 12，No. 5，pp. 25—43.

具体而言，RAZ 地区占据俄罗斯国土面积的大部分，其未来的发展将以自然资源的开采为核心，在能源供给、基础设施的升级与建造、创新及旅游产业的开发、自然环境保护等多方面展开，其中能源供给和基础设施的升级与建设是其他领域发展的基础，以能源供给为例，如果要改变当前 RAZ 域内以燃烧传统化石能源为主的现状，就不得不将摩尔曼斯克和亚马尔等地区的天然气以管道的方式连接到 RAZ 域内其他地区，同时在这些地区内部修建密集的天然气管道网络与天然气主干线相连接，形成密集的能源输送网络，这样巨大的工程不仅需要大量资金投入，更需要大量的人力资本投入，而当前的 RAZ 区域人力资本总量是无法满足这个要求的，在没有完善的基础设施的前提下，私人资本基本无意参与 RAZ 的区域开发，地区整体发展趋势并不明朗。

同时，随着北极冰层的融化，北极地区自然资源的开发难度和成本会比现在降低，而北极天然气和石油的80%都蕴藏在俄罗斯北极大陆架的范围之内，在西伯利亚的自然资源耗尽之后，RAZ 的能源储备将成为俄罗斯能源出口型经济的主要支撑，而这些自然资源的开采和利用对区域人力资本质量的要求较高：首先，由于北极极端的气候和地质条件，在 RAZ 的大多数工作岗位都需要员工的身体素质能够适应北极地区高强度的工作模式；其次，在 RAZ 的主要产业以能源为主，相关设备的操作和维护都需要员工具有相关的操作技能，以 RAZ 海上油气平台为例，员工不仅需要掌握现代化的信息集成管理系统，还必须能对设备损坏进行紧急维修；最后，北极不可逆的环境特点客观上要求 RAZ 域内的各类产业发展以科技密集型为主，在开采自然资源的同时最大程度上降低前者对环境的破坏，以实现可持续发展，而这不仅需要大量的资金和技术投入，更需要相关高校及科研机构为此提供大量的人才以供匹配。然而，苏联的解体对 RAZ 的区域人力资本的冲击是巨大的，域内居民不仅长期营养不良，也无法得到安全的饮水供应，身体健康状况十分糟糕。此外，在没有足够的制造业作为支撑的情况下，大量技术工人离开 RAZ 到俄罗斯其他地区寻求就业机会，留在域内的技术工人也因缺乏工作岗位而不得不从事一般的体力劳动，区域人力资本的质量已无法满足 RAZ 未来的发展要求，加之俄罗斯国内与北极研究相关的高校及科研机构数量匮乏，未来该地区的发展潜力已受到极大的限制。

苏联解体初期 RAZ 地区并不是俄罗斯政府关注的重点。俄罗斯面临着更多紧迫的地缘威胁：波罗的海三国加入西方阵营使俄罗斯通往大西洋的入海口受到限制，欧盟和北约的东扩跨越波兰和乌克兰直逼莫斯科和圣彼得堡这样的国家政治和经济中心，中亚地区的离心力使俄罗斯在该地区的传统影响力受到削弱，来自中东的极端伊斯兰势力正向高加索地区渗透等。在普京近 20 年的努力下，俄罗斯在以上地区勉强维持了地缘战略均势，在某种程度上遏制了周边地缘政治风险恶化的势头，然而在这一系列短期地缘政治博弈的影响下，作为俄罗斯国家经济发展驱动力的 RAZ 地区的发展却长期停留在政策层面，新冠肺炎疫情和中美对峙的升级在某种程度上缓解了俄罗斯周边的地缘政治压力，使其可以腾出精力与时间经营 RAZ 地区，为国家未来发展奠定牢固的基石，但在短期内无法解决受到苏联解体冲击产生的 RAZ 区域人力资本问题，如果后续俄罗斯周边某个地区的地缘政治风险上升，导致俄罗斯陷入不间断的短期地缘博弈之中，那么北极发展的困局也将长久地持续下去。

变动世界中的北极秩序：生成机制与变迁逻辑*

徐广淼**

一、问题的提出：现实政治张力下的北极秩序初探

近年来，北极地区以下变化值得关注：一是2018年发布的《中国的北极政策》白皮书指出，中国积极倡导构建“人类命运共同体”，致力于维护和平、安全、稳定的北极秩序。① 二是美国国防部2019年公布的《北极战略报告》发生重大战略转向，一改以往以北极环境保护与国际合作为主的战略，转为强调北极已经进入了大国战略竞争时代，并正式将北极视为与中国和俄罗斯进行战略竞争的“潜在走廊”。② 三是俄罗斯于2020年出台的《2035年前俄罗斯联邦国家北极政策原则》中，首次将“保障主权与领土完整”置于北极国家利益中的首要位置，并强调了北极经济领域甚至是军事领域的高竞争性和对抗性，将此作为对美国北极新政策中将俄罗斯视为北极最大的挑战者的回应。③ 以上形势变化说明，北极地区的地缘政治态势在近年间呈现

---

* 原文刊登在《俄罗斯东欧中亚研究》2021年第1期，题目为《变化世界中的北极秩序：生成机制与变迁逻辑》，内容略有增改。

** 徐广淼，华东师范大学国际关系学院副教授。

① 国务院新闻办公室：《中国的北极政策》白皮书，2018年1月26日，http://www.scio.gov.cn/zfbps/32832/Document/1618203/1618203.htm。（上网时间：2020年1月22日）

② 郑洁岚：《美国新版〈北极战略报告〉再次凸显冷战思维》，中国网，2019年6月14日，http://opinion.china.com.cn/opinion_89_208589.html。（上网时间：2020年1月22日）

③ Путин, новая стратегия развития росси иско и Арктикидо 2035 годабудетпринятавэтомгоду – Экономикаибизнес, ТАСС, https: tass. ru ekonomika 6312429.（上网时间：2020年1月22日）

“由合作到竞争”的主调转向。“人类命运共同体”作为中国在北极倡导的秩序愿景，与北极地缘政治中“大国竞争”回归的现实间存在较大张力。北极国际合作，尤其是“冰上丝绸之路”的推行将面临着日益复杂的地区博弈与较大的不确定性。

更大的不确定性紧跟着新冠肺炎疫情大暴发而到来。2020 年初暴发的新冠肺炎疫情前所未有地改变了人类发展进程与当前的世界秩序走向，后疫情时代不期而至。美国著名作家托马斯·弗里德曼（Thomas Loren Friedman）指出新冠肺炎疫情将或将成为“疫情前（B. C.：Before Corona）的世界和疫情后（A. C.：After Corona）的世界”的历史分界点。① 美国前国务卿亨利·基辛格 2020 年 4 月 3 日在《华尔街日报》发表的题为《新冠病毒大流行将永远改变世界秩序》的文章中指出，新冠病毒对人类健康的影响可能是暂时的，但它所引发的政治和经济动荡可能会持续几代人。② 然而新冠肺炎疫情如何影响世界秩序和世界秩序的发展走向，以及从事实判断上来讲，目前世界秩序是否已经出现两极格局或多极格局，抑或是正在朝向两极化或多极化发展？对于这些问题，学界目前存在诸多争论。③ 然而国内外部分学者仍能

---

① Thomas Loren Friedman，“Our New Historical Divide：B. C. and A. C. —The World Before Corona and the World After”，The New York Times，March 17，2020.

② 《基辛格：新冠病毒大流行将永远改变世界秩序》，人民网，2020 年 4 月 5 日，http：//world. people. com. cn/n1/2020/0405/c1002 – 31662365. html。（上网时间：2020 年 6 月 20 日）

③ 2020 年以来国内学者关于世界格局的现状及发展方向的相关讨论。参见：冯绍雷：《“自由国际秩序”、多极化与俄罗斯的“2024 议程”》，《俄罗斯研究》2020 年第 1 期，第 3—38 页；阎学通：《2019 年开启了世界两极格局》，《现代国际关系》2020 年第 1 期，第 6—8 页；赵华胜：《中俄美关系与国际结构：从多极到两极?》，《国际关系研究》2020 年第 4 期，第 3—20 页；冯玉军：《“后疫情时代”的世界秩序与俄罗斯的战略选择》，《亚太安全与海洋研究》2020 年第 5 期，第 1—22 页；Тимофей Бордачев，Биполярное расстройство：Какие риски несет миру переход к новой биполярной системе，https：//profile. ru/columnist/bipolyarnoe – rasstrojstvo – 271423/；Алексей Громыко，Об иллюзиях новой биполярности，https：//russiancouncil. ru/analytics – and – comments/analytics/ob – illyuziyakh – novoy – bipolyarnosti/（上网时间：2020 年 10 月 20 日）；Александр Яковенко，Новая биполярность：кто не с нами，тот против нас，https：//russiancouncil. ru/analytics – and – comments/comments/novaya – bipolyarnost – kto – ne – s – nami – tot – protiv – nas/？sp hrase_ id = 47916484.（上网时间：2020 年 10 月 20 日）

达成一定共识，即认为新冠肺炎疫情加速了中美两极化的趋势，[①] 但未来20—50 年间，世界最终形成两极还是多极格局，抑或是更复杂的“文明的冲突”的可能性，存在诸多变数。

世界秩序的加速变化继续深刻影响着已经步入竞争时代的北极。作为世界主要政治、军事与经济力量汇聚的北极地区，目前已经成为世界大国战略竞争与秩序博弈的最主要投射地之一。可以说，北极地区当前的政治态势是世界格局变化的缩影，而世界秩序的走向也将直接塑造北极地区秩序可能出现的发展方向。因此，北极秩序有着怎样的基本形态和生成机制（即与世界秩序的互动关系，以及与体系内大国北极战略的互相塑造），以及其地区秩序的变迁存在怎样的独特的发展逻辑，是本文聚焦的基本问题。对这一问题的探讨将有助于从秩序的维度透视北极地区的政治张力，为构建具有弥合这一政治张力、凝聚最大理念共识作用的“北极命运共同体”的理念内涵、具体实践提供实证基础。

目前国内外学界较少从秩序层面研究北极相关议题，北极地区秩序研究有待深入开展。由于北极地区“陆海兼备、陆包围海、大国环伺”的特殊地缘格局，笔者将北极秩序看作是世界秩序体系下海洋秩序和地区秩序的重要组成部分。关于海洋秩序的定义，国内部分学者侧重从海权的角度进行诠释。如宋德星、程芬认为，海洋秩序作为海上霸权的副产品，首先是基于世界领导地位的海上实力安排，其次是海上贸易基础上的开放性制度安排，最后是海洋国家的海上势力范围及其倡导的基于海事实践的海上惯例。[②] 牟文富认为海洋秩序是海上权力——权利的关系。[③] 还有学者侧重从规则角度定义海洋秩序。齐皓认为海洋秩序是相关国家行为体在海上通行、划定海洋边界和处理相关海洋争端时所共同遵循的行为准则。[④] 然而无论是海权角度还是海

---

① 赵华胜：《中俄美关系与国际结构：从多极到两极?》，《国际关系研究》2020 年第 4 期，第 3—20 页；谢尔盖·卡尔加诺夫、德米特里·苏斯洛夫等：《俄罗斯外交政策新思想》，《俄罗斯研究》2020 年第 4 期，第 115—116 页；宋国友：第十三届政治学与国际关系学术共同体年会，2020 年 8 月 13 日。

② 宋德星、程芬：《世界领导者与海洋秩序——基于长周期理论的分析》，《世界经济与政治论坛》2007 年第 5 期，第 99—105 页。

③ 牟文富：《海洋元叙事：海权对海洋法律秩序的塑造》，《世界经济与政治》2014 年第 7 期，第 65 页。

④ 齐皓：《东亚海洋争端与海洋秩序的演变》，《国际政治科学》2018 年第 3 期，第 7 页。

洋规则角度定义下的海洋秩序，均忽略了观念分配在秩序构建中的价值。吴士存、陈相秒结合西方主流国际关系学者的观点，提出海洋秩序由三个要素组成，即权利分布、规则体系和话语建构。① 而在关于地区秩序的定义中，门洪华从大国主导国际秩序的角度，认为地区秩序是存在互动关系的相邻国家之间权力分配、利益分配和观念分配的结果。② 结合海洋秩序和地区秩序的相关定义，本文将北极秩序定义为相关行为主体在参与北极事务中所呈现的权力结构、规则体系和价值体系。其中，权力结构在北极秩序中具有内生性，对秩序的生成及变迁起主导作用。③

基于此，本文从体系层次分析北极秩序的基本形态与生成机制，并运用历史时段理论，揭示秩序变迁的动因和逻辑。进而基于对当前大国北极竞争态势与地区合作中的现实问题，分析后疫情时代北极秩序面临的挑战，在此基础上初步探讨北极秩序与“北极命运共同体”理念构建之间的关联。

二、北极秩序的基本形态与生成机制

现实主义在讨论国际秩序的构成要素时将权力视为核心变量，而结构现实主义则强调权力结构对体系逻辑和国家行为的支配作用，即权力结构的基础性作用。④ 本文在承认权力结构的基础性作用之外，同时认为自由主义强调的规范以及建构主义关于国家间互动构成的集体身份结构的理论同样对秩序的形成产生重要影响。但在探讨秩序的基本形态和生成机制时，本文的分析视角仍是基于结构现实主义，从体系入手考察北极秩序中权力结构、规则体系和价值体系之间的互动机理，得出对北极秩序基本形态的认识，并从单元与体系两个层次的互动中揭示北极秩序的生成机制。

---

① 吴士存、陈相秒：《论海洋秩序演变视角下的南海海洋治理》，《太平洋学报》2018 年第 4 期，第 26 页。

② 门洪华：《地区秩序建构的逻辑》，《世界经济与政治》2014 年第 7 期，第 8 页。

③ 秦亚青将秩序的类型分为权力主导型、制度主导型和规范主导型，而北极海洋秩序中的权力结构具有内生性，规范依附于权力的特征明显，因此属于权力主导的秩序类型。详见秦亚青：《国际体系、国际秩序与国家战略的选择》，《现代国际关系》2014 年第 7 期，第 14 页。

④ 于海洋：《权力结构与协商规范：东北亚区域体系的历史变迁及其启示》，《东北亚论坛》2018 年第 4 期，第 57 页。

（一）北极秩序的基本形态

北极秩序在体系层面的基本形态表现为美俄“双中心”权力结构、海洋法主导下的“低政治”规则体系与“差序”结构的地区认同体系。

1. 美俄“双中心”权力结构

从传统的陆权和海权理论来看，北极地区的陆地属于世界岛靠近四周海洋的“边缘地带”，而北冰洋则呈现出大国环伺的“地中海”格局。这样一种类似于“半闭海”的地缘形势使得美国这一自苏伊士运河危机以来在世界海洋秩序中居于主导地位的海上霸权国家在北极遭遇到了来自俄罗斯的不小挑战：首先，俄罗斯主张对北方海航道水域的管辖权，美国奉行的“航行自由”原则在北极面临着来自俄罗斯的阻力。其次，美国目前对北极的关注缺少贸易需求这一原动力，而仅仅从安全利益出发的海权建设在地区内将难以长期维持。反观俄罗斯在北极持续增长的能源出口需求和北极航道过境贸易需求则不难看出，虽然美国在30年前的世界海权争霸中击溃了苏联，但在当前的北极海上权力的博弈中，俄罗斯则从海军建设、海上通道建设和贸易需求三方面均体现出更持久的综合海权实力。

而美俄两国同样也是世界秩序层面发挥重要作用的大国，美俄两国在域外的互动产生的外溢效应也使北极地区的安全机理从属于俄美关系。① 北极五国（濒临北冰洋的五国：美、俄、加、挪、丹）中的其他三国加拿大、挪威和丹麦均为北约成员国，在地区安全上很大程度从属于美国，② 而北极八国（成立于1996年的北极理事会常任成员：加拿大、丹麦、芬兰、冰岛、挪威、俄罗斯、瑞典和美国）之外的其他大国则很难在北极安全事务层面挑战美俄的地位。需要指出的是，北极秩序中并没有像东亚秩序一样，形成所谓

---

① 邓贝西、张侠：《俄美北极关系视角下的北极地缘政治》，《太平洋学报》2015年第11期，第38页。

② 加拿大坚持北极西北航道的管辖权主张，与美国的“航行自由”主张并非没有利益冲突，但由于北极西北航道的商业通航能力、贸易通道的发展前景远逊于东北航道，并且美加间远没有形成美俄间的结构性矛盾，因此在海权视角下，加拿大并不足以成为北极的第三个权力中心。

的安全中心与经济中心的“二元格局”①，美国与俄罗斯实际上均属于秩序中的安全中心。然而海权具有军事上的独霸性，区域海上霸主通过军事垄断实现海上安全并提供海上通道为参与者共享。而美俄两国目前在北极均缺乏军事垄断能力，通道供给能力也有局限。② 因此，如果没有域内外的第三方力量对美俄在北极的经济、军事活动起到制衡作用，那么双中心的权力结构也难以避免安全困境，进而加剧地区内本已存在的两极化的趋势。而北极的社会经济发展又长期孤立于国际社会之外，明确的经济中心也没有形成，这为北极八国之外的其他国家参与北极经济秩序的整合提供了较大空间。

2. 海洋法主导下的“低政治”规则体系

北极秩序作为世界海洋秩序的一部分，其规则体系必然受1982年《联合国海洋法公约》（以下简称《公约》）这一全球性的规则所主导，北极事务中最为敏感的航行规则、大陆架划分和资源开发等问题主要在《公约》的框架下进行协调。《公约》在北极秩序中作为规则的主导性主要受到来自美国的挑战。美国不是1982年《公约》的签署国，并且向来依据“习惯法”主张最广泛意义上的“航行自由”，以求在《公约》框架之外塑造对自身有利的海洋秩序。③

北极域内的规范多为涉及航运、环境保护、污染治理、海上搜救等“低政治”领域的“软法”性文件，近年来开始呈现出从碎片化“软法”到体系化“硬法”发展的趋势。北极理事会分别于2011年和2013年通过的《北极海空搜救合作协定》与《北极海洋石油污染预防与应对合作协议》均已属于具有强制色彩的区域协定，而由国际海事组织制订并于2017年正式生效的《极地水域船舶航行国际准则》则明确具有强制性。④

3. 地区身份认同体系中的“差序”结构

国际关系理论中的地区认同是集体认同的一种，是若干地理上接近并相

① 有关东亚二元格局的讨论，参见周方银：《中国崛起、东亚格局变迁与东亚秩序的发展方向》，《当代亚太》2012年第5期，第4—32页。

② 虽然俄罗斯掌握了北极东北航道中至为关键的北方海航道，但只要技术和气候达到条件，高纬度航线和北极中央航道在战略地位层面完全可以取代东北航道。

③ 马得懿：《海洋航行自由的制度张力与北极航道秩序》，《太平洋学报》2016年第12期，第4页。

④ 马得懿：《北极航道法律秩序的海洋叙事》，《社会科学战线》2018年第8期，第204页。

互依存的国家在观念上与本地区其他国家的认同以及将自身视为地区整体一部分的意识。① 当前北极秩序中存在着一种类似于“差序”结构的身份认同体系。这里的“差序”结构并非中国乡土社会结构中所谓的“以己为中心，像水的波纹一般，一圈圈推出去……”② 的界限森严的等级制，而是倾向于从群体资格上理解各行为体在群体中身份认同的差异性。形成这一结构的原因在于北极地区特殊的地缘结构，以及海洋法公约作为规则主导赋予了地区成员天然有差别的权利，而北极理事会等域内机制对各国身份和权限的严格限制又进一步强化了这种差异性。

与世界上大多数海域和地区不同的是，北冰洋四周被陆地包围，始终处于相对封闭的地缘结构中。加上海洋法体系下，北冰洋沿岸国对北极海域的主权和延伸极广的大陆架主张，都使得北极沿岸国从地缘和海洋法两方面均获得绝对的地区中心地位。而其中居于核心的是上文提到的美俄两国，美俄两国因此具有更强的构建北极秩序的叙事能力。北极地区身份认同体系的第二层是加拿大、挪威和丹麦，三国的北冰洋沿岸国身份保证了其在北极发展海权和构建话语权的基本条件。第三层是瑞典、芬兰和冰岛，作为拥有北极领土和原住民群体的北极国家，三国具有相对较强的域内安全、经济、环境保护等议题的议事能力。以上三层国家均为北极理事会的正式成员国，即一般所指的北极国家。而北极地区身份认同体系的第四层则是在北极拥有国家利益、积极参与北极事务的国家，这些国家被称为北极利益攸关国，其内部不按照地理临近，而是根据各国参与北极事务的能力进行分层。这些国家在北极不具有任何主权主张，但拥有国际法中有关公海、别国领海、专属经济区等规定赋予的相应国家权利。但由于北冰洋的公海区域多为被冰层覆盖，也被沿岸国的专属经济区、领海包围，因此可以说，第四层国家仍属于北极秩序中的地理不利国，③ 并且由于受当前秩序规则体系及制度安排的限制，这些国家目前在北极安全议题上的议事能力很低，但对经济、环境保护、污染治理、海上搜救等低政治领域议题拥有与其北极利益和国家实力相符的参与能力。中国、日本、韩国等国即属于这一层。

① 刘兴华：《地区认同与东亚地区主义》，《现代国际关系》2004 年第 5 期，第 18 页。

② 费孝通：《乡土中国》，三联书店 1985 年版，第 141 页。

③ 有关“地理不利国”的论述，参见邢望望：《海洋地理不利国问题之中国视角再审视》，《太平洋学报》2016 年第 1 期，第 11—19 页。

当前北极秩序形态下，地区身份认同体系中存在的“差序”结构受权力结构的塑造，且较大程度上外在于规则体系，并被以北极理事会为代表的地区机制进一步固化，因此将在较长的时期内具有稳定性。但认同体系中的第四层的行为主体相对流动，并表现出扩大趋势，从而说明北极地区这一概念的外延是可拓展的。

（二）北极秩序的生成机制

通过分析可以发现，北极秩序在体系层面具有权力结构的内生性、规则的“低政治”性和身份认同体系中的“差序”结构的基本形态，这一形态在当前世界秩序深度调整与重构，全球化发展受阻，大国关系中关系结构性矛盾凸显的国际局势下也在不断生成新的变化。一系列外部障碍促使北极事务中安全议题的地位不断上升，居于权力结构中心的美俄两国在域内的矛盾进一步加剧，所形成的内生困境也会反向影响到美俄在国际事务中的互动，从而体现出北极秩序内生困境与外部障碍并存的矛盾现状。

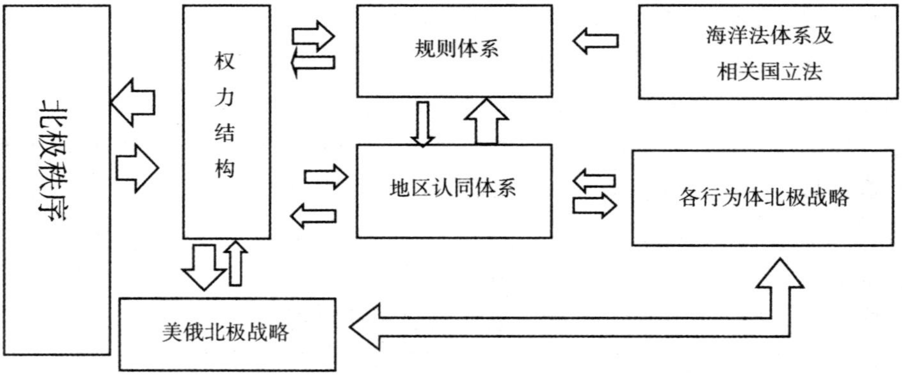

图 9—1 北极海洋秩序生成机制

资料来源：作者自制。

由此可以看出，权力结构是北极秩序的生成枢纽，通过此枢纽形成了北极秩序生成的三条进路：首先是美俄北极战略及其互动组成的权力结构中心，直接影响北极秩序的生成；其次是海洋法主导的地区规则体系在地区权力结构的博弈中形成，同时也在反向重塑权力结构和地区认同体系的过程中影响秩序的生成；最后是单元层面各行为主体北极战略的实施与互动过程中，北极秩序也在演变和重塑。各行为主体的北极战略间存在较强的互动关系，并由当前北极秩序所塑造，而当现有北极秩序面临内生困境和外部障碍时，各行为主体的北极战略随之调整，从而影响地区认同体系，并进一步重构地区的权力结构，进而重塑北极秩序。

三、科技驱动与体系投射：历史时段理论下的北极秩序变迁逻辑

历史时段理论主张不去过多关注大历史中的特殊人物、偶然事件，而应关注和考察更持久地发挥作用的结构性因素。年鉴学派第二代领军人物布罗代尔在历史时间中区分出长时段、中时段和短时段，分别代表历史中的地理时间、社会时间和个人时间，① 并认为长时段中的结构因素和中时段的局势因素更能揭示实质性的历史进程，而短时段所关注的个人与事件并无太多的探究价值。秩序的生成和演变无法在短时间内实现，并且受结构和局势的影响要远远大于事件，因此秩序变迁研究也适合在长时段和中时段的历史中加以考察。本部分借助历史时段理论考察北极秩序在长时段、中时段和短时段下变迁的动因，梳理北极秩序自形成以来的演变，从而挖掘潜藏在热门事件背后北极秩序变迁的历史逻辑，从中寻找当前北极秩序安全困境的根源，探索现有北极秩序面临的问题与挑战。

（一）历史时段理论下北极秩序变迁的动因

和世界秩序相比，北极地区秩序形成的时间并不长。如果以北极开始成为世界秩序中一个独立的政治单元为标准，那么 19 世纪后半叶，西欧国家开始关注北极航道的商业利用，和俄国、美国一起形成了最初的北极政治格局就是北极秩序形成的起点。自此以来，地理环境改变、技术驱动与体系投射、大国北极政策实施分别构成了北极秩序长时段、中时段和短时段变迁的动因。

---

① ［法］费尔南·布罗代尔著，唐家龙、曾培耿等译：《菲利普二世时代的地中海和地中海世界（上卷）》，商务印书馆 1997 年版，第 10 页。

而北极不到两个世纪的地区秩序变迁中，中时段的技术驱动与体系投射起到的作用至关重要。

1. 作为长时段因素的地理环境

地理环境在长时段中塑造了北极秩序的结构和基本框架。布罗代尔的长时段指的是一个世纪甚至是更长单位度量的时段，这一时段内制约着人类社会面貌的因素被称之为结构。结构意味着稳定、限制，即使是变化也较难察觉。① 可以说，150 年前，是地理环境的改变构成了北极秩序的起点。这是因为 19 世纪中叶以后，世界工业化进程展开，燃料使用增加导致的温室效应开始引发全球气候变暖，北极航道商业通航的可能引起了西欧的关注，第一批欧洲航海家和商人继而通过北极东北航道完成了从欧洲到印度洋的探索。因此，地理环境的改变客观促成了北极进入世界经济体系的大循环当中。同时，就像河床决定了河流的走势一样，北极自身特殊的地理格局也决定了北极秩序要在其独特的地缘框架内发展。长时段的地理环境因素影响下，北极秩序的基本框架自生成以来相对保持稳定，而秩序的演变进程则更多受到中时段的局势因素影响。

2. 作为中时段因素的科技驱动与体系投射

在地理环境条件变化较缓慢的前提下，支配北方海航道开发历史进程最关键的周期性因素就是北方海航道开发关键技术的变迁。布罗代尔的中时段指的是比长时段短的时期内形成的一些周期性要素，也就是所谓“局势”，是隐藏在河流表面浪花背后的“深海暗流”。② 科学技术的不断发展推动着北极地区权力结构的演变和观念的更新，进而促进了规则演化的进程，并最终形成秩序的更替。拿北极航行中至关重要的造船技术来举例。19 世纪之前，俄罗斯北方沿海居民在探索北方海域时使用的是名为“科契”（Поморский коч）的木制船。③ 随后木帆船逐渐代替了科契船，然而木帆船极易受到北方海域的航行条件限制，加上“小冰河期”气候严寒的影响，在这一时期的技术及地理条件下，北极航道仍然是无法攻克的“天堑”，未能赶上大航海浪潮的红利而被逐渐遗忘。直到 19 世纪中叶，蒸汽机轮船已广泛替代了木帆

---

① 王伟：《布罗代尔史学研究》，复旦大学博士学位论文，2012 年，第 81 页。

② ［法］费尔南·布罗代尔著，唐家龙、曾培耿等译：《菲利普二世时代的地中海和地中海世界（上卷）》，商务印书馆 2017 年版，第 9 页。

③ Музей Арктики и Антарктики, Российский государственный музей Арктики и Антарктики, Санкт – Петербург: РОСГИДРОМЕТ, 2008, С. 7.

船，船舶动力发生了革命性的变化，使之前难以攻克的北方海航道在夏季有了短暂航行的可能，北冰洋上形成了最初的国家间力量博弈，北极秩序由此产生。随着破冰船技术的应用与改进，苏联于 1932 年攻破了航道的全线航行。而 20 世纪 60 年代，核动力破冰船的发明和利用又使冰区航行速度航行较之以往高出了 2.5 倍，航道全线通航期进一步延长。苏联在航道利用技术上的领先地位得以巩固，从而进一步加强北极海域的科考与航道监管，巩固了其在北方海航道部分水域长期坚持的权利主张。

科学技术条件的提升还深刻地推进了北极秩序中规则的演变。例如在极地航运方面，无论是从海洋法的发展，还是从沿岸国国内立法与航道政策来看，随着破冰船建造、冰情水文地理探测等技术的提升，有关航行的规则与立法均提高了环境保护、污染防备与海事搜寻的相关要求。同样，20 世纪初飞机的出现及使用改变了地理发现的方式，也更新了极地领土的占领方式，促进了国际法体系中有关领土取得与海洋划界原则的出现，北极秩序中的规则体系得以建立和发展。

科技演进还作用于体系秩序，再通过体系投射影响北极秩序变迁。体系投射指的是国际秩序的转变对北极地区秩序的影响。国际秩序作为中时段的另一种“局势”因素，也在某些阶段成为支配北极秩序变迁的主导因素。如冷战时期，美苏两极的世界秩序权力结构直接形成了这一时期支配北极秩序的权力结构，北极成为了美苏两大阵营对抗的前沿与练兵场。后冷战时期的北极秩序在某种程度上也是美俄全球关系投射到北极地区的产物，① 而美俄在地区内的互动同样会产生外溢效应，通过地区秩序传导至体系，进而间接影响体系秩序的重构。

在未来，技术创新在北极的影响力将会持续增强，颠覆性技术的出现也将会直接影响北极秩序的变迁。未来影响北极秩序的颠覆性技术可能包括人工智能技术、5G 通信技术和新能源技术等。人工智能被认为具有像核能一样的军民两用性和改变国际势力对比的颠覆性，② 推动国际行为体内部的权力

---

① 邓贝西、张侠：《俄美北极关系视角下的北极地缘政治》，《太平洋学报》2015 年第 11 期，第 39 页。

② 傅莹：《人工智能对国际关系的影响初析》，《国际政治科学》2019 年第 1 期，第 4 页。

分配结构变革的同时，还拥有催生新的观念与社会思潮的巨大力量。① 5G 通信技术是开启人工智能与万物互联时代的先导技术，其在连续广域覆盖（连续的信号覆盖）、热点高容量（局部设备密度大）、高速移动（极地航行与探测）这三个指标上远远高于4G，② 能够对应极端气候条件下极地航行水文与冰情勘探、大陆架洋底勘探等具体应用场景。5G 乃至6G 技术广泛应用之后，将极大幅度提升北极航道的适航条件与破冰船等航行设备制造的效率。然而这一技术应用的一大限制在于，极地地域广阔、人口稀少，而5G 基站建设的密度要求较高，对北极地区进行5G 技术布局将在很长时间内存在投入远大于产出的现象，因此前期亟须国家政策扶持。新能源技术在未来的广泛应用或将导致北极能源与航道的重要性退居二线，而北极作为地区“北磁极”的角色或将在新的气候环境和全新的战争方式下被赋予更重要的意义。与此同时，掌握此类颠覆性技术的大公司可能作为独立的非国家行为体直接参与北极秩序的权力博弈。这一系列可能出现的颠覆性变化将会重新定义北极资源与行为体，导致北极秩序的重新洗牌和权力结构的重塑，继而重塑规则和制度体系，打破现有的身份认同壁垒，带来全新的安全整合方式，抑或产生新的安全困境。因此，国家应引导企业和科研机构加大北极相关新技术的研发力度，构建自主研发的北极测绘保障综合体系，增加北极开发合作项目中的技术项目比例，积极派遣科学家参与北极理事会相关学术会议。③ 并且要时刻对颠覆性技术的出现和在北极的应用进程保持细致观察、敏锐判断以及策略的机动性，以便在新一轮的技术革命中占据有利位置。

3. 作为短时段因素的大国北极政策

大国北极政策的实施作为短时段的事件因素，会对北极秩序产生一定的间接影响。在布罗代尔看来，事件就像是“瞬间即散的尘埃”或者是“断断续续的闪光”，④ 只具有表面上的象征意义，并不能解释实质性的历史进程，

---

① 封帅：《人工智能时代的国际关系：走向变革且不平等的世界》，《外交评论》2018 年第 1 期，第 128 页。

② 苑朋彬、杨帅、赵蕴华、汪芸辉：《5G 全球趋势与中国战略》，《全球科技经济瞭望》2019 年第 9 期，第 18 页。

③ 肖洋：《北极科学合作：制度歧视与垄断生成》，《国际论坛》2019 年第 1 期，第 112 页。

④ ［法］费尔南·布罗代尔著，唐家龙、曾培耿等译：《菲利普二世时代的地中海和地中海世界（下卷）》，商务印书馆 2017 年版，第 416 页。

因此事件本身没有太多的探究价值。例如2007年俄罗斯在北冰洋底的插旗事件曾在国际社会上引起巨大轰动，但该事件并未对北极海洋秩序造成实质影响。然而值得注意的是，虽然布罗代尔几乎忽略了事件在历史进程中的作用，但在北极秩序生成过程中，事件的作用仍具有一定影响。因为美俄北极战略的实施会直接影响权力结构的调整，而其他大国北极战略的实施会通过影响地区认同体系来影响权力结构，从而间接导致北极秩序的微妙调整，这实际上也是短时段中的事件对秩序变迁产生的作用。如俄罗斯“洋底插旗”事件被公认为北极国家瓜分北极大陆架的开端，随后北极各国纷纷开启大陆架外部界限的考察和申请程序，北极新一轮的“圈地运动”就此展开，这进一步巩固了北冰洋沿岸五国在北极地区认同体系中的中心地位，实际上影响着北极秩序向“均势化”方向发展。

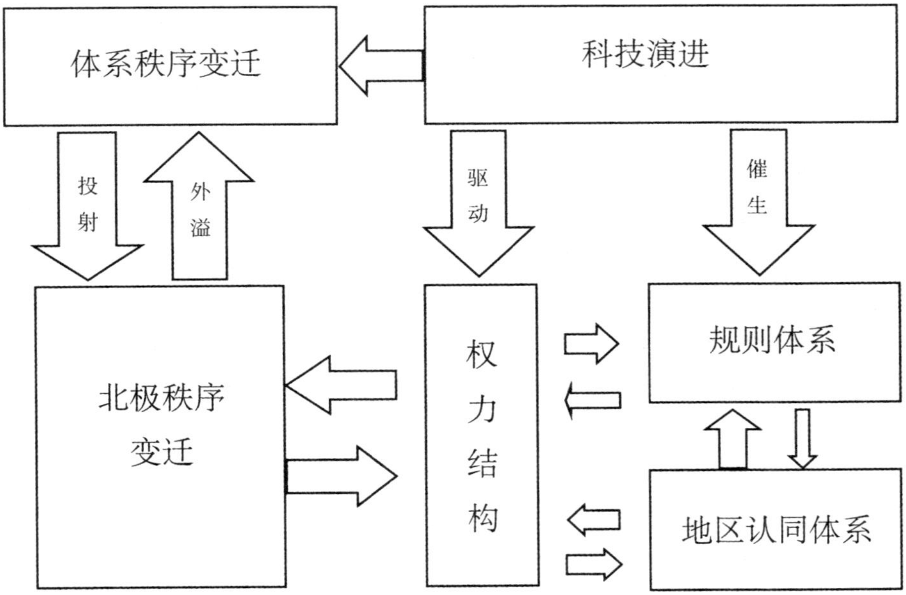

图9—2 北极秩序变迁主导动因示意图

资料来源：作者自制。

（二）北极秩序变迁的阶段划分

从历史时段理论的视角出发，自 19 世纪中叶起，以地理环境改变为起始，以科技驱动和体系投射为秩序变迁的外部主导因素，以规则的产生和发展、大国政策的转变为秩序演变的间接影响因素，北极秩序的变迁过程便可大致分为四个阶段。

第一阶段开始于 19 世纪中叶，至 1920 年结束。第一阶段的北极秩序以俄国、西欧和美国为权力中心，以控制北极东北航道，维持商业航行利益为秩序发展主线，海洋事务中尚未形成具有普遍约束力的规则，仅靠少数双边条约协调。这一时期地理环境的变化和交通方式的变革使得北极航道商业通航在理论上成为可能，北冰洋上被大航海时代遗落的海上通道在这一时期开始繁忙起来，西欧商船成为了北极东北航道的常客。而美国通过购买阿拉斯加成为地理上的北极国家后，也在开发阿拉斯加的过程对北极航道加以利用。与此同时，自 17 世纪起就开始探索北方沿海的俄国也重新调整了北极战略。① 对俄国来说，克里米亚战争的失败促使其加重了对北极和远东利益的考量，以便在远东同日本和美国抗衡，北极和北极航道的重要性对俄国前所未有地凸显出来。因此，西欧、俄国和美国成为了北极秩序初步形成时期的权力结构。这一时期没有形成规范北极事务的规则体系，仅靠少数双边条约协调各国北极事务中的冲突，如 1824 年《俄美贸易、航行与捕鱼公约》和 1825 年《俄英公约》等双边协定，② 直到 1920 年北极地区第一个多边条约的出现，北极海洋秩序才开启了规则化进程。而地区身份认同概念和体系更是远未建立。

第二阶段为 20 世纪 20 年代至冷战开启。这一阶段的权力中心仍是苏联、西欧和美国，不同的是随着现代海洋法的发展，北极各国开始利用海洋法中的内水、领海、历史性水域等海洋划界概念以及先占、有效占领等领土取得原则来争夺、维护北极的领土和北冰洋的制海权。这一阶段已经出现协调北

---

① 徐广淼：《十月革命前俄国北方海航道开发历史探析》，《俄罗斯研究》2017 年第 5 期，第 58 页。

② Эфендиев О. Ф. , Режим вод и дна мирового океана, Современное международное морское право, 1974, С. 184.

极事务的多边条约，即1920年由挪威、美国、英国、荷兰、丹麦等国共同签订的《斯瓦尔巴德条约》，标志着北极秩序规则化的开端。这一阶段的秩序发展主线是稳固的权力结构和新生的规则框架间的冲突与互构。一方面，苏联、欧洲和美国在北极地区制海权争夺中显现的仍是力量博弈，这一点在二战期间英苏对抗德军的北极航线之争中表现得最为明显。而另一方面，这种力量博弈开始考虑秩序的正当性，即是否符合规则。如20世纪20年代初，穿极飞行理论上的可行性引起了北极领土争端，扇形理论在这一背景下应运而生，加拿大和苏联将扇形原则写进国内立法，用以巩固各自扇形区内北冰洋岛屿的领土主权。① 现代海洋法律体系的发展在北极地区催生出了身份认同体系中沿岸国与非沿岸国的身份区别，初步形成了差序格局。

第三阶段为冷战时期。这一时期的北极秩序受国际秩序中的两极阵营支配，呈现出以美苏为首的绝对两极对立的权力结构和加强通道控制和军备对抗的秩序发展主线。二战时期，北极海空原本是盟国间运输租借物资的"生命通道"，而冷战开启之后，北极海域直接成为美苏对抗的前沿，美苏两国在北极展开了海陆空全方位的军备争锋。② 美国建立了从阿拉斯加到格陵兰岛不间断的雷达监视网，在北冰洋冰面上建立浮冰站，在冰层下装置声呐设备等来收集苏联情报，监视苏联的潜艇与飞机。苏联将海军2/3数量的核潜艇和水上核舰艇部署在北方舰队，以同美国抗衡。③ 而在通道控制上，苏联一直坚持北方海航道的管辖权，美国则依据"航行自由"原则公开挑战过苏联的主张。1962—1967年，美国海岸警卫队在楚科奇海、东西伯利亚海、拉普捷夫海峡、喀拉海和巴伦支海进行水文考察，考察兼具科研和军事调查性质，这些海域均位于北方海航道航线范围内，因此也遭到了苏联的抗议。④ 冷战期间两大阵营的对立极大压缩了北极合作的空间，作为两极对抗的前沿，

---

① Постанление Президиума ЦИК СССР от 15.04.1926, Об объявлении территорией Союза ССР земль и островов, расположенных в Северном Ледовитом океане, http://base.consultant.ru/cons/cgi/online.cgi?req=doc; base=ESU; n=8470（上网时间：2020年2月7日）; Lenoid Timtchenko, "The Rusian Arctic Sectoral Concept: Past and Present", Arctic, 1997.

② 徐广淼：《苏联北方海航道开发历史探析》，《俄罗斯研究》2018年第4期，第56页。

③ 徐广淼：《浅论二战时期苏联的北极战场》，《史学集刊》2018年第6期，第29页。

④ Franckx, Erik, "New Development in the North-east Passage", International Journal of Estuarine and Coastal Law, 1991, p.36.

北极地区的身份认同体系在冷战期间也被前所未有地分割为两大阵营。

第四阶段为冷战结束以来至今。美苏阵营间的意识形态对抗退出历史舞台，取而代之的是从20世纪80年代末期兴起的北极合作与机制建设，随即成为当今北极秩序的发展主线。而当前的北极秩序也并非一成不变，而是随着30余年间美俄关系的变化、地区主义兴起、全球化的发展和北极问题国际化而呈现以下趋势：权力结构为美俄双中心，并且在非安全领域呈现出多极化发展的趋势，多边合作机制兴起也意味着多极力量的萌生；规则以海洋法体系为主导，区域法律体系有从碎片化“软法”到体系化“硬法”发展的趋势；由于地区主义的兴起和北极合作的需要，北极地区认同体系业已扩展至包含北极利益有关国的第四层，并有进一步国际化的趋势。

通过对北极秩序变迁的梳理可以发现，北极秩序的变迁深受地区主义和全球化发展趋势的影响，其权力结构经历了多极到两极再向多极趋势发展的过程，秩序的发展主线为规则整合的进程，而地区认同体系则呈现出“同心圆”向外扩散的态势。总体上看，北极秩序变迁体现出“地理环境决定基本框架，技术演进和体系秩序演变推动地区权力结构和观念的调整，继而影响地区规则的演化，并最终形成北极海洋秩序变迁”的底层逻辑。

四、后疫情时代北极秩序面临的问题与挑战

后疫情时代，世界秩序加速变化，大国北极竞争日趋复杂，北极地区的地缘政治态势在近十年间总体呈现“由合作到竞争”的主调转向。已有学者指出，随着中美关系、俄美关系与世界格局的发展变化，北极地区面临着三种可能的政治格局：其一为“中美俄战略三角”的力量格局，具体表现为中美加速恶化的对抗关系与俄罗斯争做中美之间“平衡器”的独特三边关系在北极地区的直接映射；其二为“两极对抗”的力量格局，具体表现为中俄在北极地区的经济和军事存在直接对抗美国和北约在北极的经济与军事存在；其三为北极重回“北极国家的北极”，具体表现为中国等北极利益攸关国淡出北极事务，缩减与北极国家合作项目，减少在北极地区的存在。[①] 笔者认

---

① 徐庆超：《疫情背景下的北极安全挑战：中国的机会?》，第十三届政治学与国际关系学术共同体年会“世界格局两极化时代的竞争与合作”，清华大学国际关系研究院主办，2020年8月12—13日。

为，这三种北极政治格局的可能性分别由三种可能的国际秩序走向所塑造，同时也将导致北极地区规则体系与认同体系的重塑，进而重塑北极秩序。而当前北极秩序受世界秩序加速变动的影响，和其本身形态与生成机制的制约，面临诸多问题与挑战。

（一）美国北极战略转向带来地区权力结构不稳定

世界秩序深度调整与加速重构，全球化发展阻力增大，大国关系中结构性矛盾凸显的当下，北极事务中安全议题的地位在不断上升，北极“大国竞争”困境初步显现。这种困境是体系层面的，但却是由于美国这个既有力量直接影响世界秩序走向同时又处在北极权力中心的国家，其北极战略转向所引发的。

奥巴马第二任期内，北极问题在美国政府议程中的优先地位日益凸显，① 美国在北极治理中奉行多边参与，并在北极气候治理领域树立了美国的主导地位。② 然而特朗普上台后，美国的内外战略随即发生了多方面的转变，③ 特朗普对外奉行“美国优先”的单边策略，不断在国际事务的多边机制中“退群”，其北极政策方向也发生了根本性的转变，首先是退出《巴黎气候协定》，④ 随后特朗普政府又解除奥巴马签署的北极能源开发禁令。⑤ 同时还在北极地区强调军事化与安全化，大力增强北极地区军事部署。而美国针对中俄的北极遏制战略苗头则显现于2019 年 5 月美国国务卿蓬佩奥在北极理事会

---

① 孙凯、张晨曦：《美国智库的北极问题研究与启示》，《中国海洋大学学报》2020 年第 5 期，第 40 页。

② Annika E. Nilsson, “The United States and the Making of an Arctic Nation”, Polar Record, Volume 54, Issue 2, 2018, p. 102.

③ 郭培清、邹琪：《特朗普政府北极政策的调整》，《国际论坛》2019 年第 4 期，第 20 页。

④ The White House, “Statement by President Trump on the Paris Climate Accord”, Washington, June 1, 2017, https://www.whitehouse.gov/briefings-statements/statement-president-trump-paris-climate-accord/.（上网时间：2020 年 1 月 31 日）

⑤ “Trump Administration Plans to Allow Oil and Gas Drilling Off Nearly All U. S. Coast”, January 4, 2018, https://www.theguardian.com/environment/2018/jan/04/trump-administration-plans-to-allow-oil-and-gas-drilling-off-nearly-all-us-coast.（上网时间：2020 年 1 月 31 日）

部长级会议上的发言中。因美国与其他成员国在气候变化问题上的意见不同，第 11 届北极理事会部长级会议未能发表共同宣言，这是北极理事会 23 年历史上首次出现这种情况。① 蓬佩奥在会上表示，美国担心中国加强在北极地区的军事存在，需仔细研究中国在北极地区的活动。② 仅仅一个月后，美国最新《国防部北极战略报告》中公开将中国与俄罗斯视为美国在北极地区的战略竞争对手和对美国国家安全的长远挑战，并准备通过加强军事建设及与盟友合作来抑制中俄在北极影响力增长。

而俄罗斯近期关于北极事务的官方政策或表态也透露着地区化与安全化的倾向。俄罗斯于 2020 年 3 月出台的北极新政中，首次将“保障俄罗斯联邦主权与领土完整”置于俄罗斯北极国家利益中的首要位置。③ 与以往的北极政策相比，此次政策更强调了北极经济领域甚至是军事领域的高竞争性和对抗性。此外，在北极合作领域，俄罗斯新政虽并不排斥与域外合作，但特别强调北极国家的首要位置以及北极理事会的重要作用，同时，在其官方政策中，仅有北极国家与域外国家两种北极地区国家身份划分，并未对中国倡导的“北极利益攸关国”身份做出认可回应，并表示要在即将到来的北极理事会轮值主席国的任期内促进与加强北极国家内部的地区合作。

俄美两个北极大国在北极事务中对自身安全利益以及地区化逻辑的强调，表明大国间结构性矛盾已渗入北极事务，北极地缘政治环境转向“大国竞争”态势。这将对北极治理与合作产生制约，北极国际合作，尤其是“冰上丝绸之路”建设的推行也将面临着日益复杂的地区博弈。

（二）域内规则与制度供给能力不足

北极域内规则与制度供给能力不足首先体现在域内法律体系的制度供给

---

① 《外交部：对北极理事会部长级会议未能发表共同宣言表示遗憾》，新华网，2019 年 5 月 8 日，http：//www. xinhuanet. com/2019 – 05/08/c_ 1124468643. htm。（上网时间：2020 年 1 月 31 日）

② 《蓬佩奥：美国担心中国加强在北极的军事存在》，俄罗斯卫星通讯社，2019 年 5 月 6 日，http：//sputniknews. cn/politics/201905061028397370/。（上网时间：2020 年 1 月 31 日）

③ Путин：новаястратегияразвитияросси й скои й Арктикидо 2035 годабудетпринятавэтомгоду，Экономикаибизнес，ТАСС，https：tass. ru ekonomika 6312429. （上网时间：2020 年 6 月 13 日）

能力远远没有跟上秩序构建的需求。因为这些法律与机制在治理领域的“低政治性”、治理方式的“软法性”和治理机制的“分散性”等特点①降低了立法与执行效率，不足以从规则层面协调日渐复杂的北极治理需求。航道、安全、能源与大陆架划界是北极治理中的关键议题，这些议题具有明确的“高政治”特性。而北极地区以海洋法公约为主导的规则体系和以北极理事会为主导的机制体系对这些关键议题的协调能力都十分有限。

其次，地区内的高政治性议题则大多通过双边条约以及相关国国内立法来规范。然而相关国的国内立法与一般国际法和海洋法原则并不总是相符合，如俄罗斯和加拿大依据《公约》第234条“冰封区域”的规定对北极东北和西北航道实施管辖的立法和实践实际上在适用的地理范围和领域方面远远超出了《公约》的规定。② 此外，美国奉行的“航行自由原则”也必然与俄罗斯和加拿大主张的航道管辖权间产生冲突。因此当前北极秩序更多呈现出权力与规则的博弈，或者更为确切地说，是披着规则外衣的力量博弈。而北极秩序中的规则体系和由此决定的制度安排进一步塑造了“差序”性的身份认同体系，客观上限制了其他国家从安全层面渗透的正当性，从而加深了北极秩序权力结构的内生性特点。

（三）缺乏地区合作的理念共识与平台，“冰上丝绸之路”推进受阻

首先，“北极是北极国家的北极，北极理事会必须由北极国家主导”这一门罗主义逻辑③既不符合北极治理，尤其是北极公域治理的价值判断，也不符合北极利益攸关各方在北极的客观存在这一事实判断。现有的北极公域治理机制无法有效应对北极公域治理问题，④ 而产生这一问题的根源在于缺乏能够整合各方利益诉求的理念共识。

其次，理念共识的缺乏致使北极国际经济多边合作平台产生真空，而

---

① 孙凯、郭培清：《北极治理机制变迁及中国的参与战略研究》，《世界经济与政治论坛》2012年第2期，第122—123页。

② 王泽林：《北极航道法律地位研究》，上海交通大学出版社2014年版，第270页。

③ 肖洋：《排他性开放：北极理事会的“门罗主义”逻辑》，《太平洋学报》2014年第9期，第13页。

④ 白佳玉：《中国积极参与北极公域治理的路径与方法——基于人类命运共同体理念的思考》，《人民论坛·学术前沿》2019年23期，第88—97页。

“冰上丝绸之路”这一本能够整合各方经济利益的合作倡议，其推进也面临阻碍。2020年中美关系严重倒退，摩擦、颠簸和冲突越来越常态化，有效的风险和危机管控对双方都是紧迫的挑战。美国已将中国视为由其主导的全球秩序的头号挑战者，其对“冰上丝绸之路”的态度便可以被看作美国近年来对华策略的一个缩影。美国在面对中俄共建“冰上丝绸之路”的官方表态中已经凸显出了竞争与遏制的战略态势，国内学者将美国对“冰上丝绸之路”的态度概括为竞争性抵制的“拒阻思维”。① 在一些美国观察家与学者看来，“冰上丝绸之路”倡议的目标是拓展和延伸“一带一路”倡议，具有明显的战略意图，②“冰上丝绸之路”倡议的提出代表着中国公开将其北极野心与“一带一路”联系在一起，中国可以利用经济机会进行地缘政治力量投射和扩大其在该地区的影响力，因此美国需采取措施限制中国的这一地缘战略目标。③

此外，北极地区秩序中“差序”性的身份认同等级限制了北极利益攸关国参与地区安全议题的正当性。尽管当前的地区机制对各行为体的“等级化”对待在法理上有其不适当性，但却在事实上限制了北极利益攸关国对北冰洋公海“平等地共同使用”的权利和参与北极安全议题的正当性。而打破这一身份认同上的“差序”壁垒无法仅靠规则和制度改革的手段实现，而是必须以地区共同体构建为最终目标，从更深层的地区权力结构乃至技术演进的维度推动地区秩序整合，体现出的是以“均势策略”、“普遍安全”治理和技术创新突破安全困境的基础上，利用“平台建设”引导经济整合，从而进一步带动安全整合，并在这一过程中完成规则整合，最终实现价值整合的整体逻辑。

五、余论：“北极命运共同体”与北极秩序

坚持推动构建“人类命运共同体”，是习近平新时代中国特色社会主义

---

① 肖洋：《竞争性抵制：美国对“冰上丝绸之路”的拒阻思维与战略构建》，《太平洋学报》2019年第7期，第66页。

② 杨松霖：《美国智库对“冰上丝绸之路”倡议的认知及启示》，《情报杂志》2019年5月28日，第3页。

③ Jack Durkee，“China：The new ‘Near – Arctic State’ ”，https：/ / www. wilson-center. org/ article/ china – the – new – near – arctic – state.（上网时间：2020年2月9日）

外交思想的精髓。极地、深海、网络、外空是人类生存和可持续发展的全球新疆域，集中体现了人类的共同利益和共同关注。① 北极地区作为人类生存和可持续发展的全球新疆域，是践行“人类命运共同体”思想的重要地区。人类命运共同体理念通过对传统国际关系理论的超越，能够兼容不同的价值理念与利益需求，与北极治理需求高度契合，为解决北极公域治理问题提供了新思路。② “北极命运共同体”不仅是“人类命运共同体”的有机组成部分，也是北极地区秩序演进的宏伟愿景。

然而在世界秩序加速变化的当下，北极地区这一秩序愿景与北极地缘政治中“大国竞争”回归的现实间存在较大张力。而要弥合这一张力，“北极命运共同体”的理念构建不仅需深度联系“人类命运共同体”在世界秩序中构建的大背景，还需要深刻把握北极秩序的形态、生成机制、独特的变迁逻辑与问题所在，方能从当前处于加速变动的世界与地区秩序层面，找到北极安全困境与制度障碍的突破口，并在此基础上正确安排“北极命运共同体”构建的宏观规划，精准研判“北极命运共同体”落实的具体路径。

当前“北极命运共同体”的构建需在顺应北极秩序的生成与变迁逻辑的基础上分阶段进行，重视未来颠覆性技术的出现和世界秩序演变这两大不确定性因素的影响。从影响地区权力结构和加快技术创新入手改变当前北极的安全困境。在此基础上，以“冰上丝绸之路”共建作为“北极命运共同体”这一理念的现实构建平台，重视大国协调作为地区治理手段的作用，推动北极地区局势向合作安全与普遍安全的方向发展。可以通过超地区经济项目的实施，扩大地区认同边界和权力结构的包容度，强化中国作为地区成员的身份认同，从而将地区秩序朝着利于自身和区域乃至全球发展的方向进行经济、规则和价值的整合。现有形势下，深入挖掘“北极命运共同体”理念的具体内涵、哲学渊源与法理依据，通过“北极命运共同体”理念凝聚各方最广泛的共识，维护北极地区的国际合作，是中国在北极地区亟须规划的战略问题，需要学界进一步展开探讨与研究。

---

① 杨剑、郑英琴：《“人类命运共同体”思想与新疆域的国际治理》，《国际问题研究》2017 年第 4 期，第 1 页。

② 杨剑、郑英琴：《“人类命运共同体”思想与新疆域的国际治理》，《国际问题研究》2017 年第 4 期；白佳玉：《中国积极参与北极公域治理的路径与方法——基于人类命运共同体理念的思考》，《人民论坛 · 学术前沿》2019 年第 23 期，第 88—97 页。

建构视角下的北极命运共同体

——以“冰上丝绸之路”为例

王凤珍[*]　曹　亮

一、问题的提出背景

2015 年 12 月，中俄两国总理会晤将“加强北方海航道开发利用合作”写入联合公报；[①] 2017 年 5 月，中俄两国在北京举行的“一带一路”国际合作高峰论坛，正式将两国在北极地区的合作描述成“冰上丝绸之路”；2017 年 6 月 20 日，中华人民共和国国家发展和改革委员会暨国家海洋局联合发布了《“一带一路”建设海上合作设想》，正式将北极纳入中国的“一带一路”倡议；2018 年 1 月，中国官方发布的《中国的北极政策》白皮书中指出：与各方共建“冰上丝绸之路”，为促进北极地区互联互通和经济社会可持续发展带来合作机遇。[②] 因此，中国作为地缘上的“近北极国家”以及北极事务上的重要利益攸关方，与各方共建“冰上丝绸之路”是依法合理利用北极资源以及推进地区间跨国协作的重要平台。

在此基础上，北极命运共同体的概念也日益为人们所熟知，这一理念

---

* 王凤珍，北京外国语大学国际关系学院研究生。

① 《中俄总理第二十次定期会晤联合公报》，中华人民共和国国务院公报，2015 年 12 月，http：//www. xinhuanet. com/world/2015 - 12/18/c_ 1117499329. htm。（上网时间：2020 年 6 月 27 日）

② 《中国的北极政策》白皮书，中华人民共和国国务院新闻办公室，2018 年 1 月，http：//www. scio. gov. cn/ztk/dtzt/37868/37869/37871/Document/1618207/1618207. htm。（上网时间：2020 年 6 月 27 日）

以“人类命运共同体”概念为核心，同时结合了北极区域的实际情况和未来的发展趋势。李振福教授在《“冰上丝绸之路”与北极命运共同体构建研究》中将这一概念定义为“北极区域所影响的大北极范围内的国家，以北极航线运输和北极资源开发为主要合作内容开展紧密的地区合作，以对话解决争端、以协商化解分歧，倡导建设平等参与、共商共享的安全格局，致力于维护和平、安全、稳定的北极秩序，并共同承担北极环境保护职责的区域命运共同体”。[①] 通过《中俄北极“冰上丝绸之路”合作报告》的分析，大北极范围内的国家主要指北极八国——俄罗斯、加拿大、丹麦（格陵兰岛自治州）、美国、冰岛、挪威、瑞典和芬兰，此外还包括一些北极域外的国家，如中国、日本、韩国和新加坡，这些国家也在积极加强北极国际合作，密切关注北极地区的气候环境变化，并且认为必须将北极资源视为全人类的共同财产。

从部分国家的北极战略中可以看出，在构建“北极命运共同体”的过程中，各国存在着根本利益一致基础上的非对抗性矛盾，也就是说在加强北极区域合作、保证北极地区的和平稳定以及加强在北极开展科学研究等层面，各方的目标是一致的，但是由于北极资源的有限性，每个国家的北极政策都代表了各自的国家利益取向。这也是导致北极治理中冲突与合作并存的根源。而“冰上丝绸之路”作为穿越北极圈，连接北美、东亚和西欧的重要海运航道，在构建“北极命运共同体”以及推进国家间的跨国协作方面发挥着重要的作用。

二、研究意义

本文的研究意义主要有以下几个方面：

第一，近年来，随着经济全球化和区域一体化的发展，北极的战略地位也在不断提升，在战略、经济、科研以及航道等方面的价值也不断凸显。因为北极问题涉及到整个社会以及全人类的生存与发展，所以北极问题也已经超出北极国家间问题的研究范畴，成为一个具有全球意义和国际影响的命运共同体领域，因此对北极命运共同体建构路径的研究就显得尤为

---

① 李振福、李香栋、彭琰、鲍琦：《“冰上丝绸之路”与北极命运共同体构建研究》，《社会科学前沿》2019 年第 8 期，第 1417—1427 页。

重要。

第二，建构主义作为目前比较流行的国际关系理论三大流派之一，具有很强的描述、解释与预测的功能，建构主义提出的目前影响国际体系转换的四个主要变量：相互依赖、共同命运、同质性和自我约束，对研究国家间合作具有重要的借鉴意义，能够更好地为北极各国提供一个可供借鉴的合作理论框架。

第三，通过具体的案例分析来探究北极命运共同体的构建，以各国共建“冰上丝绸之路”为切入点，探究不同国家在北极问题中的目标、原则和立场，从而更深刻地理解各国在北极治理乃至北极命运共同体构建中的障碍，并试图提出解决路径。

三、既有研究的解释和不足

随着北极战略地位的提高以及北极治理的严峻性，国内外学者涌现出了大量关于该方面的研究成果，研究重点主要包括三个方面：

其一是关于北极治理中各国合作机制的研究，特别是相关国际法规和国际组织的研究；

其二是关于北极治理中大国关系的研究，其中中俄关系、美俄关系、俄罗斯与北欧以及北欧国家内部之间的关系研究；

其三是关于具体的合作案例的研究，如相关能源开发计划、航道开发计划以及各国共建“冰上丝绸之路”的动因、内涵、推进路线、发展布局、重点项目、风险挑战、前景出路等。

中国学者对于北极地区的研究主要集中在共建“冰上丝绸之路”的合作层面，而运用国际关系理论来构建合作框架的研究并不多，缺乏对北极问题的系统研究，总的来看，中国学者的研究主要可以分为以下几个方面：

第一，从共建“冰上丝绸之路”的政策理念和机制进行分析。北京师范大学全球变化与地球系统科学研究院院长程晓教授梳理了“冰上丝绸之路”的内在逻辑，提出中国进行“冰上丝绸之路”的开发，要以政治合作为前提和归宿，以经济发展为目标，以科学技术为手段，以生态保护为原则，真正实现人类社会的进步和共赢。① 此外中国社会科学院俄罗斯东欧中亚研究所研究员李建民学者则更加系统地梳理了中俄北极合作的框架背景、利益、政策与机遇，为提高北极开发中制度性安排水平和激发务实合作寻找内生动力。②

第二，从共建"冰上丝绸之路"的机遇与挑战以及可行性的方面进行分析。李振福教授从人口分布特征、北极航线开发以及北极网络的作用与演化等方面进行梳理，从而得出一些具体的因地制宜的合作方案，并提出了中俄共建北极合作走廊的构想。③ 刘新霞学者主要从"冰上丝绸之路"中的重要作用以及与"海上丝绸之路"的比较进行研究。还有一些学者从国家利益的视角或从建构主义的合作观念视角分析北极地区合作的可行性。

第三，从北极事务合作的具体领域研究入手剖析国家间的合作战略。主要分为北极能源合作及资源开发的研究（如亚马尔项目）、基础设施和港口的研究以及相关法律法规的研究。还有其他一部分学者从国际海洋法视角方面，对我国参与北极科考进行研究。同时，部分学者也从科技发展的角度进行了分析，认为"地缘科技学"是进行北极科研合作的新路径，应加强与北极国家的科研合作等。

西方学者的研究重点关注在北极区域的治理与相关国家的多边合作层面。高级政治学家斯蒂芬妮·佩扎德在根据兰德公司和兰德欧洲公司与挪威国际事务研究所进行的一项预测中发现北极地区的合作目前可能会继续，关键在于为该地区提供某种程度的国际法规和国际治理机构。此外，相关国家如加拿大、俄罗斯，以及重要的参与者中国在其中都发挥着关键的作用。④ 此外，在斯蒂芬妮·佩扎德与阿比·廷格斯塔等人合著的《保持与俄罗斯的北极合作——应对远东区域变化的计划》重点分析了俄罗斯的北

---

① 程晓：《新时代"冰上丝绸之路"战略与可持续发展》，《人民论坛·学术前沿》2018 年。

② 李建民：《浅析中俄北极合作：框架背景、利益、政策与机遇》，《欧亚经济》2019 年第 4 期。

③ 李振福、王文雅：《中俄北极合作走廊建设构想》，《东北亚论坛》2017 年第 1 期。

④ Stephanie Pezard, Antonia Ward, "Cooperation in the Arctic Likely to Continue—For Now", TheRANDBlog, July 12, 2018, https://www.rand.org/blog/2018/07/cooperation-in-the-arctic-likely-to-continue-for-now.html.（上网时间：2020 年 6 月 29 日）

极战略以及北极正在发生的变化，特别是北极航道的开发。俄罗斯在强硬地增加军事活动的同时又急需与其他国家合作，由于这种北极区域合作的弹性非常强，所以西方国家应抓住与俄罗斯在该地区的合作。① 此外，还有学者偏于北极区域治理的角度，伊莲娜在其最近的著作《北极治理——跨境合作中的力量》中，从权力的视角，重点分析权力关系在北极跨境合作与外交关系中的作用，认为从权力的本质上出发，北极各国虽然存在分歧，但总体上是趋于合作的。②

由此可以看出，中西方学者在北极问题研究中的侧重点各有不同，中国学者主要是研究作为域外国家，如何推进北极地区的共同开发与合作，中国在表明关于北极问题的基本目标、原则和立场的基础上，积极为国家间的跨国协作提供中国方案。西方学者大多数是作为域内国家来研究北极问题的，其根本点也在于提供大国协调的框架，重点是阐明国际法与国际组织构建的重要性，同时也密切关注如中国、日本和韩国等域外国家对北极治理的参与。

但是，中西方学者在研究北极治理中有关“北极命运共同体”的构建方面缺乏系统研究，大多数是针对具体的能源开发、航道运输以及环境保护等领域的具体分析，很少通过理论层面的研究框架去分析“北极命运共同体”的构建以及在这当中出现的问题。因此，本文试图以建构主义提出的目前影响国际体系转换的四个主要变量：相互依赖、共同命运、同质性和自我约束为分析框架，对北极命运共同体的构建提供理论上的支撑，从而为北极问题的研究提供可供解释的理论基础。

四、本研究的假设

本研究主要基于以下三个方面的假设：

虽然在构建北极命运共同体的过程中，大国间的根本利益在朝着一致的方向发展，但是由于具体国情的不同，国家间在这一地区的利益要求也

---

① S Pezard, A Tingstad, K Van Abel, S Stephenson, “Maintaining arctic cooperation with Russia: Planning for regional change in the far north”, RAND corporation, 2017.

② Wilson Rowe, Elana, “Arctic governance, Power in cross – border cooperation”, Manchester University Press, 2018, https://manchesteruniversitypress.co.uk/.（上网时间：2020 年 6 月 29 日）

不完全相同，而且这种分歧是始终存在的，我们不能无视。

在各国存在不可否认的利益分歧的基础上，利用建构主义的话语，通过国家间日益加深的相互依赖以及北极命运共同体的联系，使相关国家认识到他们在这一地区所处国际环境以及长远利益的同质性，在这些国家间建构建起一种合作的框架是可能的，其关键就在于这些国家能否通过“自我约束”这一主要变量增强国家间的信任，降低国际合作中的不稳定因素。

作为共建北极命运共同体的具体事例，“冰上丝绸之路”从更直观的层面反映出各方利益的一致性与差异，因此，在共建“冰上丝绸之路”中的相关研究经验也同样适用于构建北极命运共同体。

五、假设检验

“冰上丝绸之路”作为北极航道在北极事务中重要的科研、资源、航道和军事价值。

建构主义最重要的是假定我们对于世界的理解以及用以观察世界的思想工具并不是客观的，而是社会所建构的概念的结果。① 从建构主义理论视角出发，强调国际体系内非物质因素的存在，所以在建构主义者看来，物质因素，如国家的力量不会完全决定国家的行为，国家的行为取决于它对物质因素的理解和解释。建构主义者经常举的一个例子就是：某一个国家拥有了核武器不一定会改变别国对它的政策，关键还在于别国如何看待这个国家以及与这个国家的关系。② 所以建构主义为国家间的合作与一体化的发展提供了理论基础，区域一体化的发展需要各国观念的转变，特别是相互依赖的命运共同体观念的形成。正如朱迪斯·戈尔茨坦在其著作《观念与外交政策：信念、制度与政治变迁》中提到的“决策者们是由于他们的观念发生了变化才会采纳新的政策”。③

此外，建构主义关注身份和利益，以及它们是如何变化的。建构主义

---

① 詹姆斯·多尔蒂：《争论中的国际关系理论》，世界知识出版社 2003 年版，第 176 页。

② 邢悦、詹奕嘉：《国际关系：理论、历史与现实》，复旦大学出版社 2008 年版，第 34 页。

③ 朱迪斯·戈尔茨坦：《观念与外交政策：信念，制度与政治变迁》，北京大学出版社 2005 年版，第 156 页。

认为国家的身份和利益是一种受规范、理念、国内和国际互动等社会文化影响的社会建构出来的，其中主要取决于个人如何谈论世界并塑造实践。也就是亚历山大·温特在《国际政治的社会理论》中提到的“无论是冲突还是合作，国际关系的性质都取决于国家之间存在怎样的信念和期望”，所以他认为无政府状态存在三种形式：霍布斯文化、洛克文化和康德文化。①在构建北极命运共同体的过程中，如果各国以霍布斯文化来定义国际体系，那么国家之间只能是通过各种手段改变现状的敌人模式，如果国家之间以康德文化的来解释和谈论国际体系，那么国家间将是一种相互依赖、同呼吸共命运的相处方式，有利于推动北极区域一体化的发展。

在研究国际合作时，建构主义试图揭示国家的社会背景以及支配国家行为和利益塑造的主导性规范，并揭示其到底是通过何种方式来影响行为体行为的。在这里，国际组织就充当了社会建构的代理人或者中间人。②因为国际组织既可以是规范的接受者，也可以是规范的施动者或者说是创造者。当行为体通过规范定义这些国际组织的作用时，它处于受动者角色，并按其规范发挥作用，塑造社会意义和价值。此外，国际组织还可以将自己的理念和价值传输给国家，使国家接受新的价值和政治目标。在北极区域一体化的构建中，1990 年成立的北极科学委员会以及 1996 成立的北极理事会以及后来的北冰洋科学委员会就充当着这一作用。

由此可以推导出假设二是真实的：在各国存在不可否认的利益分歧的基础上，利用建构主义的话语，通过国家间日益加深的相互依赖以及北极命运共同体的联系，使相关国家认识到他们在这一地区所处国际环境以及长远利益的同质性，在这些国家间建构起一种合作的框架是可能的。

由于建构主义认为行为体互动实践产生的文化环境可以赋予行为体之间以规范和意义，所以建构主义是一种合作的理论，为区域内国家间的合作提供了理论基础。除此之外，建构主义提出的目前影响国际体系转换的四个主要变量：相互依赖、共同命运、同质性和自我约束对我们研究国家间合作具有重要的借鉴意义。因而在此基础上研究北极命运共同体的构建，

---

① 温特：《国际政治的社会理论》，上海人民出版社 2000 年版，第 246 页。

② Margaret P. Karns, Karen A. Mingst, Kendall W. Stiles, “International Organizations: The Politics and Processes of Global Governance”, Lynne Rienner Publishers, 2015, p. 20.

特别是透过“冰上丝绸之路”这一现实案例来探究具体的实施路径，具有很强的实践意义。

首先从影响国际体系转换的四个主要变量谈起。“自我约束”作为建构主义影响国际体系转换的最重要的一环，对于国家间能否合作起着决定性作用。因为国际间的相互依赖很容易通过政治经济等功能性领域的加强而获得，共同命运也可以在相互依赖不断加深的情况下获得，这两种变量都是可以通过国家间不断交往的实践活动日益建构起来的，但与前两种变量相比，同质性是一种相对难以建构的概念，它需要国家间某种本质上的融合，这除了地缘方面的因素以外，还有很重要的一个方面就是国际组织以及国际机制方面的作用，地缘作为一个常量是我们不能控制的，但是我们可以通过建构某种国际组织和国际机制，使地缘上并不接近甚至毫不相关的国家具有某种意义上的同质性，从而促进国家间跨国协作的发展。

其次通过这四个主要变量来考察北极命运共同体的构建。在建构主义视角下，通过“自我约束”这一主要变量，是可以增强国家间的信任，降低国际合作中的不稳定因素的。中国作为域外国家在参与北极命运共同体的构建过程中，严格把控分歧，通过在利益要求上进行谨慎的“自我约束”，得到了俄罗斯的认可和支持，有利于两国在共建“冰上丝绸之路”乃至共同构建北极命运共同体上的互助与合作。

从建构主义的角度，北约理事会的建立也为北极事务的相关国处理北极问题提供了同质性基础。尽管中日韩三国乃至新加坡被视为域外国家，域内国家仅有美国、加拿大、俄罗斯和北欧五国，但是通过这一机制的建立，使得域外国家也能积极参与北极事务，并建构了某种意愿上的同质性，中、日、韩三国在 2013 年同时被接纳为北极理事会成员，为其相互间的合作创造了条件。

从北欧地区看，尽管其与俄罗斯的政治互信也长期处于低位。但是作为“冰上丝绸之路”的目的地，北欧国家也都有意愿与中国加强北极合作，构建这条通过北冰洋的“蓝色经济通道”。① 对于北欧国家来说，这条北方航道具有巨大的经济价值，据古根海姆合伙公司（Guggenheim Part-

① 姜胤安：《“冰上丝绸之路”多边合作：机遇，挑战与发展路径》，《太平洋学报》2019 年第 8 期，第 66—77 页。

ners）估算，未来 15 年北极地区的基础建设投资需要一万亿美元左右，①而北欧地区却又面临海洋基础设施建设赤字、投资需求扩大、开发成本高昂且资金不足等挑战，所以从相互依赖的视角上来看，北欧国家与俄罗斯有着共同的利益诉求，就是在北极事务中加强谅解与合作，搁置争议。

对于俄罗斯与西欧国家的复杂关系，自乌克兰危机后俄罗斯和西方国家的关系持续恶化，北冰洋沿岸国家之间在北极地区的竞争从未中断过。在这些国家中，有不少国家作为北约的成员国，不断提高自身在北极地区的作战能力。定期举行联合军演。② 同样的俄罗斯也不断加强在北约的军事存在。“在多个岛屿上建立军事基地，增加了海军演习和巡逻，增强了北方舰队的力量。”从建构主义在体系转换的四个主要变量上来看，自我约束是最重要的一个变量。无论是俄罗斯还是北约成员国，都需通过对自己行为的约束消除另一方对这些行为可能产生威胁的担忧，只有当行为体进行自我约束时，彼此间才可能建立起基本的信任关系，才能促进北极命运共同体的构建。

由此可以推导出假设三是真实的：在共建“冰上丝绸之路”中的相关研究经验也同样适用于构建北极命运共同体。

六、结语

随着北极战略地位的提升，各种国际政治问题也开始不断涌现。本文旨在以中俄在共建“冰上丝绸之路”的政策背景为基本框架，通过探究“冰上丝绸之路”在建设过程中的压力和局限性，分析相关国家的北极战略和政策、利益诉求和实践等，以建构主义的思想为核心，利用建构主义体系转化的四个主要变量为分析脉络，提出解决思路。在多边合作存在障碍的基础上，各国应转变零和博弈的观念，通过经济、技术和能源合作增强各国间的相互依赖程度，同时树立集体意识和命运共同体观念，通过国家间各自的自我约束降低区域内的不安全感，从而不断推动区域命运共同

① 郑英琴：《中国与北欧共建蓝色经济通道：基础、挑战与路径》，《国际问题研究》2019 年第 4 期，第 34—49 页。

② МОИСЕЕВ А. Безопасность Арктики：международно－правовые позиции，https：//interaffairs. ru/jauthor/material/1435.

体的构建和区域一体化的发展。

除了“自我约束”在国家间跨国协作发挥重要作用以外，国际组织和国际机制也是建构主义通过塑造某种同质性基础发挥作用的重要方式。国家间通过赋予国际组织与国际机制一定的权力，使国际组织朝着促进国际合作的理想化方向发展，能够使各国更大程度地加强相互依赖，从而在有分歧和争议的地方能够进行“自我约束”，管控分歧，向着共赢合作的命运共同体的方向迈进。

大国竞合与地区博弈

特朗普时期美俄“锐实力”战略互动*

尹如玉**

国内外学术界关于特朗普第一任期内美国外交政策是否发生重大改变产生了重大分歧。但不可否认的是，不同于前几任总统外交政策，特朗普提出了一种交易性的零和思维，其他国家的收益被当作美国的损失。① 特朗普执政后，美俄关系延续了乌克兰危机后的恶化形势，并处于持续对抗状态。美俄双方就对俄持续经济制裁、外交战、信息战、核裁军谈判等问题冲突不断。尤其是围绕“俄罗斯干涉美国大选”等一系列的网络攻击和信息战使两国关系持续紧张。俄罗斯学者认为，围绕美俄之间的冲突说明了国际环境的“再度意识形态化”，全球自由民主的加速衰朽造成了思想上的“真空”，为争取未来世界秩序领导地位的各国就填补“真空”产生了争斗。② 美国官学两界普遍认为，俄罗斯正在通过向其政治和信息环境渗透“锐实力”来破坏美国民主。然而，“锐实力”的使用并非始于俄罗斯，美国也并不仅仅是简单的受害者。牛津互联网研究院的一项研究发现，在2018年，包括美国和俄罗斯在内的48个国家进行了有组织的虚假信息活动。其中有30个国家，包括西方民主国家和所谓的“威权政体”在内，

---

* 本文系辽宁大学青年科研基金一般项目“后苏联空间中‘软制衡’理论的内在逻辑与实证分析”（LDQN2020005）研究成果。

** 尹如玉，辽宁大学俄罗斯东欧中亚研究中心助理研究员、政治学博士。

① Matthew Hill & Steven Hurst, “The Trump presidency: continuity and change in US foreign policy”, Global Affairs, 2020, Vol. 6, No. 1, p. 1, DOI: 10.1080/23340460.2020.1726788.

② 谢尔盖·卡拉加诺夫、德米特里·苏斯洛夫、叶夫根尼·普里马科夫、伊戈尔·马卡罗夫、拉里莎·波波维奇、郭小丽、王旭：《俄罗斯外交政策新思想》，《俄罗斯研究》2020年第4期，第92—93页。

都试图通过政治机器人（political bots）污染信息环境，加剧民众对其政治对手的怀疑和不信任情绪，破坏民主进程。① 美国政府已将之前的属于“软实力”的良性活动武器化，例如公共外交、自由媒体、对外投资等，利用其话语霸权，将俄罗斯塑造成不满现状的“修正主义者”形象，并试图通过分化俄统治精英、支持俄政权反对派和向俄境外伙伴施压等方式，迫使俄罗斯遵守以西方为中心的世界秩序，甚至达到引发俄政权更迭的目的。② 了解美国针对俄罗斯的“锐实力”战略，及俄罗斯对此的认识与反制措施，有助于把握当前俄美两国关系的特点及发展趋势。

一、“锐实力”概念的基本内涵

冷战的结束削弱了现实主义作为解释全球事务和预测未来的最突出、可能也是最被接受的理论的意义。为回应学术界内指出的美国在国际体系中硬实力下降的观点，约瑟夫·奈提出了“软实力”这一概念，通过自由主义的理想、制度和文化，强调美国“同化权力”（co – optive power）在其对外政策中的重要性。③ 囿于不同的意识形态与政治体制，俄罗斯的“软实力”发展受到大多数西方学者的批判④，只有小部分学者认为，俄罗

① Bradshaw S. and Howard P. N. , “Challenging Truth and Trust: A Global Inventory of Organized Social Media Manipulation”, Oxford Internet Institute’s Computational Propaganda Research Project, July 2018, p. 5.

② 德米特里·特列宁、王嘎：《俄罗斯对美外交：现状、目标、资源及战略》，《俄罗斯东欧中亚研究》2020 年第 3 期，第 26 页。

③ Joseph S. Nye Jr. , “The Paradox of American Power: Why the World’s Only Superpower Can’t Go it Alone”, New York: Oxford University Press, 2002, p. 176.

④ 例如，小约瑟夫·奈本人多次批评俄罗斯“软实力”“赤字”；美国国家民主基金会负责研究与分析的副主席克里斯托弗·沃克（Christopher Walker）认为俄罗斯“劫持”了“软实力”，西方因此受到了来自威权主义的威胁；更多的西方学者将俄罗斯在中亚及东欧地区的“软实力“推广行为视作一种权力投射，详见：Joseph S. Nye， “What China and Russia Don’t Get About Soft Power”, Foreign Policy, April 29, 2013, https: //foreignpolicy. com/2013/04/29/what – china – and – russia – dont – get – about – soft – power/.（上网时间：2020 年 7 月 21 日）; Christopher Walker， “The Authoritarian Threat: The Hijacking of ‘Soft Power’”, Journal of Democracy, Volume 27, Number 1, January 2016, p. 49, DOI: https: //doi. org/10. 1353/jod. 2016. 0007; Joanna Szostek， “The Mass Media and Russia’s ‘Sphere of Interests’: Mechanisms of Regional Hegemony in Belarus and Ukraine”, Geopolitics, 2018, Vol. 23, No. 2, pp. 307—329, DOI: 10. 1080/14650045. 2017. 1402298.

斯“软实力”受到自由民主偏见的困扰，这种偏见导致学者们低估了其真正的实力，比如俄罗斯的保守价值观及非自由治理模式（illiberal governance models）使其甚至在本国疆域之外也具有追随者。① 但是，2014 年乌克兰危机后，俄罗斯的“软实力”在西方政界和学界眼中发生了“突变”，它被看作俄罗斯故意操纵和破坏世界稳定的险恶工具，“虚假消息”“网络战争”“网络威胁”等字眼充斥美国学界②。自 2017 年 12 月美国国家民主基金会发布题为《锐实力：日益增长的威权影响力》的研究报告以来，全球媒体、学术界和政界开始采用“锐实力”（sharp power）一词来形容政治战争或操纵影响力的行为。“锐实力”一时间成为国家间零和博弈的术语，它具有“刺穿、渗透或打入目标国家的政治和信息环境”等特征。换句话说，它不拥有“软实力”的魅力攻势，相反，它具有“腐蚀性”，以分散大众注意力和操纵舆论为重心。③《锐实力：日益增长的威权影响力》报告的作者克里斯托弗·沃克（Christopher Walker）和杰西卡·路德维格（Jessica Ludwig）认为，俄罗斯以“软实力”为幌子，在思想领域与民主竞争，尤其是利用媒体扰乱西方社会，以多种方式融入全球体系，超越国界投射力量。④ 约瑟夫·奈本人也对《锐实力：日益增长的威权影响力》报告作出了回应，“锐实力”是

---

① Keating, V. C., Kaczmarska, K., “Conservative soft power: liberal soft power bias and the ‘hidden’ attraction of Russia”. J Int Relat Dev 22, 1—27 (2019). https://doi.org/10.1057/s41268-017-0100-6.（上网时间：2020 年 7 月 21 日）

② 例如，兰德公司研究员布鲁斯·麦克林托克（Bruce McClintock）认为，俄罗斯游走在国际法的灰色地带，将其信息运营系统与中央政府控制形式相结合，针对西方敏捷地开展的网络活动。详见 McClintock B.,“Russian Information Warfare: A Reality That Needs a Response”, July 21, 2017, https://www.rand.org/blog/2017/07/russian-information-warfare-a-reality-that-needs-a.html.（上网时间：2020 年 7 月 21 日）

③ Christopher Walker, Jessica Ludwig, “From ‘Soft Power’ to ‘Sharp Power’. Rising Authoritarian Influence in the Democratic World”, National Endowment for Democracy. December 2017, https://www.ned.org/wp-content/uploads/2017/12/Introduction-Sharp-Power-Rising-Authoritarian-Influence.pdf.（上网时间：2020 年 7 月 21 日）

④ Christopher Walker, “The Authoritarian Threat: The Hijacking of ‘Soft Power’”, Journal of Democracy, Volume 27, Number 1, January 2016, p. 49, DOI: https://doi.org/10.1353/jod.2016.0007.

“描述旧威胁的新术语”，它其实是“伪造信息用于敌对目的”的信息战争。①

简言之，在美国学者眼中，“软实力”和“巧实力”已经无法用来解释俄罗斯为提高国际地位和国家形象所作出的努力。俄罗斯采取的是非对称手段，一方面，严格管控本国的政治和信息环境；另一方面，利用民主国家的开放性（如开放的文化界、学术界、媒体和出版界等），影响民主决策。利用美国社会内部的分歧，鼓动宣传本国的叙事，激化民众的负面情绪，从而达到破坏社会稳定的目的。这些操作手法的有效性及造成的国际影响力很大程度上是基于这些信息活动能否得到妥善伪装。多数情况下，这种行为是在代理人、私人公司、公共或民间团体的伪装下进行。

然而，美国将多年来积累的社会问题全部归咎到俄罗斯的“锐实力”是否合理？在 2016 年 10 月，美国民主党全国委员会遭到黑客攻击后，奥巴马政府指责俄罗斯是始作俑者之时，美国学者马丁·利比茨基（Martin C. Libicki）认为，如果真的是俄罗斯，那么它可能是通过窃取和泄露政治信息来篡改美国的选举程序，但是与此同时利比茨基也清醒地指出：“即使没有俄罗斯的介入，（美国的）政治环境也并非一尘不染。”② 知名政治学家弗朗西斯·福山（Francis Fukuyama）在 2020 年初回顾世界政治 30 年时指出，西方国家将日益加剧的社会分裂仅仅归因于互联网的兴起或俄罗斯的政策是错误的。③ 俄罗斯学者奥尔加·列昂诺娃认为，自“锐实力”概念产生之时起，它就被西方国家的政治家和专家纳入本国的“武器库”中，不仅对其进行了改进，甚至已经“超前”使用了这一概念，与此同时又假装自己是“锐实

---

① Nye J. S. Jr.，“How Sharp Power Threatens Soft Power. The Right and Wrong Ways to Respond to Authoritarian Influence”，Foreign Affairs，2018，January 24，https：//www. foreignaffairs. com/articles/china/2018 – 01 – 24/how – sharp – power – threatens – soft – power.（上网时间：2020 年 7 月 21 日）

② Martin Libicki，“Checklist for a U. S. – Russia Cyberwar”，TechCrunch，October 31，2016，https：//techcrunch. com/2016/10/31/checklist – for – a – u – s – russia – cyberwar/.（上网时间：2020 年 9 月 5 日）

③ Francis Fukuyama，“30 Years of World Politics：What Has Changed?” Journal of Democracy，Volume 31，Number 1，January 2020，p. 15，DOI：https：//doi. org/10. 1353/jod. 2020. 0001.（上网时间：2020 年 9 月 5 日）

力”的受害者。①

相较于俄罗斯，作为“软实力”强国的美国（尽管约瑟夫·奈认为，特朗普已经削弱了美国的软实力②），更加具备使用“锐实力”的能力。美国经济实力仍然超强，同时又拥有世界领先大学和科研中心。软实力为硬实力奠定道德基础，协助其获得广泛国际认同，这对于美国维护其领导地位和国家形象曾一度至关重要。但是，美国在一些国家依靠外力扶植或武力强加干涉的做法（比如克林顿政府实施的“新干涉主义”、小布什政府推行的“大中东民主”计划）进一步加剧了这些国家的政治危机和社会动荡。这些行为逐渐削弱了美国世界领导权的正当性，导致其软实力下降。特朗普上任以来，美国的软实力进一步受到削弱，皮尤调查中心2020年1月在22个国家的民意调查显示，相比其他世界领导人（如默克尔、普京等），民众对特朗普表示信任的人更少（约29%），对特朗普表示不信任的人所占的比例（64%）高于被问及的所有其他世界领导人的比例。③ 自巴拉克·奥巴马出任总统以来，这一数字下降了近20个点。英国波特兰公司的“软实力前30排名”显示美国已经从2016年的第一位滑落至2019年的第五位。④ 2017年3月，白宫行政管理和预算局局长宣布了将国务院和美国国际开发署的资金削减近30%。扩大军事的作用将进一步形成一个恶性循环，对硬实力的过度依赖将掩盖冷战后美国的软实力，导致其影响力继续下降。⑤

美国传统的软实力工具，如贸易、法律标准、技术等，正日益被特朗普

---

① Леонова О. Г. Sharp Power – новая технология влияния в глобальном мире, Мировая Экономика и Международные отношения, 2019, том 63, № 2, С. 22.

② Joseph S. Nye, “Trump's Effect on US Foreign Policy”, Project Syndicate, Sep. 4, 2019, https://www.project-syndicate.org/commentary/trump-long-term-effect-on-american-foreign-policy-by-joseph-s-nye-2019-09?barrier=accesspaylog.（上网时间：2020年9月5日）

③ Jacob Poushter, “How people around the world see the U.S. and Donald Trump in 10 charts”, Pew Research Center, January 8, 2020, https://www.pewresearch.org/fact-tank/2020/01/08/how-people-around-the-world-see-the-u-s-and-donald-trump-in-10-charts/.（上网时间：2020年9月5日）

④ Jonathan McClory, “The Soft Power 30. A Global Ranking of Soft Power 2019”, Portland, https://softpower30.com/.（上网时间：2020年9月5日）

⑤ Gordon Adams, “Reform the Foreign Policy Toolkit for a Rebalanced World”, Stimson Center, February 6, 2020, https://www.stimson.org/2020/reform-the-foreign-policy-toolkit-for-a-rebalanced-world/.（上网时间：2020年9月5日）

用来作为胁迫的手段。[①] 自特朗普上台以来，美国提高了进口关税，并以“国家安全”为由为其绕开基于规则的多边贸易体系的行为辩护，并在双边基础上损害其竞争对手甚至盟友。通过在域外适用本国法律，美国经常使用美元制裁任何被视为对其外交政策利益构成威胁的经济活动。例如，2020 年 2 月美国宣布将“俄罗斯石油公司”旗下一家子公司及该公司董事会主席卡西米罗列入制裁名单，原因是这家公司帮助委内瑞拉运输及销售原油。俄外交部指出：“美国当局惯用其行政资源，为美国公司创造优势，并妄图通过这样的方式使世界各国屈从美国的旨意。”[②] 此外，美国实施“锐实力”的第三个领域就是 5G 技术。美国政府以所谓安全名义，打压外国企业，并实施“科技禁运”，对美国的全球声誉产生不利影响，也搅乱了世界的 5G 建设。此外，美国破坏俄罗斯政治进程、推动其“自由经济和民主原则”的企图和行为从未停止过。早在 1993 年，前美国国家安全顾问安托尼雷克（Anthony Lake）就明确表达过美国在内的西方国家有责任协助民主原则“生根发芽”，其中东欧国家是首先需要推动民主的地区。[③] 俄罗斯也以同样的目光看待 2011—2013 年间发生在其国内的抗议活动，认为幕后有美国等西方国家的身影。[④] 美国乔治敦大学欧亚、俄罗斯与东欧研究中心主任，前国家情报委员会情报官，著名俄罗斯问题专家安吉拉·斯坦特（Angela Stent）称，2020 年的美俄关系已陷入 1985 年以来的谷底。尽管美国总统特朗普上任后决心改善与俄罗斯的关系，且抗击新冠肺炎疫情期间，美俄两国领导人有借疫情缓和关系之势，但美国的现实政治使其在大国战略竞争政策中始终把俄罗斯当成

---

① ZAKI LAÏDI, “The Hardening of Soft Power”, Project Syndicate, Nov. 4, 2019, https: //www. project - syndicate. org/commentary/hardening - of - soft - power - by - zaki - laidi - 2019 - 11? barrier = accesspaylog.（上网时间：2020 年 9 月 5 日）

② МИД прокомментировал новые санкции США по Rosneft Trading, РИА Новости, 18 фев. 2020, https: //ria. ru/20200218/1564942531. html.（上网时间：2020 年 9 月 5 日）

③ Anthony Lake, “From Containment to Enlargement”, Vital Speeches of the Day, 1993, Vol. 60, No. 1.

④ Raphael S. Cohen, Eugeniu Han, Ashley L. Rhoades, “Geopolitical Trends and the Future of Warfare”, RAND Corporation, 2020, p. 44. DOI: https: //doi. org/10. 7249/RR2849. 2.（上网时间：2020 年 9 月 5 日）

对手。①

综上所述，“锐实力”概念的范围已经超出了单纯的政治和信息领域，它并不只是“信息的武器化”②，而是“软实力”的武器化，彼时所有用来提升国家“软实力”的因素，当作用于敌对目标时，都可以被称为“锐实力”。目前现有文献中，缺乏对美国“锐实力”战略的系统性分析，俄罗斯虽然是实施“锐实力”战略的强国，同时也是目标国。因此有必要分析美俄在“锐实力”名义下围绕不同领域针对彼此的攻击行为，以及该行为给两国和国际社会带来的负面影响。

二、美国针对俄罗斯精英群体“锐实力”战略的具体行为

1. 攻击亲俄罗斯政权精英

抹黑俄罗斯国际形象，否定俄罗斯政府的作为。国家形象包括自我认定与他国认知，具有二元性。国家形象影响着国家间的关系和社会公众认识，而且，一国为纠正其负面国家形象通常需要付出极大代价。③ 美国政府和媒体通过攻击俄罗斯国家形象，破坏了俄罗斯在全球软实力的建设。在这方面典型的例子是，新冠肺炎疫情在全球暴发以来，俄罗斯对多个国家进行积极援助，其中包括派遣军用飞机将防控新冠肺炎疫情医疗援助物资送往美国，但却遭到美国一些官员和媒体的指责，称其出于政治目的发动“虚假信息活动”、散布“反美阴谋论”、在美国民众中制造恐惧。④ 美国司法部负责国家安全事务的助理部长德默斯于2020 年4 月9 日公开表示，俄罗斯“攻击”西方的方式与2016 年干涉美国大选类似，美司法部正在追踪俄罗斯的“虚假信

---

① Angela Stent, “Why are US - Russia relations so challenging?” Policy 2020 Brookings, April 27, 2020, https://www.brookings.edu/policy2020/votervital/why - are - us - russia - relations - so - challenging/.（上网时间：2020 年9 月5 日）

② Леонова О. Г. Sharp Power - новая технология влияния в глобальном мире, Мировая Экономика и Международные отношения, 2019, том 63, № 2, С. 21—22.

③ 张蕴岭：《国家形象是一种软实力》，《世界知识》2017 年第23 期，第16 页。

④ Julian E. Barnes, Matthew Rosenberg and Edward Wong, “As Virus Spreads, China and Russia See Openings for Disinformation”, The New York Times, March 28, 2020, https://www.nytimes.com/2020/03/28/us/politics/china - russia - coronavirus - disinformation.html.（上网时间：2020 年9 月5 日）

息活动”，这些活动可能会导致加剧美国以及其他西方国家的混乱和分裂。① 美国新冠肺炎死亡人数不断攀升的情况下，美国政客和媒体的作为对国际社会携手抗疫产生了不利影响，这种做法不仅损害了自身的软实力，还给俄罗斯执政精英的国际形象带来一定程度的负面影响。

加大对俄罗斯的网络攻击力度，旨在让俄罗斯为参与针对美国的网络行动（如美国指控俄罗斯干预其总统选举）付出代价。比如，2018 年 8 月，美国国会通过一项军事授权法案，批准在网络空间进行“秘密军事活动”的常规行为，以“威慑、保护或防御针对美国的攻击或恶意网络活动”②。随后 10 月，美国政府就宣布为“保护中期选举”而对针对俄罗斯进行首次网络作战。③ 在该法案框架下，2019 年 6 月美国五角大楼负责网络空间军事攻防行动的网络司令部宣布正在积极加大对俄罗斯电网的攻击力度，并已将可能造成严重损害的恶意软件植入俄罗斯电网系统内部。美国针对俄罗斯电网采取的行动，无论是作为“数字冷战”信号还是潜在的进攻性武器，都是在新国会当局的领导下进行的。④ 美国政府把现代社会中不可或缺的电力设施作为美俄冲突另一个维度的“战场”，其先进的智能电网和安全性极高的电力系统如今成为对他国实施攻击的前提。

试图获取俄领导人机密信息并分裂俄罗斯精英。除电力战之外，美国网络司令部还试图探索一种专门针对俄罗斯政治和经济精英的信息战策略，以防俄黑客干预 2020 年总统大选。美国情报部门认为，位于俄罗斯圣彼得堡市的一家名为“互联网研究中心”的机构散播虚假消息挑拨美国选民之间不

---

① Chris Strohm, “Justice Department Tracks Virus Disinformation by Russia, China”, Bloomberg, Apirl 10, 2020, https: //www. bloomberg. com/news/articles/2020 – 04 – 09/justice – department – tracks – virus – disinformation – by – russia – china. （上网时间：2020 年 9 月 5 日）

② H. R. 5515 – John S. McCain National Defense Authorization Act for Fiscal Year 2019, 115th Congress（2017—2018）.

③ Julian E. Barnes. “U. S. Begins First Cyberoperation Against Russia Aimed at Protecting Elections”, The New York Times, Oct. 23, 2018, https: //www. nytimes. com/2018/10/23/us/politics/russian – hacking – usa – cyber – command. html. （上网时间：2020 年 10 月 9 日）

④ David E. Sanger and Nicole Perlroth, “U. S. Escalates Online Attacks on Russia's Power Grid”, The New York Times, https: //www. nytimes. com/2019/06/15/us/politics/trump – cyber – russia – grid. html. （上网时间：2020 年 10 月 9 日）

和，是俄政府影响美国大选的重要行为体。因此，美官员 2019 年 12 月底曾建议网络司令部针对俄罗斯高级官员和在为俄信息战提供资金支持的寡头行动。此外，寻求俄罗斯精英群体之间的分歧，也是美中央情报局和国务院可能协助执行的信息战策略。《华盛顿邮报》援引美国官员的消息来源称，美国网络司令部的行动不会针对弗拉基米尔·普京总统个人，因为此举太具有挑衅意味，但可能试图获得重要数据访问权和有关俄领导人的机密信息。①

通过对俄实施经济制裁来阻止国际金融机构与俄开展业务。2014 年以来，以俄罗斯兼并克里米亚事件为起因，欧美国家对俄罗斯启动了多领域金融制裁。包括冻结或罚没被制裁对象在美资产、限制其他金融机构与俄罗斯被制裁对象进行金融交易、限制俄罗斯金融机构使用 SWIFT 等。2017 年特朗普签署的《以制裁反击美国敌人法案》堪称对俄最严厉、最全面的制裁法案。受新冠肺炎疫情蔓延影响，欧盟国家对于暂停对俄罗斯制裁的呼声愈高，相比之下美国却将对俄制裁延长至 2021 年 3 月 6 日。据《俄商业咨询报》统计，从 2017 年 6 月 1 日至 2020 年 3 月 12 日，特朗普政府已经对 260 名自然人及法人单位发起制裁，制裁包括以针对“燃料和能源综合体”及银行业务为主的 524 个组织。② 制裁的真正威力在于阻止国际金融机构与俄开展业务，削弱亲克里姆林宫的精英阶层的财务状况。③

2. 以“软实力”为幌子拉拢潜在支持者

支持俄政府中的所谓新自由主义经济精英，影响俄罗斯政治和经济发展。俄政府的文官和技术官僚团队中有不少持有自由主义经济倾向的官员，包括梅德韦杰夫和俄审计署署长库德林在内，他们擅长现代经济和社会管理，主要任务是规划并实施俄罗斯经济和社会的现代化以及自由化。他们是俄罗斯

---

① Ellen Nakashima, “U. S. Cybercom contemplates information warfare to counter Russian interference in 2020 election”, The Washington Post, https://www.washingtonpost.com/national-security/us-cybercom-contemplates-information-warfare-to-counter-russian-interference-in-the-2020-election/2019/12/25/21bb246e-20e8-11ea-bed5-880264cc91a9_story.html.（2020 年 7 月 12 日）

② Шесть лет санкций против России, РБК, 16 мар 2020, https://www.rbc.ru/politics/16/03/2020/5bffb0f09a79470ff5378627.（上网时间：2020 年 10 月 9 日）

③ John Hudson and Paul Sonne, “U. S. sanctions ensnare Russians with ties to Trump world”, The Washington Post, April 7, 2018, https://www.washingtonpost.com/politics/trump-administration-imposes-sweeping-new-sanctions-on-russian-elite/2018/04/06/97df2782-398e-11e8-b57c-9445cc4dfa5e_story.html.（上网时间：2020 年 10 月 9 日）

的自由主义意识形态的承担者同时也是亲西方的游说者，当前还在推进着备受争议的经济改革。俄现任审计署署长、前财长库德林曾被认为是遇刺身亡的反对派领军人物涅姆佐夫的替代性人物，他强烈支持自由主义改革及财政审慎，他几乎是俄罗斯精英阶层中唯一抨击俄政府应对乌克兰危机政策的高官。这些新自由主义经济精英群体不仅在物质上，而且在意识形态上，很大程度上取决于西方及其精英，复制西方自由主义模式。① 俄共党中央委员会主席久加诺夫称存在于俄罗斯的有影响力的亲美游说团体为“一个未经书面记载的但团结起来的自由主义复仇党”，该团体不仅继续确定俄社会经济路线，而且还妄图将该国的外交政策转变为危险的“投降通道”。② 比如，将南千岛群岛（日称“北方四岛”）移交给日本（美国在太平洋的主要盟友）作为与其签署和平条约的条件，久加诺夫认为，在 2019 年该事件再次成为议程上的事绝非偶然。

打着“软实力”的幌子煽动混乱。赢得“心灵”或所谓的虚拟维度逐渐成为外交战场上主要的部分，而且战斗空间正在扩展到更广泛的全球范围。③ 当下，互联网已经成为文化渗透、反渗透乃至政治斗争的主战场。最近的例子是美国积极利用亲美活动人士针对俄罗斯宪法修改一事有意制造混乱，干涉俄国内政。2020 年 3 月 11 日，俄国家杜马三读审议通过了宪法修正草案，若全民投票通过，普京有望连任至 2036 年。随后包括俄反对派政治人物、2000—2004 年担任总理一职的米哈伊尔·卡西亚诺夫（МихаилКасьянов）、自由派领袖尼古拉·雷日科夫（НиколайРыжков）、俄著名人权活动家列夫·波诺马廖夫（ЛевПономарёв）、国际非政府组织萨哈罗夫中心主任谢尔盖·卢卡舍夫斯基（СергейЛукашевский）、俄罗斯反对派政治家、鲍里斯·涅姆佐夫门徒弗拉基米尔·卡拉—穆尔扎（Владимир Кара – Мурза – младший）等在内的 120 多个俄罗斯著名人权活动家、律师、学者和政客签

---

① Владимир Павленко, Закат либерализма: в России и мире – справедливость против элитаризма, Regum, http://kuregnum.ru/news/polit/2656594.html.（上网时间：2020 年 10 月 9 日）

② Геннадий Зюганов, Либерализм смертоносен для России, Красная Линия, 21 января 2019, https://www.rline.tv/podrobnosti/2019 – 01 – 21 – gennadiy – zyuganov – liberalizm – smertonosen – dlya – rossii/.（上网时间：2020 年 10 月 9 日）

③ Frank G. Hoffman, “Conflict in the 21st Century: The Rise of Hybrid Wars”, Potomac Institute for Policy Studies Arlington, Virginia, December 2007, p. 51.

署请愿书，希望欧洲委员会议会大会（PACE）审查俄罗斯宪法修正案，请愿书发布到了全球最大请愿平台 Change. org 上，得到超过 20 万人支持。① 上述反对派代表人物的许多言论和行动都符合亲美的自由主义者形象，比如频繁访问美国、为俄黑客行文道歉、支持西方针对俄罗斯精英进行个人制裁、对俄罗斯兼并克里米亚存有异议等。其中卡西亚诺夫一直是被美国寄予厚望的人物。2015 年卡西亚诺夫访美期间，向华盛顿议员提交了六名俄罗斯记者制裁名单（称其为“涅姆佐夫名单”），他认为这些记者参与了对涅姆佐夫的诽谤和迫害行为，美国应该予以制裁。因此，有理由怀疑美国政府在背后推波助澜。

为俄反对派提供发声平台，有目的地利用亲美团体和专家人士制造对俄不利的舆论。西方社交媒体早已被政治化。俄罗斯的反对派精英主要通过博客传播信息，而西方社交媒体为此提供了渠道。利用脸书、推特等社交媒体组织反政府抗议活动，以“民主、自由和人权”为借口挑战法治，并煽动抗议群众，造成其与警察之间的冲突。比如反对派领袖阿列克谢·纳瓦尔尼（Алексей Навальный）团队积极利用脸书来号召群众参加反政府示威，就 2019 年，俄反对派人士接连三周走上街头进行非法集会活动，据纳瓦尔尼脸书页面数据称，参加示威的人数达到了 21000 人，给俄罗斯社会造成了不小的影响。同时，在国际文化交流活动中通过教育培训、学术讲座、学术赞助、教师派送等方式，使俄罗斯知识精英接受和传播西方文化精神，改变本国的知识传统。例如，美国国际开发署（USAID）等非政府组织致力于对包括俄罗斯和中亚地区国家在内新闻从业人员进行培训、提供法律援助、培育和创建本土独立媒体等。俄美之间的价值差异始终影响着两国关系的质量，在俄罗斯传播美国的“民主理想”的愿望不会消失，这也是改善俄美关系的障碍所在。②

---

① Совет Европы, Проведите срочную правовую экспертизу изменений в Конституцию России! Change. org.

② Eugene Rumer, Richard Sokolsky, “Thirty Years of U. S. Policy Toward Russia: Can the Vicious Circle Be Broken?” Carnegie Endowment for International Peace, June 20, 2019, https://carnegieendowment. org/2019/06/20/thirty - years - of - u. s. - policy - toward - russia - can - vicious - circle - be - broken - pub - 79323.（上网时间：2020 年 10 月 9 日）

三、俄罗斯对美国“锐实力”的认知及反制措施

1. 对外将信息战作为发挥“锐实力”的主要杠杆

防止美国在苏联地区发动“颜色革命”。俄罗斯对其周边国家的“颜色革命”保持高度警惕的状态，通过经济援助以及军事、外交和政治支持稳定亲俄政权。而且，一旦亲俄政权受到威胁，便会出面干预其安全事务，甚至不排除出兵的可能性。例如，2004 年的乌克兰选举、2006 年的白俄罗斯选举、2005 年和 2009 年的摩尔多瓦选举等，来自俄罗斯的外部援助都增加政权“赢得”选举的机会（阻止精英叛变，破坏反对派活动，应对民众抗议以及抵消所谓西方“民主”推动者的压力等）。① 2014 年的乌克兰危机更加深化了俄罗斯通过非军事干预手段防止外国势力干预苏联地区的策略。就在目前，白俄罗斯出现由 2020 年 8 月的总统选举引发的政治动荡，卢卡申科在公开讲话中指责美国和欧洲策划白俄罗斯乱局，意图干涉白内政，并数次与普京通话向俄方求援。俄正在从政治、军事、外交等方面向白提供支持，不允许在白俄罗斯上演“乌克兰剧本”。今年，在其他后苏联国家也将举行重要选举，比如摩尔多瓦总统选举、格鲁吉亚和吉尔吉斯斯坦的议会选举等。美俄两国在这些事件中的博弈值得关注。

试图通过虚假信息和黑客攻击影响美国社会。俄方高层认为，进攻能力、快速反应能力和战略欺骗是未来战争的基本形态。② 2016 年俄罗斯涉嫌干涉美国大选使两国冲突变得更加尖锐化，也使得西方国家对具有强大的发动信息战能力的俄罗斯进一步提高了警惕。美国国家情报总监办公室 2017 年发布的一份报告显示，俄罗斯总统弗拉基米尔·普京下令开展了一场针对美国的影响力运动，将隐蔽的网络运营（黑客、“巨魔工厂”和机器人）与公开行动（由俄罗斯支持的媒体传播虚假信息，如“今日俄罗斯”频道等）相结

① Tolstrup, Jakob, “Black Knights and Elections in Authoritarian Regimes: Why and how Russia Supports Authoritarian Incumbents in Post – Soviet Spaces”, European Journal of Political Research, 2015, Vol. 54, No. 4, p. 673.

② Raphael S. Cohen, Eugeniu Han, Ashley L. Rhoades, “Geopolitical Trends and the Future of Warfare”, RAND Corporation, 2020, p. 55, DOI: https: //doi. org/10. 7249/RR2849. 2.（上网时间：2020 年 10 月 9 日）

合，破坏公众对选举过程的信任并影响总统候选人的看法。① 这场运动的规模非常大，被认为与克里姆林宫有关的俄罗斯互联网研究机构在美国社交网站脸书上发布了大约 8 万条分裂性内容，并在 2015 年 1 月至 2017 年 8 月期间向大约 2900 万人展示了这些内容。这些人通过喜欢、共享和关注其他人等功能，将消息传播给数以千万计的脸书用户。美国社交和微博客网站推特（Twitter）确定了超过 3. 6 万个自动账号，该账号在三个月内发布了与俄罗斯相关的约 140 万条与选举相关的推文，并获得了约 2. 88 亿次观看。谷歌表示找到了证据，称已经找到了 18 个与俄罗斯“可能相关”的频道，这些频道将政治类视频发布到美国视频分享网站油管（YouTube）上，上传的视频有关分裂美国社会的内容，包括执法问题、种族关系或叙利亚问题等。从 2015 年到 2017 年夏季，这些账号（现已被暂停）总共上传了 1100 多个视频，总计 43 个小时的内容。② 通过歪曲真相和制造虚假信息，来左右选民的偏好，增加国内的不和谐因素，改变美国国家政策，并破坏美国人民对民主的信心。③ 2020 年美国总统大选在即，“俄罗斯干预美国大选”的言论仍未脱离美国的官方议程。2020 年 7 月，美国国防部计划拨款 300 万美元，用于分析影响互联网用户行为的科学研究。④ 美俄的“锐实力”博弈将继续在网络空间中积极进行。

2. 对内完善法律法规，实现严格管控。

重视信息安全领域的法律建设，将网络安全提升到国家安全的战略高度。

---

① US Office of the Director of National Intelligence, “Background to ‘Assessing Russian Activities and Intentions in Recent US Elections’, The Analytic Process and Cyber Incident Attribution”, January 6, 2017, https://www.dni.gov/files/documents/ICA_ 2017_ 01.pdf.（上网时间：2020 年 10 月 9 日）

② Mike Isaac and Daisuke Wakabayashi, “Russian Influence Reached 126 Million Through Facebook Alone”, New York Times, https://www.nytimes.com/2017/10/30/technology/facebook - google - russia.html.（上网时间：2020 年 10 月 9 日）

③《2020 美国大选：美国情报高官指控中国、俄罗斯和伊朗“试图影响投票”》，BBC 中文网，2020 年 8 月 8 日，https://www.bbc.com/zhongwen/simp/world - 53705001。（上网时间：2020 年 10 月 9 日）

④ Юлия Гуреева, Полина Полетаева, Манипуляции в сети: Пентагон оплатит исследования о влиянии на поведение интернет - пользователей, RT, 27 июля 2020, https://russian.rt.com/world/article/766866 - ssha - pentagon - internet - vliyanie.（上网时间：2020 年 10 月 9 日）

近年来俄政府出台的关于信息安全的纲领性文件（如2016年的第2版《信息安全学说》、2017年的《俄罗斯联邦长期科技发展战略》《2017—2030年俄罗斯联邦信息社会发展战略》、2018年的《关键信息基础设施安全保障法案》等）中，除了警惕全球范围内正在进行的信息战外，还将信息确认为维持国家安全的工具。2019年5月俄罗斯总统普京签署的《主权互联网法案》使得当局在管控互联网方面的作用达到了最大值。该法案保证俄罗斯的互联网基础设施能够在无法连接国外服务器的情况下，保障俄罗斯互联网资源正常运行。《主权互联网法案》于2019年11月1日正式生效，俄于12月进行了首次旨在防范“断网”风险的全国网络运行稳定保障演习。该法律不仅保证了在遭遇外部“断网”时俄境内互联网运行的完整性和安全性，还使得俄政府加强了对本国网络内容的控制。

通过立法打击俄国内亲西方势力。例如，2017年11月，普京签署媒体“外国代理人”条款修订案，[①] 对等反制美方打压俄罗斯媒体的举措。根据修订案，从外国国家机构、国际或外国非政府组织、个人获得资金和财产的海外媒体驻俄机构当中，可能存在具有“外国代理人”身份的新闻媒体。俄司法部将负责认定哪家海外媒体驻俄机构是“外国代理人”。被认定为“外国代理人”的媒体在向俄罗斯公众发布任何消息时，都必须提及自己“外国代理人”的身份，并且定期上交报告说明资金来源、花销情况、要达到何种目的以及管理人员情况等。2019年12月，俄罗斯总统普京签署新法律扩大在媒体中划定“外国代理人”的范围。允许俄罗斯政府有权将记者、博客作者，甚至社交媒体用户当作“外国代理人”，对2017年的俄罗斯法律作了进一步补充。针对不限定范围的民众散播消息或材料（包括通过互联网），且从国外获得资金的自然人也可被认定是外媒——外国代理人。新法案的特别之处在于，它并不禁止外媒——外国代理人的活动，后者只需坦承自己为谁的利益服务。在被列入相关清单后，公民和法人实体还能继续其创造性活动和发表信息，只不过它们需要满足一系列强制性要求。近几年，在与西方关系持续恶化的背景下，俄罗斯不断收紧对“外国代理人”的限制。2022年6

① 俄罗斯“外国代理人”法律其实最早在2012年出台，当时仅涉及非营利组织。2012年，俄总统普京曾解释通过该项法律的必要性：“外国对我们国内政策的影响是不可接受的。我们决不能允许任何外国人通过融资暗中影响它。我们必须知道这些人是谁。”五年后，俄政府将“外国代理人”的定义适用于媒体。

月 7 日，俄罗斯国家杜马通过了一项关于“外国代理人”的新法案。该法案称任何从国外获得财政或任何其他支持形式的人都可以被视为“外国代理人”，“外国代理人”更是被禁止从事与未成年人有关的教学教育活动。“外国代理人”法案与 2015 年通过的《不受欢迎组织法》相辅相成，共同管控外国势力通过非营利组织或媒体影响俄罗斯政局。根据该法案，“威胁俄宪法制度基本原则、国防或国家安全的外国或国际非政府组织”可被认定为“不受欢迎的组织”。① 截至 2020 年 7 月 31 日，俄境内“不受欢迎的组织”数量已经增加到 29 个，② 包括一直公然对俄实施意识形态及信息进行攻击的非政府组织美国民主基金会和美国大西洋理事会等。

四、“锐实力”战略给美俄两国及国际社会带来的负面影响

1. 以美国为首的西方国家民主倒退，难获民众信任。英美是民主的发源地，曾经是传播和支撑西方式民主的强大力量。曾经被视为软实力的民主价值如今被称为美国国内政治的延伸。民主的衰落限制了“软实力”的魅力攻势，因此能够短期内带来效果的“软实力”的武器化替代了长期艰苦建设“软实力”的政策。经济学人信息社 2019 年的报告指出，公民政治参与度持续上升，但是政府对公民自由持续镇压，这使得政治成为一种潜在的不稳定混合物，并且可能会造成不稳定和社会动荡。③ 在除公民政治参与度以外的所有其他类别中，民主指数在 2018 年都显著下降，而且数据表明民主持续恶化长达几年。2018 年的民主观念得分在该指数中自 2010 年以来跌幅最大。经济学人信息社在民主指数中参考了各种全球调查，例如世界价值调查

---

① Инна Климачева, Нежелательные организации на территории России, Досье, ТАСС, 11 мар. 2016, https://tass.ru/info/2485043? keepThis = true&TB _ iframe = true&height = 500&width = 1100&caption = % D0% A2% D0% 90% D0% A1% D0% A1/amp/amp/amp.（上网时间：2020 年 10 月 9 日）

② Дополнение в перечень иностранных и международных неправительственных организаций, деятельность которых признана нежелательной на территории Российской Федерации, Российская газета, 31 июля 2020 г., https://rg.ru/2020/07/31/dopolnenie-dok.html.（上网时间：2020 年 10 月 9 日）

③ “Democracy Index 2018: Me too? Political Participation, Protest and Democracy”, The Economist Intelligence Unit Limited, 2019.

（WVS）、欧洲晴雨表、拉丁美洲和非洲晴雨表，结果都表明人们对民主的信心正在减弱。与此同时，构成民主价值观基石的公民自由继续受到侵蚀。尽管互联网和社交媒体所代表的言论自由具有巨大的扩展潜力，但实际上言论自由越来越受到国家和非国家行为者的限制。如果想要取得国际公信力，美国需要先修复本国破碎的民主。①

2. 俄政权更具封闭性，反过来进一步恶化与美关系。为防止外部行为者（即美国）破坏俄国内部安全，俄政府扩大了国家对内部控制的战略性必要措施。作为一个与西方国家权力不对称的国家，其内部反对派可能被外部大国利用来破坏国家政权，这对于政权限制或取消民主必不可少的内部多元化产生了不正当的动机。基思·达登学者（Keith A. Darden）参考了过去20年中一系列有争议的国际事件以及俄罗斯对威权主义的内向转向，阐述了存在一个恶性循环的可能性，在这种恶性循环中外部威胁和内部封闭会滋生彼此之间，使俄罗斯与本国公民的关系陷入了更深地非民主和被动的螺旋状态。所有这些事态发展反过来又恶化了与美国的关系。美国总统批评俄罗斯的行动，这些行动在许多方面只是强化了俄罗斯的观点，即美国具有干预国家内政的意愿，以及潜在的内部反对派（无论是分离主义、自由派或所谓的人道主义组织）都有可能被外部势力利用。美国对俄国内事务的干涉加强了俄内部控制的必要性与应对外部威胁之间的假定联系，并因此形成了恶性循环。随着与西方在乌克兰问题上的对抗以及随之而来的制裁的加剧，外部威胁的程度不断提高，俄罗斯只是在变得更加民族主义，更加封闭和更具压制性。②比如，为防止个人或组织“服从于俄罗斯敌人的利益”，③ 2020年初的俄罗斯宪法修正案进一步强化了“精英国有化”。修正案第71条规定俄罗斯总理、副总理和各部部长必须是年满30周岁、没有外国国籍或外国长期居留权的俄罗斯公民，关于禁止俄罗斯官员持有外国公民身份和海外账户的要求适

---

① Larry Diamond, “Democracy Demotion. How the Freedom Agenda Fell Apart”, Foreign Affairs, July/August 2019, https://www.foreignaffairs.com/articles/2019-06-11/democracy-demotion.（上网时间：2020年10月9日）

② Keith A. Darden, “Russian Revanche: External Threats & Regime Reactions”, Daedalus, 2017, Vol. 146, No. 2, pp. 129—134.

③ О национализации элит и духе закрытости, Независимая газета, 22.01.2020, http://www.ng.ru/editorial/2020-01-22/2_7774_editor.html.（上网时间：2020年11月20日）

用范围扩大至人权事务专员。

3. “锐实力”战略只能起到反击的作用，不能成为积极的建设性思想。冷战后，美国作为民主推动者和全球榜样的角色一直是美国身份认同及外交政策话语的核心要素，[①] 但特朗普政府显然已无意追求所谓的民主价值观和自由秩序，美国的软实力已被削减，具有零和思维的“锐实力”无助于美国与其他国家建立信任及合作。此外，近年来俄民众对其政府采取的积极进攻型的外交政策的支持度正在不断下降，俄政府需要“用道德和思想内涵巩固外交和军事成果”，因为“如果缺乏我们想与其他国家共建（我们要起主导作用）的美好世界图景，俄罗斯便不能把在外交和国防领域毋庸置疑的成就转化为资本”。[②]

---

① Ruth Deyermond, “You think our country's so innocent?” The Trump administration's policy on democratic practices in Russia and the challenge to US identity, Global Affairs, 2020, Vol. 6, No. 1, pp. 107—108, DOI: 10. 1080/23340460. 2020. 1734959.

② 谢尔盖·卡拉加诺夫、德米特里·苏斯洛夫、叶夫根尼·普里马科夫、伊戈尔·马卡罗夫、拉里莎·波波维奇、郭小丽、王旭：《俄罗斯外交政策新思想》，《俄罗斯研究》2020 年第 4 期，第 98 页。

俄罗斯应对委内瑞拉危机的政策研究

江洪飞　王陈生*

委内瑞拉危机是在美国扶持下、由委反对派发起针对现总统马杜罗（Nicolás Maduro）的系列抗议和夺权行动所引发的政治危机（下文简称“委危机”或“危机”）。委危机爆发至今已有三年时间，虽然危机远未结束，但局势已然清晰明朗。危机主要经历了三个阶段，即：爆发起始期、激化升级期和趋于平缓期。自 2019 年 1 月 10 日至 2 月 23 日可视为委危机的爆发起始期。在此期间，马杜罗政府与反对派之间的冲突逐渐公开化，国际社会也分化为两大阵营——以美国为首支持委反对派的西方国家阵营和以俄罗斯为主要代表支持委现政权的国家阵营。① 前者指责马杜罗当局专权、暴政，要求马杜罗下台并重新举行选举；后者则主张尊重委国家主权，反对外部势力干涉委内瑞拉内政。2019 年 2 月 23 日至 4 月 30 日，委反对派领导人瓜伊多（Juan Guaido）更是挟美自重，与政府冲突不断加剧。在此期间，瓜伊多在美国等外部势力配合下数次发起夺权行动，委危机进入激化升级期，马杜罗政权一度岌岌可危。此后至今，虽然瓜伊多在美国支持下仍有所行动，但国内局势已基本为马杜罗政府所掌控，委危机进入趋于平缓期。② 不难看出，美国才是委危机的幕后黑手。某种程度而言，委危机是美国粗暴干涉委内政的恶果，是美国与瓜伊多等势力在拉美地区

---

* 江洪飞，广东外语外贸大学西方语言文化学院博士研究生。
王陈生，广东外语外贸大学西方语言文化学院博士研究生。

① Андрей Торин, Политический кризис в Венесуэле: региональное и глобальное измерения, Международная жизнь, 2019.

② 有关委形势发生变化的论述参见王珍：《委内瑞拉危局的变与不变》，《北京日报》2019 年 9 月 7 日第 3 版。

推行“颜色革命”的又一尝试。[①] 得益于俄罗斯等国的坚定支持，马杜罗政府力挽狂澜、拨乱反正，数次挫败反对派夺权行动。值得研究的问题是，为何俄罗斯会对远隔重洋的委内瑞拉危机反应如此强烈？俄采取坚定支持政策的背后又有着何种考量？然而笔者通过梳理文献发现，虽然目前国内有关委内瑞拉危机的研究成果较为丰富，但对有关俄罗斯应对危机的政策则鲜有关注。鉴于此，本文力图对俄罗斯应对委内瑞拉危机的政策做较为系统的研究，明晰该政策的主要内容、目标等。

一、俄罗斯“三位一体”支持政策概述

委内瑞拉危机爆发至今逾三年之久，观察俄罗斯对危机的态度及立场可以发现，俄方立场明确、态度如一，即：支持马杜罗合法政府、反对外国势力干预委内政。危机发生以来，俄罗斯在践行该立场的基础上做了大量工作，可谓言行相顾。虽然俄政府并未出台相关涉委危机的指导性政策文件，但观其言行仍可察端倪。

在委内瑞拉危机中，俄罗斯实施的政策为：对马杜罗政府“三位一体”的综合性支持政策。所谓“三位一体”支持政策是指俄罗斯在政治外交、经济及军事三个领域给予马杜罗政府大力支持，协助马杜罗应对国内政治危机。俄罗斯在委内瑞拉实施“三位一体”支持政策的目标主要有两点：其一，维护国家合法政权不应被外国势力推翻的正义原则，捍卫国家主权独立原则等；[②] 其二，维护俄罗斯在委内瑞拉的合法利益。具体而言，俄“三位一体”支持政策的内容为：政治上全力支持、经济上大力援助和军事上有限介入。

（一）政治上全力支持马杜罗政府

委内瑞拉危机爆发以来，俄罗斯在政治层面给予马杜罗当局以全力支

---

① Цветная революция в Венесуэле окончательно провалилась, 1 марта 2019, https: //yandex. ru/turbo/s/vz. ru/ world/2019/3/1/966470. html. （上网时间：2020 年 3 月 20 日）

② Астахов Е. М. , Венесуэльский кризис: история вопроса, Международная жизнь, 2019, № 5, С. 56—63.

持，帮助马杜罗及时稳固其国内统治，遏制委内瑞拉国内混乱局势。

第一，俄官方频频表态支持马杜罗政府。委内瑞拉危机爆发后，俄罗斯领导层多次在正式公开场合发声，表达对马杜罗政权合法性的支持，并谴责美国等外部势力试图武力干涉委内瑞拉内部事务的行为将把委内瑞拉推向内乱的深渊。①

表 12—1 俄领导层及官方发声支持马杜罗政权统计表（不完全统计）

时间	人物/部门	场合	内容
2019－01－24	俄罗斯外交部	俄罗斯外交部例行发布会	俄外交部声明：我们强烈谴责那些将委内瑞拉社会推入血腥内乱深渊的人；莫斯科愿意与所有国家合作，这将有助于在委内瑞拉寻求政治谅解
2019－02－20	俄副外长里亚布科夫（Сергей Рябков）	接受《国际生活》杂志专访	莫斯科警告美国，不要对委内瑞拉进行军事干预，并表示将继续捍卫委内瑞拉的主权
2019－08－15	俄国防部长绍伊古（Сергей Шойгу）	绍伊古与到访的委内瑞拉国防部长洛佩兹（Padrino Lopez）会晤	绍伊古表示：俄罗斯支持委内瑞拉实行独立外交政策的意愿，并反对美国试图改变该国合法当选的政权

① МИД России, Создание двоевластия в Венесуэле станет прямым путем к хаосу, 24 января 2019, https://tass.ru/politika/6035685.（上网时间：2020 年 3 月 17 日）

续表

时间	人物/部门	场合	内容
2019－09－25	俄总统普京（Владимир Путин）	普京与到访的马杜罗会晤	普京表示，俄罗斯支持该国的合法机构——总统和议会，主张马杜罗当局要继续与反对派对话以克服危机
2020－02－07	俄外长拉夫罗（Сергей Лавров）	拉夫罗夫出访委内瑞拉，与委总统会晤	拉夫罗夫表示，俄罗斯履行尊重委内瑞拉主权的承诺……对正在抵抗美国及其同伙施加的非法压力的委内瑞拉领导人和委内瑞拉人民进行声援

资料来源：整理于俄相关部门官方网站及俄权威通讯社等。

第二，在联合国给予马杜罗政府以政治支持。除领导层发表声明支持马杜罗政府外，俄罗斯还在联合国会议上通过行使其安理会常任理事国一票否决权给予马杜罗当局以政治支持。如 2019 年 2 月 28 日，在美国提议下，一项要求允许美国人道主义援助物资进入委内瑞拉的决议草案进入联合国安理会表决程序。俄罗斯对美国提起的该草案行使了一票否决权，使得该草案未能通过。俄罗斯常驻联合国代表瓦西里·涅边贾（Василий Небензя）表示，美国提起的该决议草案是其在委内瑞拉实行双重标准的顶峰。① 此后，俄罗斯起草了一项涉委决议草案，强调任何国际援助都应在尊重委内瑞拉主权以及承认现政府合法地位的前提下进行。虽然该决议草

① Россия и Китай наложили вето на проект резолюции США по Венесуэле，28 февраля 2019，https：//www. vesti. ru/doc. html? id = 3121669.（上网时间：2020 年 4 月 2 日）

案在美、英等国的反对下也未获通过，[①] 但俄罗斯无疑用行动证明了自己的立场。此外，2020 年 5 月，在委内瑞拉挫败一起海上入侵行动后，俄罗斯随即于当月 20 日向联合国安理会递交一份决议草案。该草案再次重申各方应尊重委内瑞拉的国家主权，任何外部势力均应立即停止对该国的渗透。毫无疑问，俄罗斯对美国起草的涉委草案行使否决权以及起草呼吁尊重委内瑞拉主权的草案是对马杜罗政府的有力支持，使美国借人道援助之名行干涉内政之实的计划破产，避免使委国内局势进一步恶化，保障了马杜罗政权的执政稳定性。

第三，动员媒体为马杜罗政府合法性进行国际舆论宣传。俄罗斯在应对委内瑞拉危机中，广泛运用国家媒体为马杜罗政府合法性进行国际宣传，为马杜罗政府合法性提供国际舆论支持。如俄罗斯最有影响力的两家通讯社——塔斯社和俄新社在委内瑞拉危机爆发以来刊发大量支持委内瑞拉的评论文章和新闻报道，揭露美国意图武力推翻委现政府的政治阴谋，为马杜罗政府赢得了国际同情，创造了相对有利的国际舆论环境。

表 12—2 俄媒体刊发支持委政府报道相关信息统计
（以塔斯社和俄新社为例，不完全统计）

通讯社	发文时间	标题
塔斯社	2019. 01. 24	俄罗斯外交部：在委内瑞拉建立双重权力将是通往混乱的直接途径
	2019. 01. 24	委内瑞拉政治危机
	2019. 07. 03	委内瑞拉愿意听取联合国人权事务办公室的客观批评
	2020. 02. 16	蓬佩奥承认美国领导了推翻马杜罗的力量
俄新社	2019. 03. 29	特朗普推动委内瑞拉战争
	2019. 05. 13	只有委内瑞拉人才能决定自己国家的命运
	2019. 09. 25	普京和马杜罗讨论双边关系和委内瑞拉局势

资料来源：俄新社及塔斯社官网。

① 《两份涉委内瑞拉决议草案在联合国安理会均未获通过》，新华网，2019 年 3 月 1 日，http：//www. xinhuanet. com/world/2019 －03/01/c_ 1124181041. htm。（上网时间：2020 年 3 月 9 日）

（二）经济上大力援助马杜罗政府

委内瑞拉危机的爆发很大程度上归因于其国内糟糕的经济状况。委内瑞拉国家的经济结构单一，长期依靠石油产业，石油出口曾占委内瑞拉出口总额的98%。① 近年来受国际油价下跌的影响，委内瑞拉石油出口创汇能力急剧下降。国家经济体制的僵化和美国的经济制裁又使委经济雪上加霜：国家经济出现倒退现象，通货膨胀率居高不下，国民生活水平持续下降等。② 生活受到严重影响的部分委内瑞拉民众由此对政府产生了不满情绪。③ 瓜伊多则“适时”地对民众的不满情绪加以利用，借国内经济问题抨击委内瑞拉当局，向马杜罗政府发难。而俄罗斯的经济援助则及时地帮助马杜罗政府稳定民心，使得现政权得以存续。

第一，俄罗斯继续深化与委内瑞拉双边经济合作。自 2018 年年底以来，为配合委内瑞拉反对派的夺权行动，美国对委内瑞拉实施了一系列严厉的经济制裁，对委石油出口进行全面封锁。美国的极限施压使得本就严峻的委内瑞拉国内经济局势变得岌岌可危。为帮助马杜罗渡过难关，俄罗斯采取一系列措施强化与委内瑞拉的经济合作。2019 年 2 月 12 日，委内瑞拉工业和国家生产部经济事务副主席塔雷克·艾萨米在首都加拉加斯同俄罗斯驻委内瑞拉大使弗拉基米尔·扎姆斯基（Владимир Заемский）会面，会上双方讨论了继续加强双边经济关系的问题。截至目前，俄罗斯已

---

① Дмитрий Розенталь, Двоевластие по – латиноамерикански: особенности политического кризиса в Венесуэле, 1 марта 2019, https://russiancouncil.ru/analytics – and – comments/analytics/dvoevlastie – po – latinoamerikanski – osobennosti – politicheskogo – krizisa – v – venesuele/.（上网时间：2020 年 3 月 17 日）

② В. Хейфец, Л. Хадорич, Кризис в Венесуэле и региональная интеграция, Мировая экономика и международные отношения, 2017, том 61, № 5, С. 79—87; Алексей Голубович, Сергей Фундобный, Венесуэла: Кризис экономики, разрушение государства и сценарии выхода, ArbatCapital, 7 февраля 2019 г.

③ Федотов Давид Сергеевич, Военно – политическое значение венесуэлы для российской стратегичес – кой перспективы, УДК 34: [（470 + 571）+（87）], С. 1.

与委内瑞拉签署了涉及能源、工业、建筑及农业等领域的 261 项合作协议。[①] 2019 年 4 月，俄罗斯又与委内瑞拉签署了涉及石油工业、金融、农业和人文等领域的 11 项具有战略意义的合作协议，双方还就进一步加强电力、渔业及医药卫生领域交流达成合作意向。[②] 同年 10 月，俄罗斯副总理鲍里索夫（Юрий Борисов）在访问委内瑞拉期间与后者签署一系列涉及经济、金融领域合作协议。[③] 由此可见，俄罗斯在委内瑞拉危机爆发后不仅没有中断与后者的合作，双方经济关系还得到进一步深化和加强。俄罗斯扩大与委内瑞拉经济合作的举措对后者意义深远，从短期看，能够帮助委内瑞拉稳定当前国内局势；从长远看，也是帮助委内瑞拉实现经济复兴的有力支持。

第二，俄罗斯为委内瑞拉提供财政援助。俄罗斯为委内瑞拉提供财政援助由来已久。从 2006 年到 2017 年的十数年间，俄罗斯已向委内瑞拉提供了至少 170 亿美元的贷款，[④] 这些贷款大部分以石油出口的方式偿还。2018 年 12 月，在委内瑞拉国内局势不断升级的情况下，马杜罗对俄罗斯进行为期三天的访问。访问期间马杜罗与普京就俄罗斯继续向委内瑞拉提供财政援助进行了深入交流。访问结束后，马杜罗对外表示：委内瑞拉将获得俄罗斯提供的新一轮财政援助。这一点得到俄总统发言人佩斯科夫（Дмитрий Песков）的证实，但并未向外界公布具体援助数额。[⑤] 此外，

---

① Для экономического процветания: Венесуэла договаривается укреплять экономическое сотрудничество с РФ, 14 февраля 2019, https://www.2000.ua/novosti/mir_novosti/dlja-ekonomiches-kogoprocvetanija-venesuela-dogovarivaetsja-ukrepljat-ekonomicheskoe-sotrudnichestvo-s-rf.htm.（上网时间：2020 年 3 月 19 日）

② Венесуэла подписала с Россией 11 соглашений стратегического характера, 5 апреля 2019, https://tass.ru/ekonomika/6301683.（上网时间：2020 年 3 月 9 日）

③ Россия и Венесуэла подписали ряд соглашений по итогам визита Борисова, 6 октября 2019, https://ria.ru/20191006/1559477625.html.（上网时间：2020 年 4 月 6 日）

④ “Деньги народа”. Глава комитета Думы заговорил о списании долга Венесуэле, 31 января 2019, https://www.anews.com/p/104832037-dengi-naroda-glava-komiteta-dumy-zagovoril-o-spisanii-dolga-venesuehle/.（上网时间：2020 年 3 月 22 日）

⑤ Россия окажет финансовую помощь Венесуэле, 5 декабря 2018, https://iz.ru/820214/2018-12-05/rossiia-okazhet-finansovuiu-pomoshch-venesuele.（上网时间：2020 年 3 月 7 日）

2019 年 3 月，经过双方协商，俄罗斯同意委内瑞拉推迟偿还到期的 30 多亿美元的债务。① 在委国内局势不稳定与经济持续低迷及美国制裁的背景下，俄罗斯的财政援助对马杜罗政府无疑是雪中送炭。

第三，俄罗斯向委内瑞拉提供人道主义援助。在 2019 年年初委内瑞拉危机爆发之前，其国内各大城市就已出现不同程度的物资短缺，国民基本生活难以保障，民众对政府的不满情绪与日俱增。② 瓜伊多正是利用部分民众对马杜罗政府的不满，大肆抨击现政权的腐败和专政，从而在国内收获了部分支持者。由此可见，保障国民基本生活物资的正常供应对稳定委内瑞拉目前的政治乱局至关重要。美国也正是看到这点，才执意要对委内瑞拉提供人道主义援助，企图帮助瓜伊多获取更多委内瑞拉民众的支持，从而达到迫使马杜罗政府下台的目的。③ 作为马杜罗政府的坚定支持者，俄罗斯自然也深谙人道主义物资对马杜罗政府存续的重要意义，因此在委内瑞拉危机正式爆发的前夕，俄罗斯就已向委内瑞拉提供人道主义援助。如 2019 年 2 月 20 日，由俄罗斯援助的包括食品、药品、医疗设备在内的 300 吨人道主义物资运抵委内瑞拉，以缓解委内瑞拉国内民众基本生活及医疗物资较为匮乏的局面。④ 次月，拉夫罗夫在同委内瑞拉副总统德尔茜·罗德里格斯（Delcy Rodríguez）会晤后的新闻发布会上表示：俄罗斯正在向委内瑞拉提供小麦等粮食作物供应，帮助其解决人道主义危机。⑤ 俄罗斯一系列的人道主义物资援助，是以实际行动表达对马杜罗政府的支持，帮助马

---

① Эксперты: России будет сложно вернуть выданные Венесуэле кредиты, 5 апреля 2019, https://www. gazeta. ru/business/2019/04/04/12284851. shtml.（上网时间：2020 年 4 月 15 日）

② М. Р. Ранхель, В. В. Манцев, Пищевая отрасль венесуэлы: кризис на потребительском рынке, Вестник РУДН, серия Государственное и муниципальное управление, 2015, № 4., С. 79—81.

③ Сидоров А. С., Анализ причин венесуэльского кризиса: предпосылки и последствия, Казанский вестник молодых ученых, 2019, том 3., № 5., С. 204.

④ Россия предоставила гуманитарную помощь Венесуэле в феврале 2019 года, 25 февраля 2019, https:// pronedra. ru/pomoshh - venesuele - ot - rossii - v - 2019 - m - godu - predostavlyaetsya - lekarstvami - 354306. html.（上网时间：2020 年 3 月 26 日）

⑤ Лавров сообщил о содействии поставок пшеницы из РФ в решении гумкризиса в Венесуэле, 1 марта 2019, https://nation - news. ru/434358 - lavrov - soobshil - o - sodeistvii - postavok - pshenicy - iz - rf - v - reshenii - gumkrizisa - v - venesuele.（上网时间：2020 年 4 月 13 日）

杜罗政府及时稳定民心，使其继续支持现政府，进而保证现政权的合法性和存续性。

（三）军事上有限介入

俄罗斯在军事上对委内瑞拉的政策主要是有限介入，具体举措为向委内瑞拉派遣军事顾问、同委内瑞拉组织联合军演及加强双边军事技术合作、签署军事合作协议等。俄罗斯对委内瑞拉实施有限的军事介入对马杜罗当局至关重要。正因为俄罗斯在委内瑞拉的军事存在，美国才会在军事推翻马杜罗政府的选项上慎之又慎。委内瑞拉现政府才得以避免像利比亚卡扎菲政权一样，因遭受美国的直接军事打击而被推翻。

第一，俄罗斯向委内瑞拉派遣军事顾问。委内瑞拉爆发政治危机后，俄罗斯在军事上也积极开展行动。如 2019 年 3 月 23 日，俄罗斯两架军机伊尔—62 型客机和安东诺夫—124 型运输机搭载约 100 名俄军官兵及 35 吨军事物资抵达加拉加斯的迈克蒂亚西蒙·玻利瓦尔国际机场。① 对此，美国反应强烈，并对俄罗斯发出严重警告。但俄外交部对美国的警告做出强势回应：军事人员是在俄委双边军事协议下执行合理、合法的对委军事设备维护和人员培训任务，何时离开将由委内瑞拉政府视需要决定。② 虽然俄罗斯宣称向委内瑞拉派遣军事顾问是正常的军事行动，但在马杜罗政权面临内有反对派、外有美国的双重威胁的紧急时刻，俄罗斯军人的及时到访，其震慑委内瑞拉反对派和外部干涉势力的意图不言自明。

第二，俄罗斯同委内瑞拉组织联合军演。2018 年 12 月，在委内瑞拉政治危机初现波澜之时，俄罗斯派出两架图—160 战略轰炸机，一架安—124 军用运输飞机和一架空天军使用的伊尔—62 远程客机于当月 10 日飞抵加拉加斯参加两国联合军演，同机抵达的还有约 100 名俄方参演军事人员。值得注意的是，俄罗斯在选择参演军机上用意深远。四架参演军机中，包括了两架

---

① 《为履行两国军事协议——俄罗斯军机飞抵委内瑞拉》，新华网，2019 年 3 月 26 日，http：//www. xinhuanet. com/mil/2019 - 03/26/c_ 1210091634. htm.（上网时间：2020 年 3 月 11 日）

② МИД назвал сроки пребывания российских военных в Венесуэле, 28 марта 2019, https：//www. rbc. ru/ politics/28/03/2019/5c9ca8879a794721ba252669.（上网时间：2020 年 4 月 9 日）

图—160 战略轰炸机。作为一款可以携带包括核弹和巡航导弹等多种武器的远程战略轰炸机，它的战略威慑作用十分明显。俄罗斯此次联合军演选择出动两架图—160 战略轰炸机，正是要对美国等意欲武力干涉委内瑞拉内政的外部势力发出警示，从而为马杜罗政府的外部安全提供保障。同时，俄罗斯选择在委内瑞拉政治危机初现波澜之时同委内瑞拉军方组织联合军演，也为马杜罗当局吃了一颗“定心丸”，坚定其执政信心。

第三，俄委两国签署军事协议，强化双边军事技术合作。委内瑞拉目前主要面临来自美国的外部威胁。为帮助委内瑞拉提高防御性军事应对能力，早在 2018 年 12 月，俄罗斯便与委内瑞拉签署了关于委内瑞拉军事装备修理保障的援助合同。① 除此之外，俄罗斯还与委内瑞拉签署了双边军事协议，继续加强两国的军事合作。2019 年 8 月，俄罗斯国防部长绍伊古与到访的委内瑞拉国防部长洛佩兹会晤，双方签署了两国军舰互访的军事协议，同时还讨论了双边军事技术合作相关问题。② 俄罗斯与委内瑞拉签署的这项军事协议对双方来说都具有重要意义：对俄罗斯来说，两国军舰互访将使俄罗斯形成在委内瑞拉常态化的军事存在，这对俄罗斯扩大自己在南美地区的影响力以及增强自身对美国战略威慑能力至关重要；对委内瑞拉而言，与俄罗斯签署的这份军舰互访协议无疑使外部干涉势力有所忌惮，给自己增加了一定的外部安全保障。

二、俄罗斯推行“三位一体”支持政策的动因分析

委内瑞拉政治危机爆发后，俄罗斯选择坚定支持马杜罗政府并在政治、经济及军事上对委内瑞拉进行相应支持。俄罗斯的行动绝非贸然之举，其做出这一决策有着自身的综合战略考量。

首先，就世界层面而言，是俄寻求对美国及西方战略平衡的需要。20 世纪 90 年代初苏联解体后，美苏之间原有的战略平衡便被打破，俄罗斯在与美

---

① Россия и Венесуэла подписали договоры о сотрудничестве более чем на $5 млрд, 7 декабря 2018, https://yandex.ru/turbo/s/rossaprimavera.ru/news/d0a54e10.（上网时间：2020 年 3 月 17 日）

② Парламент Венесуэлы признал недействительным военное соглашение с Россией, 27 августа 2019, https://lenta.ru/news/2019/08/27/soglashenie/.（上网时间：2020 年 4 月 2 日）

国及西方的战略博弈中逐渐处于下风。为寻求对美国及西方的战略平衡，俄罗斯近年来加强攻势，主动出击，介入委内瑞拉危机便是明证。因此，就世界层面而言，俄罗斯应对委内瑞拉危机主要出于两点战略考量：

其一，是对北约东扩至俄罗斯“后院”的战略反制。众所周知，北约是美国领导的军事组织，苏联解体后便开始逐步加紧其东扩步伐。进入 21 世纪以来，北约更是步步紧逼，其扩张触角已经伸向了历来被俄罗斯视为自己传统势力范围的东欧中亚地区。近年来，北约更是通过“和平伙伴关系计划”和“中亚维和营”等安全合作机制进一步加强同中亚地区国家的安全合作，一步步向俄罗斯“后院”渗透。此外，为配合北约东扩，美国及西方还在格鲁吉亚、乌克兰、吉尔吉斯斯坦等国家策划颜色革命。通过扶持“颜色革命政权”，对俄罗斯形成包围之势。可以说，北约的步步紧逼不断压缩着俄罗斯的战略空间，使得俄罗斯在其传统势力范围地区影响力进一步削弱。面对北约咄咄逼人的战略钳制意图，俄罗斯自然不能坐视，有必要做出相应回应。俄罗斯此次选择在美国“后院”介入委内瑞拉政治危机，就是对美国及北约全面进入俄罗斯“后院”的对等回应，同时也是对美国及北约战略压制意图的有力反制。①

其二，是俄罗斯对美国同其关系互动模式发生转换的战略回应。近年来，俄罗斯与美国及西方围绕“乌克兰问题”“叙利亚问题”等分歧不断，双方关系急剧恶化。“克里米亚入俄”事件更是使双方关系降至冰点，由此也引发了美国及西方国家对俄罗斯的长期制裁。由此可见，现阶段俄罗斯与美国及西方国家关系的互动模式已发生对抗大于合作的微妙转换，且双方对抗呈现常态化趋势。俄选择在委内瑞拉危机中支持马杜罗当局，也是俄对现阶段俄美双方对抗增强的战略回应，表明俄捍卫国家利益，不惧西方的坚定立场。

其次，就地区层面而言，是俄强化其在拉美地区地缘影响力的重要支点。自新千年普京上台以来，俄罗斯不断加强同南美地区国家的对话与合作，寻求扩大在该地区的影响力。然而，南美地区历来是美国的传统势力范围，俄罗斯想要在该地区扩大自身影响力必然面临来自美国的重重阻碍。鉴于此，俄罗斯需要拉美地区伙伴，而委内瑞拉就是俄伙伴国之一。对俄罗斯而言，委内瑞拉作为战略支点的重要作用主要体现为以下两点：

---

① 张清亮、吴云崖：《委内瑞拉危机中的美俄博弈》，《军事文摘》2019 年第 13 期，第 17 页。

其一，委内瑞拉与美国隔加勒比海相望，战略位置重要。美国在拉美地区经营多年，一直视其为自己的“后院”，坚决反对外部势力进入该地区。① 甚至在2019年对委内瑞拉危机表态时，美国还在重提“门罗主义”。② 因此，俄罗斯想要强化在南美地区的地缘政治影响力，需要寻找一个既能遏制美国，也可以对南美地区其他国家起到辐射作用的战略支点，而委内瑞拉的地理位置恰恰符合这一要求。委内瑞拉地处南美洲北部，与美国隔海相望，两国最近处仅相距240公里，地理位置极其重要。向北，委内瑞拉可以起到遏制美国的“桥头堡”作用，向南则可以对南部的美洲国家起到辐射作用。

其二，维持拉美“三驾马车”的影响力。委内瑞拉、古巴和尼加拉瓜都是拉美地区坚定反美霸权的国家。在涉及拉美地区问题上三国历来协调密切、保持一致立场，坚决反对美国干涉该地区国家内政。美国方面一直视古巴、委内瑞拉和尼加拉瓜为暴政国家。美国国家安全助理博尔顿曾公开表态称三国为“暴政三套车”③。为消除三国对美国在拉美地区霸权地位的冲击，美国长期以来对三国实施严厉的制裁和封锁，并企图以“恢复民主和人权”的名义武力推翻三国政权。在这样严峻的形势下，俄罗斯想要在拉美地区扩大自身影响力，现实途径便是坚定支持委内瑞拉，确保“反美三角”阵营中的委内瑞拉政权不被美国推翻。可以说，俄罗斯的支持对马杜罗来说犹如一针“强心剂”，不仅稳定了马杜罗政府的执政地位，也让古巴和尼加拉瓜看到了大国支持的希望，提振其反美霸权主义信心，继而对美国形成战略牵制。

再次，就国别层面而言，是俄罗斯维护在委内瑞拉自身利益的必然选择。俄罗斯在委内瑞拉有重大利益，在委政治危机面临美国等外部势力干涉的情况下，俄罗斯的利益受到了极大的威胁。俄罗斯实施“三位一体”政策应对委危机是维护自身利益的必然选择。

其一，维护俄罗斯在委内瑞拉的政治影响力。苏联时期，苏委合作进程

---

① Лавут А. А. Транстихоокеанское партнёрство. Дональд Трамп и латино – американская интеграция, Латинская Америка, 2017, № 9, С. 36—47.

② 《美国重提“门罗主义”，拉美国家谴责：帝国主义的傲慢正处于最危险时刻》，观察者网，2019年3月5日，https://www.guancha.cn/internation/2019_03_05_492358.shtml.（上网时间：2020年3月18日）

③ 《博尔顿称古巴、委内瑞拉和尼加拉瓜为“暴政”三套车，将受美新制裁》，观察者网，2018年11月2日，https://www.guancha.cn/internation/2018_11_02_478018.shtml。（上网时间：2020年3月18日）

较为曲折，双方一度断绝外交关系。[①] 但自 1991 年苏联解体之后，俄罗斯与委内瑞拉关系迅速升温，并于 2006 年建立战略伙伴关系。2008 年时任俄罗斯总统梅德韦杰夫出访委内瑞拉是两国关系的里程碑事件，此后两国领导人互访频繁，双方关系得到进一步深化，政治互信持续增强。近年来，俄罗斯不断加强对委内瑞拉经济、军事合作与援助力度，多次为委内瑞拉提供人道主义援助。基于长期的良好合作基础与支持援助，委内瑞拉如今已然将俄罗斯视为“兄弟国家”和“可靠的盟友”。[②] 俄罗斯目前在委内瑞拉的政治影响力与日俱增，在委内瑞拉事务上拥有越来越多的话语权。而此次在委内瑞拉政治危机中自立总统的反对派领导人瓜伊多实际上得到了美国的支持，其亲美倾向已经昭然若揭。因此，一旦美国扶持的瓜伊多最后夺取了委内瑞拉政权，那么俄罗斯在委内瑞拉的政治影响力将面临被美国取代的风险，之前在委内瑞拉的苦心经营也将付之东流。[③] 此外，委内瑞拉在之前的南奥塞梯、阿布哈兹以及乌克兰问题上均对俄罗斯表示支持。因此，出于维护俄国家声誉，保持俄在委影响力的考量，俄也必须选择给予马杜罗政府坚定支持。[④]

其二，维护俄罗斯在委内瑞拉现实利益的考量。一方面，保障俄罗斯对委内瑞拉经贸合作、投资与贷款安全。自 2006 年俄罗斯与委内瑞拉建立战略合作伙伴关系后，两国不断寻求扩大经贸与投资合作。进入 21 世纪第二个十年以来，两国加快合作脚步，在涉及能源、工业、农业及金融等多领域展开广泛合作，尤其在能源领域的投资合作更为深入。如 2018 年 12 月马杜罗访俄时，俄罗斯就与委内瑞拉签署包括石油、矿产开采等超过 50 亿美元的投资

---

① 有关苏联与委内瑞拉关系的曲折发展历程参见江振鹏、蔡同昌：《冷战以来苏联（俄罗斯）与委内瑞拉关系的演进》，《拉丁美洲研究》2012 年 2 月第 34 卷第 1 期，第 44—46 页。

② Мадуро “сбежал” в Россию, 25 сентября 2019, https://yandex.ru/turbo? text = https%3 A% 2F%2Ftsargrad.tv%2Farticles%2Fmaduro - sbezhal - v - rossiju_ 218619.（上网时间：2020 年 4 月 12 日）

③ Федотов Давид Сергеевич, Военно - политическое значение венесуэлы для российской стратегической перспективы, УДК 34:［（470 + 571） + （87）］, С. 1.

④ Астахов Е. М. Венесуэльский кризис: история вопроса, Международная жизнь, 2019, № 5., С. 56—63.

合作协议。[①] 目前，俄罗斯已获得包括国有石油公司的子公司——雪铁戈石油公司在内的多家委内瑞拉能源企业的独家出口权和部分所有权，还手握多块委内瑞拉大型油田的开采权。[②] 同时，俄罗斯通过“以贷款换石油”的方式为委内瑞拉提供财政贷款。据统计，委内瑞拉至今仍欠有俄罗斯 30 多亿美元的贷款债务尚未偿还，且在委内瑞拉政治危机爆发后，俄罗斯又向其提供了新一轮财政贷款。[③] 因此，想要保障自身在委内瑞拉经贸及投资合作正常进行，安全收回对委财政贷款，俄罗斯首先要保证马杜罗政权的存续性。只有马杜罗继续执政，才能确保委内瑞拉继续履行偿还俄罗斯贷款的义务，俄罗斯在委内瑞拉的经贸合作及投资活动才能得到保障。另一方面，保障俄罗斯对委内瑞拉军事合作安全。进入 21 世纪以来，俄罗斯与委内瑞拉军事合作日益频繁。双方合作内容不仅包括上文已经列举的举行联合军演、进行军事技术援助，还包括军火贸易。需要指出的是，目前军火贸易在两国军事合作中占据重要地位。自 2006 年美国对委内瑞拉实行武器禁运后，俄罗斯逐渐取代美国在委内瑞拉军火市场的地位，成为委内瑞拉第一大武器进口国。[④] 2005—2009 年，俄罗斯与委内瑞拉签订的军售合同总额就已达到 114 亿美元。[⑤] 2012—2016 年，俄罗斯在委内瑞拉的武器进口国中均排名第一，对委军售占其对南美地区军售份额的逾七成。[⑥] 如今，委内瑞拉的武器装备基本

---

① Россия и Венесуэла подписали договоры о сотрудничестве более чем на $5 млрд, 7 декабря 2018, https://yandex.ru/turbo/s/rossaprimavera.ru/news/d0a54e10.（上网时间：2020 年 4 月 17 日）

② Сергей Филатов, Нефть в Венесуэле – теперь собственность Правительства России, 28 марта 2020, https://interaffairs.ru/news/show/25804.（上网时间：2020 年 4 月 22 日）

③ Россия окажет финансовую помощь Венесуэле, 5 декабря 2018, https://iz.ru/820214/2018-12-05/rossiia-okazhet-finansovuiu-pomoshch-venesuele.（上网时间：2020 年 4 月 29 日）

④ Экспорт вооружений из России в Венесуэлу, Documentation, http://newsruss.ru/doc/index.php/.（上网时间：2020 年 3 月 30 日）

⑤ Константин Макиенко, Как Россия продала Венесуэле оружия на 11, 5 миллиарда долларов – профиль, 13 февраля 2019, https://profile.ru/military/kak-rossiya-prodala-venesuele-oruzhiya-na-11-5-milliarda-dollarov-67315/.（上网时间：2020 年 4 月 18 日）

⑥ Экспорт вооружений из России в Венесуэлу, http://newsruss.ru/doc/index.php/.（上网时间：2020 年 4 月 22 日）

以俄式为主。可以预见，在未来可能面临长期外部威胁的情况下，出于维护国家安全的需要，委内瑞拉对俄罗斯军火的采购需求仍十分巨大。鉴于此，支持马杜罗政府显然更符合俄罗斯的利益：不仅能够继续占有委内瑞拉军火市场，而且同委内瑞拉的军事合作也更有安全保障。

最后，就个人层面而言，是普京强人政治和决心维护国家利益的集中体现。由于历史和现实的种种原因，俄罗斯民众形成了崇尚强权的心理。为切合民众对强权的崇拜心理，俄罗斯领导人普京在应对涉及自身利益的国际突发事件时往往表现强硬立场。[①] 可以说，普京对委危机的强硬应对是其“强人政治家”的集中体现。

其一，普京在国际上素来以“强人政治”和“铁腕治国”著称，尤其在维护俄罗斯国家利益上历来立场强硬。无论是其执政初期平乱车臣，还是出兵叙利亚帮助阿萨德打击反政府武装，抑或是近年来强势回应日本对南千岛群岛（日本称“北方四岛”）的主权要求，普京一直都在向国内和世界展示自己维护俄罗斯国家利益的决心。因此，普京也收获了大量国内民众的支持，四度高票当选俄罗斯总统。委内瑞拉危机爆发后，俄罗斯的强势介入极大程度上也取决于普京个人强硬行事风格。

其二，普京应对危机的强硬立场符合其当前执政需要。由于受到美国和西方长期的经济制裁，[②] 俄罗斯经济发展受到较大影响，随之引发的国内社会问题近年来也日益突出，民众对政府不满的声音时有发出，甚至在首都莫斯科出现了民众示威游行的场景。为解决国内社会矛盾，缓解民众不满情绪，普京在国内推出了一系列改革措施，而委内瑞拉政治危机的爆发则给了普京解决该问题的外部契机。借委内瑞拉危机，一是可以转移俄罗斯民众的视线，利用舆论将民众关注点引导向维护俄罗斯海外利益上来；二是提高国内民众支持率。普京应对委内瑞拉危机时与美国等西方国家针锋相对，坚决维护俄罗斯在委内瑞拉的合法利益的表现，不仅向世界展现了其个人政治魄力，也极大增强了俄民众的大国荣誉感，有助于保持自己在俄罗斯的高支持率。如俄罗斯在委内瑞拉稳步推进“三位一体”支持政策之后不久，即2019 年3 月

---

① 有关普京强权与铁腕的政治风格的论述参见［英］安格斯．罗克斯伯勒著，胡利华、林华译：《强权与铁腕：普京传》，中信出版社2014 年版。

② Сидоров А. С. , Анализ причин венесуэльского кризиса: предпосылки и последствия, Казанский вестник молодых ученых, 2019, том 3. , № 5. , С. 203.

俄罗斯民众对普京总统工作的认可率高达 65.3%，为过去六个月的最高支持率。①

三、关于俄罗斯“三位一体”支持政策的经验与反思

如前文所述，得益于俄罗斯的坚定支持，马杜罗政府已基本稳定国内局势。俄推行“三位一体”支持政策有效维护了俄在委内瑞拉的利益。但同时，俄罗斯支持马杜罗政府的强硬立场也可能会加剧其与美国及西方关系的恶化，招致更加严厉的制裁，给国内经济发展带来更大压力。由此可见，俄罗斯应对委内瑞拉危机的政策利弊兼存。鉴于此，有必要对俄应对委内瑞拉危机的政策进行总结，明晰利弊。

（一）经验

第一，俄快速反应，综合运用各种手段应对国际突发事件的能力。委内瑞拉危机爆发伊始，俄总统普京和俄外交部随即第一时间发声，表态支持马杜罗政府。② 为维护俄罗斯自身海外利益，俄罗斯没有选择观望，第一时间表明立场，从而获得了马杜罗政府极大的信任。这也为日后俄罗斯与委内瑞拉更好地开展合作、争取在委内瑞拉获得更多的话语权奠定了良好的基础。此外，俄罗斯迅速用实际行动作出反应，从委内瑞拉内部和外部同时着手，帮助马杜罗政府稳定其执政地位。在内部，俄罗斯为马杜罗政府提供财政援助、强化与委内瑞拉经济合作，帮助其遏制国内持续恶化的经济局势，并向委内瑞拉提供紧急人道主义物资援助，帮助马杜罗政府稳定民心；在外部，俄罗斯在联合国大会等国际场合为委内瑞拉积极争取国际支持。同时，为保障委内瑞拉外部安全，俄罗斯“适时”地向委内瑞拉派遣军事人员，向外界

---

① Опрос: уровень поддержки Путина в России вырос до максимума за полгода, 22 марта 2019, https: // www. dp. ru/a/2019/03/22/Opros_ uroven_ podderzhki.（上网时间：2020 年 4 月 18 日）

② Путин выразил поддержку Мадуро, 24 января 2019, https: //iz. ru/837880/2019 – 01 – 24/putin – vyrazil – podderzhku – maduro.（上网时间：2020 年 4 月 20 日）

宣示其在委内瑞拉的军事存在。俄罗斯还于2020年5月派出8名军事专家飞抵委内瑞拉，协助委政府搜捕海上入侵残余分子，① 最大限度保障委内瑞拉外部安全。俄罗斯在应对委内瑞拉危机中展现出了快速应变及综合运用多种手段维护自身海外利益的能力是值得肯定的。在当前复杂的国际形势下，各类国际突发事件层出不穷，这就要求主权国家需要在维护海外利益时注重提高自身应急处置能力，综合调动各种力量，运用各种手段维护自身海外利益。

第二，俄罗斯维护自身海外利益的立场坚定。俄罗斯在委内瑞拉危机中的立场始终如一，即坚决站在马杜罗政府一边，维护其合法执政地位。在这期间，美国多次在国际公开场合扬言将对其与委内瑞拉合作的企业实施制裁，借此向俄罗斯施压，试图迫使俄罗斯放弃支持马杜罗政府的立场。面对美国的威胁，俄罗斯反应毅然，正如俄罗斯外长拉夫罗夫所说，莫斯科已经习惯美国的制裁威胁。② 从拉夫罗夫的表态中可以看出，俄罗斯根本无视美国和西方国家发出的警告。在美国及西方国家的制裁威胁下，俄罗斯依然加强同委内瑞拉各领域的合作，尽全力保障马杜罗政府的执政安全。这一点与俄罗斯在利比亚危机中前后立场的转变形成鲜明对比。为何俄罗斯在利比亚危机中向欧美国家“妥协”，转而加入声讨卡扎菲的行列，而在委内瑞拉危机中却从始至终支持马杜罗政权？究其原因，一是俄罗斯在委内瑞拉有重大利益，只有保证了马杜罗政府的合法性，俄罗斯的利益才能得到保障，这也是其底线所在。二是俄罗斯从应对利比亚危机的失败中吸取了教训，俄罗斯在利比亚危机中对卡扎菲政权前后立场的转变使其一度丧失对利比亚事务的发言权。以往鉴来，俄罗斯深知只有坚定立场才能维护自身利益，掌握对委内瑞拉事务的话语权。因此，为了维护在委内瑞拉的自身利益，俄罗斯不惧威胁、无视制裁，一以贯之地坚持自己的立场，与美国和西方针锋相对，展开激烈博弈。

---

① 《俄军助委搜捕海上入侵残余分子》，《参考消息电子版》2020年5月10日第4版，http：//www. jdqu. com/html/ckxx/2020/5/10/1323738 –4. html。（上网时间：2020年5月15日）

② Лавров прокомментировал угрозы США ввести санкции против “Роснефти”，https：//yandex. ru/news/story/Lavrov_ otvetil_ na_ ugrozy_ SSHA_ iz – za_ Venesuehly – –62de4d0b38f929f5b784b226a9bcfc18？lr = 213&lang = ru&stid = jRkFPmD2avUQRULDEYKm&persistent_ id = 87683701&rubric = personal_ feed&ffro = story.（上网时间：2020年5月24日）

第三，俄罗斯应对委内瑞拉危机政策极具灵活性。俄罗斯应对委内瑞拉危机政策的灵活性主要体现在两个方面，分别是有限军事干预和寻求促成委内瑞拉政府与反对派的谈判。其一，有限军事干预的灵活性主要在于：一方面俄罗斯通过有限的军事干预向外界释放了莫斯科对马杜罗政府军事支持的信号，达到震慑和警告美国等外部干涉势力、保护马杜罗政府执政地位的目的；另一方面，俄罗斯宣称这些只是俄委双边军事协议下的常态任务，不给美国等西方国家口实，避免与之发生直接冲突，防止双方紧张关系加剧。① 其二，俄罗斯在坚持自己立场的同时，也在寻求促成马杜罗政府与瓜伊多之间进行直接对话。俄罗斯外长拉夫罗夫曾公开表态，解决委内瑞拉问题的先决条件就是保证加拉加斯的安全，且唯一途径便是委内瑞拉政府与反对派展开直接对话。② 这一表态为俄罗斯与委内瑞拉反对派接触创造了可能，事实上，俄罗斯也与瓜伊多的反对派进行过联系，俄罗斯副外长里亚布科夫并没有否认这一点。③ 俄罗斯在委内瑞拉危机中灵活应对，无论委内瑞拉危机最终结局如何，俄罗斯都保有将来同委内瑞拉政府或反对派合作的可能，最大限度保障自身利益。

（二）反思

第一，俄罗斯的强势介入，可能会招致美国等西方国家更为严厉的制裁。作为美国的后院，拉美地区长期以来被美国视为传统势力范围，多年的经营使得美国在拉美地区事务上拥有重要话语权。为保持自己在拉美地区的绝对控制力，美国历来反对其他外部势力插手拉美事务，历史上甚至连欧洲势力在该地区也受到了美国的排挤。④ 但近年来随着美国将战略重心转向印太地

---

① 陈晖：《委内瑞拉危机与美俄角逐》，《唯实》2019 年第 8 期，第 96 页。

② Лавров：кризис в Венесуэле надо решать без угроз в адрес Каракаса，27 июля 2019，https：//tass. ru/politika/6708988.（上网时间：2020 年 3 月 19 日）

③ Россия начала переговоры с оппозицией Венесуэлы，29 июля 2019，https：//lenta. ru/news/2019/07/29/ venezuela/.（上网时间：2020 年 4 月 28 日）

④ Альперович Моисей Самуилович，Слёзкин Лев Юрьевич，США в Латинской Америке. Страны Латинской Америки в годы первой мировой войны，История Латинской Америки（с древнейших времен до начала XX века），https：//www. indiansworld. org/Latin/latamerica_ history18. html#. XuFs0DPAilw.（上网时间：2020 年 4 月 30 日）

区，对拉美地区的控制有所减弱，这就给俄罗斯进入拉美地区提供了有利的外部条件。如今，俄罗斯在拉美地区的影响力与日俱增，正寻求在该地区获得更多的话语权。在美国看来，俄罗斯这次强势介入委内瑞拉危机，无疑是对美国在该地区霸主地位的公开挑战。而且，鉴于美国与委内瑞拉的地理位置，美国将感受到俄罗斯带来的巨大战略压力。面对俄罗斯在自己“后院”带来的战略威胁，美国迅速采取反击措施，在俄罗斯派出军机飞抵加拉加斯后多次向其发出警告，以制裁相威胁要求俄罗斯撤出委内瑞拉。① 在多次警告无效后，美国以“帮助委内瑞拉躲避石油禁运”为由，宣布对俄罗斯石油公司的子公司——俄罗斯石油贸易公司实施制裁。由于被美国列入制裁的黑名单，俄罗斯石油贸易公司将在很大程度上被排挤出全球金融体系。此外，美国还警告称下一步将会对俄罗斯石油公司采取相应行动。② 可见，如果俄罗斯继续强势介入委内瑞拉危机，未来可能会面临美国等西方国家更为严厉的制裁，这对当前经济形势并不乐观的俄罗斯来说将是一个沉重的打击。在这种情况下，俄美双方存在发生冲突的危险，甚至不排除有“古巴导弹危机”再现的风险。

第二，俄国内经济低迷，过于关注国际事务分担了国内发展资源。乌克兰危机后，由于受到美国等西方国家的经济制裁，俄罗斯国内经济发展长期趋缓，国民生活水平呈下降趋势。伴随着经济低迷和国民生活水平的下降，有关医疗卫生保障、社会福利和工资水平等社会问题日益突出，俄罗斯民众对政府的不满情绪有所增长。这种不满情绪被俄罗斯反对派加以利用，从而于 2019 年引发了持续数月的莫斯科示威大游行，矛头直指普京政府。莫斯科示威大游行的口号是“选举自由”，要求政府放宽对独立候选人的限制。③ 这

---

① 《美国要求俄罗斯从委内瑞拉“撤军”遭“打脸”》，新华网，2019 年 3 月 29 日，http：// www. Xinhuanet. com/world/2019 - 03/29/c_ 1210094309. htm。（上网时间：2020 年 3 月 26 日）

② Выстрел себе в ногу. Зачем США грозят <Роснефти> санкциями за Венесуэлу, 7 февраля 2020, https：// finance. rambler. ru/business/43640857 - vystrel - sebe - v - nogu - zachem - ssha - grozyat - rosnefti - sanktsiyami - za - venesuelu/？ updated. （上网时间：2020 年 4 月 22 日）

③ В Москве состоялся самый масштабный митинг оппозиции за последние несколько лет, 11 августа 2019, https：//www. znak. com /2019 - 08 - 10/v_ moskve_ sostoyalsya_ samyy_ masshtabnyy_ miting_ oppozicii_ za_ poslednie_ neskolko_ let_ reportazh_ znak_ com. （上网时间：2020 年 4 月 27 日）

折射出俄罗斯部分民众对执政党缺乏信任，期待现政府做出改变，这一点从2018年统一俄罗斯党在多地的地方选举中被其他政党击败就已有所体现。之所以出现这种现象，其根源还是在于民众对国内经济状况的担忧以及对自身生活质量下降的不满。在此背景下，俄罗斯若持续介入诸如委内瑞拉危机等国际事务，可能会极大分担俄国内的发展资源，并影响俄国内社会稳定。2020年俄罗斯新冠肺炎疫情的暴发便是最好的明证。新冠肺炎疫情在全球暴发以来，俄先后向意大利、塞尔维亚、美国以及白俄罗斯等数十个国家提供了援助。① 对此，尽管俄外长拉夫罗夫表示，俄罗斯帮助其他国家抗击疫情不会影响国内防疫。② 但俄国内仍不乏反对者，其主要考虑为：其一，俄不应帮助美国和意大利等“敌对国家”；其二，俄国内抗疫资源尚且不够，不应损失自己帮助他人。③ 然而，结果表明：由于检测不足等原因，俄国内疫情早已爆发失控。④

第三、俄军事介入或将对其寻求扩大在拉美地区的影响力产生负面影响。在俄罗斯推行的“三位一体”支持政策中，军事领域的内容尤为夺目。俄罗斯先是派出军机搭载军事人员飞抵加拉加斯，之后又与委内瑞拉组织联合军演。尽管俄罗斯一再宣称这些都是在两国军事合作框架内进行的合法的军事活动，但美国等国家对此仍十分敏感。不仅大肆渲染俄罗斯在委内瑞拉的军事行动，还指责这是俄罗斯侵犯委内瑞拉主权的“入侵”行为，美俄两国为

---

① Мария Иванова, Россия помогла десяти странам в борьбе с коронавирусом, Рамблер, 10 марта 2020, https: //news. rambler. ru/world/43815751 – rossiya – pomogla – desyati – stranam – v – borbe – s – koronavirusom/? updated. （上网时间：2020年5月16日）

② Лавров: Россия помогает другим странам бороться с COVID – 19 не в ущерб себе, 15 апреля 2020, https: // www. ntv. ru/novosti/2324061/. （上网时间：2020年5月2日）

③ Почему Россия обязана помогать другим странам бороться с коронавирусом, 11 апреля 2020, https: //rusnext. ru/recent_ opinions/1586597854. （上网时间：2020年5月4日）

④ 俄罗斯联邦通报新冠肺炎疫情信息官方网站数据显示，截至2020年6月17日俄累计确诊病例达到553,301例，死亡人数为7,478人，确诊人数全球排名第三位。参见：Официальная информация о коронавирусе в России, https: //xn – – 80aesfp-ebagmfblc0a. xn – – p1ai/. （上网时间：2020年6月25日）

此曾展开激烈的舆论战。① 在此期间，甚至一度传出俄罗斯将在委内瑞拉建设军事基地的消息，这一消息不仅使美国高度紧张，② 也极易引发拉美地区其他国家的担忧。俄罗斯在委内瑞拉的一系列军事举动，尽管是出于维护自身战略利益的目的，但客观上也会令委内瑞拉周边的其他拉美国家对自身的国家安全产生担忧。再加上美国利用其掌握的舆论优势对俄罗斯的军事行动进行渲染宣传，很可能会给其他拉美国家造成俄罗斯是罔顾其他国家主权的“入侵者”形象，这势必会加强其他拉美国家对俄罗斯的防范，对其在拉美地区的行动保持警惕。如此一来，俄罗斯寻求在拉美地区扩大自身影响力的地缘政治目标将会受到极大阻碍，甚至面临被排挤出拉美地区的风险。

四、结论

综上可以看出，基于维护合法政权不被外部势力随意颠覆的国家主权原则和自身的多重战略考量，俄罗斯在委内瑞拉危机中给予马杜罗政府以三位一体的综合政策支持。在该政策指导下，俄罗斯对马杜罗政府给予了政治上全力支持、经济上大力援助和军事上有限介入的综合援助。从危机初期帮助马杜罗及时遏制国内混乱局势，到危机升级阶段采取强力措施保证委内瑞拉现政权的合法性和存续性，再到此后帮助马杜罗建立起针对反对派的巨大优势，俄罗斯均发挥至关重要的作用。与此同时，该政策在一定程度上使得俄美紧张关系加剧，也存在引发双方直接冲突的风险。就当前形势而言，俄罗斯应对委内瑞拉危机政策无疑是成功的，其战略目标基本达成：马杜罗政权得以存续；俄罗斯在委利益也得到维护。实际上，在以往维护海外利益的过程中，俄罗斯就曾对危机国的合法政权采取过类似的“三位一体”的综合支持政策，同样收效甚佳。如在应对叙利亚危机时，俄罗斯就对叙利亚的阿萨

---

① США поставили России ультиматум по строительству военной базы в Венесуэле. Реакция России, https: //newsland. com/community/4489/content/ssha – postavili – rossii – ultimatum – po – stroitelstvu – voennoi – bazy – v – venesuele – reaktsiia – rossii/6983312. （上网时间：2020 年 3 月 29 日）

② США поставили России ультиматум по строительству военной базы в Венесуэле. Реакция России, https: //newsland. com/community/4489/content/ssha – postavili – rossii – ultimatum – po – stroitelstvu – voennoi – bazy – v – venesuele – reaktsiia – rossii/6983312. （上网时间：2020 年 3 月 29 日）

德政权采取政治（外交）、经济和军事层面的综合性支持政策。其中，俄罗斯军事层面的支持尤为引人关注。在两年多的作战中，俄罗斯共派出 4.8 万多名军人在叙利亚直接参战，帮助叙政府军打击叙境内恐怖分子和反政府武装，为叙政府收复大片失地，① 挽阿萨德政权大厦于将倾。

由此可见，“三位一体”的支持政策是俄罗斯应对海外危机，维护海外利益的常用政策手段。无论是在委内瑞拉，抑或是在叙利亚俄罗斯推行该政策都游刃有余，且目前看都获得成功。委内瑞拉危机远未结束，其最终走向尚不得而知。俄与美国及西方围绕该危机的博弈仍在继续。俄罗斯应对委内瑞拉危机政策的最终成效及其产生的后续影响等相关问题还有待跟踪研究。

---

① 马建光：《俄罗斯出兵叙利亚的得与失》，《中国青年报》2018 年第 12 版，第 1 页。